W0084687

Zum Buch:

Es ist ein Skandal: Die EU schottet sich ab gegen Flüchtlinge, deren Armut sie durch ihre fragwürdige Subventionspolitik zum Beispiel in Afrika zu großen Teilen mitverursacht. Die Folgen: Für Flüchtlinge wird es immer gefährlicher, in die EU zu gelangen, es wird geschätzt, dass jeder vierte Flüchtling im Mittelmeer ertrinkt; für Schlepperbanden hingegen wird dieser »Geschäftszweig« immer lukrativer. Die Autoren zeigen die fatale Preisgabe der Menschenrechte an Europas Grenzen, untersuchen die fragwürdige Rolle der EU-Grenzagentur Frontex und fordern eine neue Flüchtlings- und Einwanderungspolitik für Deutschland und für Europa.

Jürgen Gottschlich war 1978 Mitbegründer der *taz*, ab 1979 Redakteur, 1991 bis 1993 schließlich Mitglied der Chefredaktion. Seit Ende 1998 Korrespondent für verschiedene deutsche und österreichische Tageszeitungen in Istanbul.

Sabine am Orde ist studierte Politikwissenschaftlerin und stellvertretende Chefredakteurin der *taz*. Seit vielen Jahren schreibt sie über die Themen Migration und Integration.

Jürgen Gottschlich/
Sabine am Orde (Hg.)

EUROPA
MACHT DICHT

Wer zahlt den Preis für unseren Wohlstand?

UNTER MITARBEIT VON MICHAEL BRAUN, MATHIAS BRÖCKERS,
CHRISTIAN JAKOB, BERND KASPAREK, BARBARA OERTEL UND
REINER WANDLER

WESTEND

Mehr über unsere Autoren und Bücher:
www.westendverlag.de

Die Deutsche Nationalbibliothek verzeichnet diese
Publikation in der Deutschen Nationalbibliografie;
detaillierte bibliografische Daten sind im Internet über
http://dnb.d-nb.de abrufbar.

MIX
Papier aus verantwor-
tungsvollen Quellen
FSC® C083411
www.fsc.org

ISBN 978-3-938060-64-3
© Westend Verlag GmbH, Frankfurt/Main 2011
Umschlaggestaltung: Buchgut, Berlin
Umschlagabbildung: picture-alliance/dpa/dpaweb
Satz: Publikations Atelier, Dreieich
Druck und Bindung: CPI – Clausen & Bosse, Leck
Printed in Germany

Inhalt

Vorwort

Europa ist pleite. Tag für Tag gibt es neue Hiobsbotschaften von den Finanzmärkten, ein Eurostaat nach dem anderen gilt als überschuldet, der Euro als Gemeinschaftswährung ist in Gefahr. Entsprechend wächst die Verunsicherung in der europäischen Bevölkerung. Ist es da ein Wunder, dass Europa seine Grenzen für neu ankommende Flüchtlinge dicht macht und die »Festung Europa« weiter ausbaut?

Wer so denkt, erliegt einem Kurzschluss. Die systematische Abwehr von Flüchtlingen, die Abschottung der EU-Staaten gegen »illegale Migranten« ist keine aktuelle, aus der eigenen Not geborene Reaktion auf Flüchtlinge aus Afrika, den arabischen Ländern oder Südasien. Die Abschottung Europas ist vielmehr die Kehrseite der Abschaffung der innereuropäischen Grenzen und die Voraussetzung dafür, den Zugang zum europäischen Arbeitsmarkt nach den Bedürfnissen Europas zu kontrollieren – und zwar ohne Rücksicht darauf, was europäische Politik in Afrika, im Nahen Osten oder in Afghanistan anrichtet.

Jüngstes Beispiel sind die Helden der Demokratie aus Nordafrika. Nachdem Europa über Jahrzehnte mehr oder weniger diktatorische Regimes von Marokko bis Ägypten akzeptiert hat, dann lange brauchte, um die Aufstände für Freiheit und Demokratie zu unterstützen, sind die Protagonisten der Freiheitsbewegung in kürzester Frist von Helden zu Kriminellen mutiert, wenn sie es wagten, ihre neu erworbene Freiheit dazu zu nutzen, um in Italien oder Frankreich ein würdiges Auskommen zu suchen.

Auch das sind keine aktuellen emotionalen Ausreißer einer ansonsten an humanitären Idealen orientierten Politik, sondern das Ergebnis einer zielgerichteten Wirtschafts- und Außenpolitik der Europäischen Union. Wenn von europäischer Außenpolitik die Rede ist, spricht man gerne von »soft power« im Gegensatz zu der militärisch gestützten Außenpolitik der USA. Das stimmt insofern, als dass die EU nicht mehr (wie ehedem große europäische Staaten) als klassische imperiale Macht auftritt. Dennoch betreibt die EU eine überaus aktive Außenwirtschaftspolitik, die knallhart die eigenen Interessen durchsetzt, oft auf Kosten afrikanischer und asiatischer Kleinbauern, Viehzüchter oder lokaler Händler. Das dadurch produzierte Elend lässt vielen Afrikanern oft keinen anderen Ausweg, als ihr Heil in Europa zu suchen. Doch Europa interessiert sich nicht für das Elend in Afrika, sondern für seinen eigenen Arbeitsmarkt. »Wirtschaftsflüchtlinge« können kommen, wenn die europäische Wirtschaft sie braucht. Ansonsten werden sie mit aller Härte abgewehrt.

Diese Politik wurde in den letzten Jahrzehnten immer weiter perfektioniert. Konnten Marokkaner in den neunziger Jahren noch ohne Visum nach Spanien, Türken früher ohne Visa nach Deutschland oder Ukrainer problemlos nach Polen reisen, ist jetzt längst alles dicht. Entsprechend schnellten die Zahlen »illegaler Einreisen« in die Höhe, was wiederum mit dem Ausbau des materiellen und personellen Grenzschutzes beantwortet wurde. Seit 2005 hat die EU darüber hinaus mit Frontex eine Institution geschaffen, die immer effektiver den »Schutz« der europäischen Grenzen insgesamt koordiniert. Mit Schiffen, Hubschraubern, Satelliten und schnellen Eingreiftruppen wird nun die europäische Grenze gegen die Jugend Afrikas oder die Kriegsflüchtlinge aus dem Irak und Afghanistan geschützt. Es ist ein Krieg, der sich überwiegend im Dunkeln der Nacht und weitab der öffentlichen Aufmerksamkeit abspielt, der nur schlaglichtartig beleuchtet wird, wenn im Mittelmeer zwischen Libyen und Italien gleich Hunderte Flüchtlinge auf einmal ertrinken.

Für dieses Buch haben KorrespondentInnen und RedakteurInnen der *taz* entlang der europäischen Außengrenzen recherchiert, von den spanischen Kanaren ganz im Westen über die italienische Insel Lampedusa und die griechisch-türkische Grenze bis hin zur Ukraine im Osten. Sie haben mit Flüchtlingen genauso wie mit Grenzschützern gesprochen, aber auch aufgespürt, wie die europäische Grenze bereits mitten in Afrika oder in den Flüchtlingslagern innerhalb der EU verteidigt wird. Dieser Krieg gegen Migranten wird in diesem Buch erstmals systematisch dargestellt und analysiert. Der Tod vieler Flüchtlinge wird seitens der EU systematisch in Kauf genommen und gehört zu den dunkelsten Kapiteln der »soft-power«-Weltmacht Europa.

Wir wollen es aber nicht dabei belassen, darzustellen und anzuprangern. Deshalb haben wir an den Schluss dieses Buches ein Manifest von Nichtregierungsorganisationen wie Pro Asyl, medico international und vielen anderen gestellt, das ein Europa der unbedingten Gastfreundschaft fordert. Um diesen Kontinent zu einem menschlichen Ort zu machen – einem Ort, an dem auch Platz für junge Afrikaner, verfolgte Iraner oder kriegstraumatisierte Afghanen ist.

Jürgen Gottschlich und Sabine am Orde

1 Europas Krieg gegen Einwanderer

Wie die europäische Wirtschaftspolitik Notlagen schafft, deren Opfer dann aufs schärfste bekämpft werden.

Von Jürgen Gottschlich, Istanbul

Johannes Klopka ist ein gestandener Mann. Er ist verheiratet, hat sechs Kinder und züchtet Tomaten. Lebte er in Holland oder Spanien, hätte er sicher ein leidliches Auskommen – doch Johannes Klopka lebt in Ghana, genauer gesagt in dem ghanaischen Dorf Kolucdor. Jahrelang hat er seine Tomaten in die Hauptstadt Accra verkauft. Das brachte nicht viel, doch die Familie kam zurecht. Doch damit ist es vorbei – und Klopka versteht die Welt nicht mehr: »Die Händler erzählen, in der Hauptstadt werden keine Tomaten mehr gegessen. Meine Tomaten verrotten auf dem Feld, ich weiß nicht, was ich machen soll.«

Tatsächlich ist den gut zwei Millionen Einwohnern von Accra natürlich keineswegs der Appetit auf Tomaten vergangen. Sie kaufen sie nur nicht mehr auf dem Gemüsemarkt, wo die Produkte aus der Umgebung der Hauptstadt angeboten werden. Stattdessen holen sie die Tomaten jetzt aus dem Supermarkt. Bereits geschält, praktisch in der Dose und zu einem Superpreis: für weniger als die Hälfte von dem, was sie für die Tomaten von Johannes Klopka bezahlen mussten. Dabei war der Gewinn des Tomatenbauers aus Kolucdor wahrlich bescheiden, seine Kinder mussten auf dem Feld mitarbeiten – praktisch umsonst. Trotzdem kann er mit den Dosentomaten nicht mithalten. Die stammen aus Frankreich, Spanien oder Holland, müssen zu hohen europäischen Arbeitskosten produziert, als Konserve verarbeitet und dann nach Afrika verschifft werden und kosten dennoch weit weniger als Klopkas Tomaten vom Feld nebenan. Des Rätsels Lösung hat einen Namen: Agrarsubventionen. Mit 55 Milliarden Euro subventioniert die EU ihren Agrarsektor im Jahr. Die mit Hilfe dieser gigantischen Summe produzierten Überschüsse, die regelmäßig jedes Jahr anfallen, werden entweder zu Butterbergen, Milchseen und Rinderhälftenstapeln, oder aber sie werden zu Schleuderpreisen exportiert.

Es ist Überschussware, vom europäischen Steuerzahler mitfinanziert, mit der die Agrarkonzerne auf dem afrikanischen Markt noch einen guten Profit erzielen können. Denn während der europäische Markt für Agrarprodukte aus Afrika praktisch dicht ist, stehen den europäischen Konzernen die Tore in Afrika zumeist weit offen. In Ghana seit 1992, als der Internationale Währungsfonds IWF die damalige ghanaische Regierung als Gegenleistung für einen dringend benötigten Kredit zwang, ihre Märkte für Importe von außen weit zu öffnen.

Was Johannes Klopka erleben musste, hatten etwa Geflügelzüchter in fast ganz Afrika schon schmerzhaft vor ihm erfahren müssen. »Hähnchen des Todes« werden die Hühnerschenkel genannt, die die riesigen europäischen Geflügelfarmen, die sogenannten »Hühner-KZs«, quasi als Abfallprodukt nach Afrika liefern. Es ist Ausschussware, die in Europa niemand mehr essen will und die den afrikanischen Geflügelzüchtern den Garaus macht.

Ein weiteres, besonders krasses Beispiel ist Baumwolle. Das weiße Gold wird vor allem in den ärmsten Staaten Afrikas südlich der Sahelzone angebaut. Für Burkina Faso ist Baumwolle praktisch das einzige Exportgut, die einzige Möglichkeit, etwas Geld zu verdienen für elementare staatliche Aufgaben wie Bildung oder Infrastruktur. Doch obwohl die Bauern für Hungerlöhne arbeiten, bleibt Burkina Faso immer wieder auf seiner mühsam gepflückten Baumwolle sitzen, trotz steigenden Bedarfs in China und anderen asiatischen Ländern. Der Grund ist derselbe wie bei den unverkäuflichen Tomaten und den Hühnern, die die afrikanischen Farmer nur noch selbst essen können: gigantische Agrarsubventionen, in diesem Fall vor allem in den USA.

350 Milliarden Dollar gegen afrikanische Bauern

Jedes Jahr pumpt die EU rund 55 Milliarden Euro in ihren Agrarsektor, weltweit bringen die großen Industriestaaten insgesamt 350 Milliarden Dollar an Agrarsubventionen auf. Dagegen steht eine afrikanische Wirtschaft – was in drei Vierteln aller Länder nach wie vor hauptsächlich Landwirtschaft bedeutet –, die durch subventionierte Billigprodukte aus Europa, den USA und Australien systematisch zerstört wird.

Was soll Johannes Klopka in Ghana tun, wenn er seine Tomaten nicht mehr verkaufen kann? Wovon sollen seine Kinder leben? Fast automatisch richtet sich der Blick auf die Weltregion, die zur Steigerung ihrer eigenen Profitraten seine Existenz zerstört hat. Er verkauft einen Teil seines Landes, von dem die Familie bislang gelebt hat, drückt den Erlös seinem ältesten Sohn in die Hand und schickt ihn auf die lange, gefährliche Reise nach Europa, damit er dort das Geld verdient, das die europäischen Dosentomaten ihm in seiner Heimat weggenommen haben. Der Sohn von Klopka hat keine Möglichkeit, in Accra zu einem Konsulat eines EU-Landes zu gehen, sich ein Visum zu holen und damit nach Deutschland, Frankreich oder Holland zu reisen – das würde er nie bekommen. Da eine legale Einreise nach Europa für ihn unmöglich ist, wird er somit zu einem »illegalen Migranten«.

Wenn er Glück hat, gelingt es ihm, mit einem Touristenvisum in die Türkei zu fliegen und von dort aus mit Hilfe eines »Schleppers« nach Griechenland zu gelangen. Wahrscheinlicher aber ist, dass er sich auf die gefährliche Reise durch die Sahara begeben muss, um irgendwo in Marokko, Mauretanien, Tunesien oder Libyen die nordafrikanische Küste zu erreichen. Das kann schon mal zwei Jahre dauern, viele Klopkas scheitern schon auf dem Weg dorthin, verdursten in der Wüste oder werden ausgeraubt und erschlagen. Doch Umkehren ist keine Alternative. Zu Hause wartet eine hungrige Familie, die quasi alles, was sie noch hatte, darauf gesetzt hat, dass der Sohn (nennen wir ihn John) den europäischen Arbeitsmarkt erreicht, um dann einen Teil seines Verdienstes nach Hause zu überweisen.

John ist sich dieser Verantwortung bewusst. Unterwegs erfährt er, dass das Volk in Tunesien einen Aufstand gewagt hat. Doch als er dort ankommt, ist die gute Gelegenheit, unbehindert in ein Boot zu steigen und nach Italien überzusetzen, bereits wieder vorbei. »Du musst nach Libyen«, wird ihm erzählt. Das ist sehr gefährlich, schließlich wird dort gekämpft, aber von der libyschen Küste fahren noch Boote in Richtung der kleinen italienischen Insel Lampedusa ab. Völlig überladen, zumeist wenig seetüchtig, sehen sich diese Boote einer hochgerüsteten Hightecharmada gegenüber, koordiniert von der neuen EU-Grenzschutztruppe Frontex (siehe dazu Kapitel 10), die ihnen den Weg nach Europa verwehren soll. Rund ein Viertel der Boote gerät bei der Überfahrt in Seenot, es kommt zu dramatischen Unfällen – das Mittelmeer zwischen Tunesien, Libyen, Malta und Italien wird zur Todeszone.

Sollte Johns Boot es dennoch bis Lampedusa schaffen, kommt er in die Mühlen einer europäischen Abschreckungspolitik, die Leute wie ihn in die Illegalität drängt und ihm jede offizielle Arbeitsmöglichkeit verwehrt. Trotzdem erträgt er alles, riskiert immer wieder sein Leben, um sich und seiner Familie eine Zukunft zu sichern, eine Zukunft, die ihm die völlig anonymen europäischen Agrarsubventionen zu Hause verbaut haben.

Wirtschaftsimperialismus schafft Wirtschaftsflüchtlinge

Geschätzt rund zwei Millionen Menschen versuchen jedes Jahr irgendwo zwischen den Kanaren, am westlichsten Punkt Europas, und der polnisch-ukrainischen Grenze ganz im Osten der EU die Barrieren der »Festung Europa« zu überwinden, um, wenn auch unter den schlechten Bedingungen eines Lebens in der Illegalität, Geld für ihre Familien zu verdienen.

Die Gründe für Migration sind vielfältig. Krieg und Bürgerkrieg sind nach wie vor die Hauptursache, dass Menschen ihre Heimat verlassen müssen. Doch Flüchtlinge aus Afghanistan und Irak, Somalia und anderen Ländern, deren Dörfer und Städte durch Krieg oder Bürgerkrieg verwüstet wurden, gehen meistens nicht weiter als in das nächstgelegene Nachbarland. Die meisten Flüchtlinge, verglichen mit der jeweiligen Bevölkerungszahl des Landes, leben in Pakistan, im Iran und in Kenia, wie die UN-Flüchtlingsorganisation UNHCR in ihrem letzten Jahresbericht erst wieder vorgerechnet hat. Gemessen an der Wirtschaftskraft des Landes, nimmt Pakistan 41-mal so viele Flüchtlinge auf wie Deutschland. Die überwiegende Zahl der Menschen, die vor dem Krieg in Libyen geflüchtet ist, kam nicht nach Europa, sondern nach Tunesien – ein Land, das sich selbst erst noch neu organisieren muss und viele interne Probleme hat.

Ein anderer Fall sind die »Wirtschaftsflüchtlinge«, wie die Bürokratie sie verächtlich bezeichnet – etwa Menschen wie John Klopka. Sie werden »Wirtschaftsflüchtlinge« genannt, um damit anzuzeigen, dass sie nicht vor staatlicher politischer Verfolgung fliehen mussten und daher keinen »legalen Grund« haben, in Europa an die Tür zu klopfen. Dabei sind sie tatsächlich Wirtschaftsflüchtlinge, nur in einem ganz anderen Sinn. Sie mussten emigrieren, weil die wirtschaftliche Ausbeutung durch ungerechte Handelssysteme ihnen ein würdiges Leben in ihrer Heimat unmöglich gemacht hat.

Natürlich ist auch das schnelle Bevölkerungswachstum in Afrika ein Problem, das zur Migration beiträgt. Als Europa im 19. Jahrhundert in einer vergleichbaren Situation war, wanderten Millionen Menschen nach Nordamerika, Südamerika und Australien aus; eine Möglichkeit, die Afrikanern heute verwehrt ist. Doch trotz des Bevölkerungswachstums wäre es nach Meinung einschlägiger Experten durchaus möglich, die Menschen angemessen zu ernähren. Und dadurch den Migrationsdruck erheblich zu vermindern. Dass trotzdem nach Informationen der Welternährungsorganisation FAO heute wieder achtzig Länder, die vorher ihre Bevölkerung durchaus ernähren konnten, drohen in die Armutsfalle abzurutschen, hat nach Auffassung von Jean Ziegler mehrere Ursachen. Der 76-jährige Schweizer Soziologe und weltbekannte Globalisierungskritiker Ziegler war jahrelang UNO-Sonderberichterstatter für das Recht auf Nahrung und berät heute den UNO-Menschenrechtsrat. Er macht verschiedene globale Ursachen für die zunehmende Verelendung vieler Länder und den daraus resultierenden Migrationsdruck aus.

Einmal die hohe Verschuldung etlicher sogenannter »Drittweltländer«. Da Schuldenerlasse zwar häufig diskutiert, zumeist aber nicht durchgesetzt werden, zwingt der Internationale Währungsfonds diese Länder als Gegenleistung für Kredite, ihre Märkte zu öffnen und ihre Landwirtschaft auf Exportgüter umzustellen, damit sie mit den so erwirtschafteten Devisen ihre Schulden beim IWF und den internationalen Großbanken bedienen können. Auf der Strecke bleibt dabei die Nahrungsmittelproduktion für die einheimische Bevölkerung.

Nach der Finanzkrise 2007 sind viele Hedgefonds in die Spekulation mit Agrarrohstoffen eingestiegen. Die Folge sind explodierende Preise für Grundnahrungsmittel wie Mais, Reis und Getreide. Nach Angaben der Welternährungsorganisation sind die Preise für eine Tonne Getreide von 2010 bis 2011 durchschnittlich von 110 Euro auf 270 Euro gestiegen. Reis und Maispreise in Mexiko und Südostasien explodierten und führten bereits zu ernsten Ernährungskrisen. Ziegler meint, dass rund 37 Prozent dieser Preissteigerung auf den Spekulationsprofit zurückgehen, »eine mörderische Spekulation, aber absolut legal«.[1]

Vor allem in Afrika kommt in den letzten Jahren noch ein weiterer Faktor hinzu: das sogenannte »landgrabbing«. Internationale Großkonzerne, aber auch Länder wie China oder die reichen Ölstaaten vom Golf sind dazu übergegangen, in afrikanischen Ländern Millionen Hektar wertvolles Agrarland langfristig zu pachten, um dort hocheffizient mit neuesten technischen Methoden Lebensmittel anzubauen, die entweder größtenteils in das jeweilige Land exportiert oder in Biosprit umgewandelt werden. Während korrupte Regierungen dafür viel Geld einstreichen, werden die Bauern, die in der Regel keine eingetragenen Besitzrechte für ihr Land haben, von selbigem vertrieben.

Das größte Übel ist nach Auffassung von Ziegler und vielen anderen Experten aber nach wie vor das extreme Agrardumping der EU und den USA. Durch die horrenden Subventionen von Produktion und Export von Lebensmitteln in den OECD-Industrieländern werden die Bauern Afrikas in den Ruin getrieben. »Man findet heute auf jedem Markt in Afrika europäische Obst-, Gemüse- und Fleischkonserven, die um ein Drittel billiger sind als die lokalen Produkte«, sagt Ziegler.[2] »Der Bauer nebenan, der unter den härtesten Bedingungen 15 Stunden am Tag samt Frau und Kindern arbeitet, hat dagegen keine Chance, das Lebensnotwendigste zu erarbeiten. Wenige Bauern dieser Erde arbeiten unter so schwierigen Bedingungen wie die Wolof im Senegal, die Bambara in Mali, die Mossi in Burkina Faso oder die Bashi in Kivu. Doch das europäische Agrardumping zerstört ihr Leben.«[3] Nüchterne Zahlen der nicht gerade für ihre linksradikale Haltung bekannten Weltbank bestätigen diesen Zusammenhang. »Wenn die EU und die USA ihre Agrarsubventionen auch nur teilweise herunterfahren würden, könnten die Länder der Dritten Welt ihren Handel um 24 Prozent steigern – das wäre ein zusätzliches Einkommen für die ländliche Bevölkerung von 60 Milliarden Dollar«, stellt ein Bericht 2010 fest.

Aminata Traoré, Schriftstellerin und ehemalige Kulturministerin von Mali, beschrieb die Situation auf dem Weltsozialforum in Nairobi 2007 so: »Europa schickt uns seine Hühnerbeine, seine Gebrauchtwagen, seine abgelaufenen Medikamente und seine ausgelatschten Schuhe. Und weil eure Reste unsere Märkte überschwemmen, gehen unsere Bauern und Handwerker unter.«[4] Und in dem preisgekrönten Dokumentarfilm Let's make money von Erwin Wagenfelder sagt der Landwirtschaftsminister von Burkina Faso, Laurant Sedago: »Wenn ihr weiterhin unsere Baumwollernten ruiniert, könnt ihr noch so hohe Mauern um Europa bauen, wir werden dennoch kommen.«[5] Was sollen die Menschen auch sonst tun.

Die Fischer und das leere Meer

Am offensichtlichsten ist der Zusammenhang zwischen europäischem Wirtschaftsimperialismus und der Migration nach Europa in der Fischereipolitik. Bereits seit den achtziger Jahren sind die Meere Europas heillos überfischt – rund 88 Prozent aller Bestände sind davon betroffen. Doch statt den Fischfang einzuschränken und die europäischen Fangflotten zu reduzieren, sucht Europa sich einfach neue Fanggründe. Um in lukrativen Gewässern fischen zu können, die häufig innerhalb der 200-Meilen-Zone von Küstenstaaten liegen, schließt die EU Fischereiverträge mit diesen Ländern ab und kauft sich Fangrechte. Mit insgesamt sechzehn Staaten weltweit gibt es solche Fischereiverträge, die wichtigsten und lukrativsten liegen vor der westafrikanischen Küste von Marokko bis Guinea-Bissau und Liberia. Die Folgen sind dramatisch.

Wenn die Fischer aus den Außenbezirken der senegalesischen Hauptstadt Dakar in den frühen Morgenstunden in ihre schmalen langen Holzboote steigen und ihre kleinen Außenborder anwerfen, wissen die meisten schon, dass sie am Abend kaum das Geld für das Benzin verdient haben werden. Obwohl sie immer weiter hinausfahren, bleiben ihre Netze meistens leer. Vor zehn oder gar zwanzig Jahren war das noch ganz anders. An den Küsten des Senegal wimmelte es geradezu vor Fischen, denn die 500 Kilometer lange Atlantikküste ist ein Fischparadies. Vor dem Senegal trifft der kalte Kanarenstrom auf den warmen Äquatorialstrom und vermischt sich mit kaltem Auftriebswasser. Die Folge davon ist ein sehr nährstoffreiches, mit viel Plankton durchsetztes Meer, ein idealer Lebensraum für Hunderte Fischarten.

Doch statt in die Netze der senegalesischen Fischer wandern die Fischbestände heute in die stählernen Bäuche riesiger Fischfabriken. Bis zu 200 000 Kilo Fisch ziehen diese Megatrawler täglich aus dem Wasser, modernste Sonargeräte orten jeden Schwarm und dirigieren die gigantischen Fangnetze immer an die richtigen Plätze. Die einheimischen Fischer haben dem nichts entgegenzusetzen. Für den Senegal ist das keine Kleinigkeit. Rund 15 Prozent aller Arbeitsplätze des Landes hängen am lokalen Fischfang. Natürlich verhält die EU sich völkerrechtlich korrekt. Sie hat ein Fischereiabkommen mit der senegalesischen Regierung abgeschlossen, laut dem das Geld, das Brüssel zahlt, nachhaltig im Sinne der Bevölkerung verwendet werden soll. Schaut man hinter diese wohlmeinenden Floskeln, zeigt sich jedoch ein ganz anderes Bild. Die EU zahlt den sieben westafrikanischen Staaten, mit denen sie Verträge abgeschlossen hat, jeweils zwischen 30 und 100 Millionen Dollar pro Jahr. Was auf den ersten Blick viel erscheinen mag, entpuppt sich jedoch als Peanuts, sobald man sich das Gesamtbild des weltweiten Fischereigeschäfts anschaut. Fisch wird immer mehr zu einem seltenen Gut, in knapp vierzig Jahren, schätzt Greenpeace, könnten die Weltmeere leer gefischt sein, wenn es so weiter geht wie jetzt. Entsprechend steigen die Preise. Allein die spanische Fischindustrie setzt im Jahr 1,8 Milliarden Euro um. Die spanische Fischereiflotte ist die größte Europas und setzt immer gewaltigere schwimmende Fischfabriken ein.

Das Nachsehen haben die Fischer in den westafrikanischen Staaten. Ihre Existenzgrundlage wird gleich doppelt zerstört: einmal, weil sie selbst kaum noch etwas fangen können, darüber hinaus aber auch, weil durch die hemmungslose Überfischung die Fischpopulationen auf Jahre hinaus zerstört werden. Selbst, wenn die schwimmenden Fischfabriken weiterziehen, ist für den alten Mann am Meer vor Dakar nichts mehr zu holen. Es wirkt da schon wie Hohn, wenn europäische Entwicklungshilfe Netze für lokale Fischer bereitstellt. Profitieren von den Fangverträgen kann nur die europäische Fischindustrie; die westafrikanischen Regierungen, die die Verträge abschließen, sind entweder korrupt oder stehen unter dem Zwang, Devisen erwirtschaften zu müssen, um ihre Schulden zu bedienen. Die 86 Millionen Euro, die Brüssel jährlich etwa an Mauretanien zahlt, machen allein 15 Prozent des Staatshaushaltes aus. Bei den Fischern kommt davon nichts an. Arme Länder sind eben leicht unter Druck zu setzen.[6]

»Krieg gegen junge Afrikaner«

Wen kann es da wundern, wenn die Fischer aus Mauretanien und dem Senegal statt zu verhungern ihre Boote mit Flüchtlingen beladen, um die Kanarischen Inseln anzusteuern? Wer will den Fischern in Tunesien Vorwürfe machen, wenn sie ihre Boote für Flüchtlingstransporte verkaufen, um mit dem Geld die Kredite zurückzuzahlen, die sie für den Kauf des Bootes aufgenommen haben, mit dem sie aber keinen Fisch mehr fangen können, weil das Meer leer ist? Für die EU sind sie dennoch Schlepper, also Kriminelle, die verfolgt werden müssen. Denselben Ländern, deren Meere spanische Fischfabriken leer fischen, haben Spanien und die EU-Grenzschutztruppe Frontex Vereinbarungen abgepresst, die es der spanischen Küstenwache erlauben, bereits in deren Hoheitsgewässern Flüchtlingsboote aufzuspüren, zu verfolgen und aufzubringen. Damit ist Spanien gemeinsam mit Frontex so erfolgreich, dass heute kaum noch ein Flüchtlingsboot auf den Kanaren ankommt.

Die bereits zitierte malische Schriftstellerin Aminata Traoré bringt diese Politik auf den Punkt: »Die menschlichen, finanziellen und technologischen Mittel, die Europa gegen die Migrationswellen aus Afrika einsetzt, sind in Wahrheit die Werkzeuge eines Krieges zwischen dieser Weltmacht und jungen Afrikanern aus Stadt und Land, deren Recht auf Bildung, wirtschaftliche Betätigung, Arbeit und Nahrung in ihren Herkunftsländern unter der Knute der strukturellen Anpassung vollkommen missachtet wird. Als Opfer makroökonomischer Entscheidungen, für die sie in keiner Weise verantwortlich sind, werden sie gejagt, aufgespürt und gedemütigt, sobald sie einen Ausweg in der Emigration suchen«.[7]

Dieser »europäische Krieg« gegen sogenannte »illegale Migranten« aus aller Welt ist zumindest teilweise ausgelöst durch die beschriebene Wirtschaftspolitik der EU und anderer Industriestaaten. Er widerspricht nicht nur den gerne hochgehaltenen europäischen Werten, sondern ist doppelt zynisch, weil er die Opfer der eigenen Politik erneut und zum zweiten Mal bedrängt, einsperrt und nicht selten in den Tod treibt. Der Kampf um den Erhalt und Ausbau des europäischen Reichtums – der nach wie vor sehr ungleich verteilt ist – beginnt auch Jahrzehnte nach dem Ende des Kolonialismus immer noch weit im Vorfeld der »Festung Europa«: nämlich mitten in den Ländern, aus denen die Menschen kommen, die sich notgedrungen auf den Weg zu uns machen. Er setzt sich an der direkten europäischen Außengrenze fort und trifft selbst diejenigen, die es gegen alle Widerstände schaffen, nach Europa hineinzukommen.

Dieser »Krieg« gegen Einwanderer findet weitgehend im Dunkeln statt, organisiert und koordiniert von der europäischen Grenzschutzagentur Frontex. Schlaglichtartig deutlich wird er nur dann, wenn schwere Unglücke vor den europäischen Küsten Hunderte Menschenleben fordern. Dieser »Krieg« wird geführt mit Schiffen, Flugzeugen, Satelliten, Geländewagen und Wärmebildkameras, aber auch mit diplomatischer Erpressung und einer Bürokratie, die Einwanderer jahrelang wegsperrt mit dem Ziel, sie zu demütigen und zu entmutigen. Dieses Buch soll dazu beitragen, insgesamt mehr Licht in dieses dunkelste Kapitel europäischer Politik zu bringen.

2   Wo alles begann

Spanien war das erste Bollwerk Europas im Kampf gegen die irre-
guläre Einwanderung.

Von Reiner Wandler, Madrid

Der Auftritt des Oberst der Guardia Civil Mariano Jorge hatte
etwas Prophetisches: »Es wird immer Wege geben, ins Land
zu kommen. Jemand, der Tausende von Kilometern hinter
sich gebracht hat, ist nicht durch einen Zaun aufzuhalten.
Das hat die USA an der Grenze mit Mexiko nicht geschafft,
warum soll es hier gelingen?«, fragte der Verantwortliche für
die Südgrenze Spaniens in Algeciras an der Meerenge von
Gibraltar.

Das war 1995. Spanien hatte drei Jahre zuvor auf Druck der
Europäischen Union, dem das Land Ende der achtziger Jahre
beigetreten war, eine Visumspflicht für Marokkaner verhängt.
Wer bereits im Land war und keine Papiere hatte, wurde legalisiert, die Grenzanlagen und die Überwachung der Meerenge
von Gibraltar wurden verstärkt. Die Folgen ließen nicht lange
auf sich warten: Bei gutem Wetter kamen fortan Tausende in
kleinen Holzbooten mit Außenbordern, einer »Patera«, oder im
größeren Schlauchboot über die Meerenge von Gibraltar, die
Oberst Mariano Jorge mit seiner Truppe undurchlässig machen sollte. »Brüssel und Madrid glauben, alles mit Polizei regeln zu können«, beendete damals Oberst Mariano Jorge das
Gespräch und sagte ein völliges Scheitern dieser Politik voraus.
Er sollte Recht behalten.

Die NGO Deux Rives (»Zwei Ufer«) mit Sitz im nordmarokkanischen Tanger schätzte um die Jahrtausendwende die Zahl

der Marokkaner, die jährlich das Land verließen, auf 200 000. Die Gründe: 70 Prozent der Marokkaner waren unter dreißig Jahre alt, jährlich drängten 250 000 neue Arbeitskräfte auf den Markt. Rund 30 Prozent der Marokkaner waren arbeitslos, darunter Hunderttausende Jungakademiker. Wer einen Job auf dem Bau oder in der Industrie fand, verdiente um die 300 Mark monatlich. Heute liegt der Mindestlohn bei knapp über 200 Euro. Auch ansonsten hat sich nichts geändert, eine Lösung der sozialen Probleme ist nach wie vor nicht in Sicht. Eine Umfrage ergab, dass 75 Prozent der marokkanischen Bevölkerung das Land verlassen würden, wenn sich ihnen die Möglichkeit böte. Neben Marokkanern wanderten schon damals verstärkt Menschen aus Schwarzafrika auf diesem Weg nach Spanien ein. Ein einträgliches Geschäft für die Schleppermafias: 3000 Mark kostete damals die Überfahrt in einer Patera.

Die Reise ins vermeintliche Paradies Europa ist ein gefährliches Unterfangen. Die Strömungen auf der Meerenge sind für die kleinen Boote unberechenbar. Es wurden immer wieder Leichen an der spanischen und marokkanischen Küste angeschwemmt. »Bis zu 700 Menschen verlieren jedes Jahr ihr Leben«, schätzte ein Sprecher von Deux Rives 2001, als dieser Weg nach Europa noch einer der beliebtesten war. Genaue Angaben über die Zahl der Opfer jener ersten Flüchtlingswelle kann keiner machen. Denn es interessierten nur diejenigen, die in Europa ankamen.

Eines der wenigen bekannten Gesichter aus der Zeit dieser Tragödien ist Miki Achahkar aus dem nordmarokkanischen Al-Hoceima. In einer der ersten Pateren, die sich 1992, kurz nachdem Spanien auf Druck der EU die Visumspflicht für Marokkaner eingeführt hatte, auf den gefährlichen Weg über die Meerenge von Gibraltar gemacht hatten, saß auch sein Sohn. Das kleine Boot kenterte damals, der erst 17-jährige Abdasalam, sein dritter Sohn, ertrank in der Strömung. »Ich hab' versucht ihn zurückzuhalten«, sagt der gebrochene Vater, »aber er wollte unbedingt zu seinem älteren Bruder in Europa.« Hier habe er doch keine Chance, hätte er gesagt. Miki Achahkar, über den die spanischen Zeitungen damals berichteten, kann sich an das Datum gar nicht mehr erinnern. Er hat es verdrängt, aber für ihn ist damals die Zeit stehengeblieben. »Ich erfuhr es aus dem spanischen Fernsehen«, erzählt er, später traf ich auch einen der Überlebenden. Von insgesamt 24 Migranten, die damals in dem kleinen Boot versucht hatten, die spanische Küste zu erreichen, überlebten nur vier.

Einer von ihnen ist Hassan. Er erinnert sich an die Schrecken der Überfahrt als wäre es gestern gewesen. »Wir waren um Mitternacht in der Nähe von Ceuta losgefahren. Eine Stunde später, mitten auf der Meerenge, wuchsen plötzlich die Wellen.« Ein Brecher von »mindestens dreieinhalb Metern« erfasste die Patera und brachte das Boot zum Kentern. Drei Stunden trieben die Schiffbrüchigen dort, wo Atlantik und Mittelmeer zusammenfließen. »Wir klammerten uns verzweifelt an das Boot. Das Wasser war kalt. Langsam ließen die Kräfte nach«, erinnert sich Hassan, der mit ansehen musste, wie einer nach dem anderen in den schwarzen Fluten verschwand. Es sind Szenen, die sich für ewig in sein Gedächtnis eingegraben haben. »Irgendwann kamen große Lichter auf uns zu«, beschreibt Hassan das letzte Bild des Filmes, der immer wieder in seinen Alpträumen abläuft. Es war die Expressfähre von Ceuta hinüber an die spanische Küste. Hassan wachte im Hospital Punta de Europa in Algeciras wieder auf. Ein paar Tage später wurde er in seine Heimat abgeschoben.

Ceuta und Melilla – Europa in Afrika

Spanien war von Anfang an eine der wichtigsten »Frontlinien« im Kampf Europas gegen die illegale Einwanderung. Millionenbeträge wurden entlang der Küste in mit modernster Technik ausgerüstete Überwachungstürme investiert. Hunderte Uniformierter und ziviler Streifenpolizisten, mit Nachtsichtgeräten und Radar versehene Boote der Guardia Civil und mehrere Hubschrauber beobachten ständig die Südgrenze der Europäischen Union. Insgesamt wurden für dieses »Integrierte elektronische System zur Außenüberwachung« (SIVE) bei Baubeginn 260 Millionen Euro veranschlagt. Professor Mehdi Lahlou, Spezialist in Migrationsfragen aus Casablanca, sieht darin eine Geldverschwendung. Mit dem gleichen Betrag, so rechnet er vor, ließen sich in Afrika 24 000 Pumpen bauen. »Damit könnten 500 000 Hektar bewässert werden. Pro Hektar wären dies fünfzehn Arbeitsplätze. Dies würde den Migrationsdruck deutlich vermindern«, war er sich bereits 2004 sicher. Gehört hat auf ihn keiner. Das Drama ging weiter.

Kaum war die Meerenge von Gibraltar dicht, suchten sich die Flüchtlinge neue Wege. Ceuta und Melilla, die beiden spanischen Exklaven an Afrikas Nordküste, wurden immer beliebter. Tausende von Flüchtlingen, vor allem Schwarzafrikaner, versammelten sich in den Wäldern rund um die beiden Exklaven und warteten geduldig auf eine Chance, die Grenze zu überwinden. Sie lebten in improvisierten Zelten aus Ästen und Plastikfolien. Schnell wurde der Zaun von zwei auf drei Meter erhöht und eine Fahrstraße für die Grenzpolizei gebaut. Das Ganze wurde mit Wärmedetektoren und Lichtschranken bestückt. Undurchlässig war die Anlage dennoch nicht. Davon zeugten die Auffanglager auf der anderen Seite, in den Garnisonsstädten Ceuta und Melilla. Hier wurden diejenigen, die den Zaun überwunden hatten, zusammengepfercht. Vor allem Melilla sorgte für Schlagzeilen, denn die Flüchtlinge hatten sich zusammengetan und organisierten im Sommer und Herbst 2005 Massenstürme auf den Grenzzaun.

Benadou und Benjamin gehörten zu denen, die es geschafft hatten. »Es war ein langer, harter Weg«, erzählten die beiden 2005 im Lager von Melilla. Keine Grenze konnte sie auf ihrem langen Weg aufhalten. Wie zum Beweis zeigt der drahtige junge Mann seine Handflächen. Sie sind voller halb verheilter Wunden. Der Nato-Draht, der die drei Meter hohe Grenzbarriere krönt, hat sich tief ins Fleisch der beiden Afrikaner geschnitten. »Wir banden mit Plastiktüten Äste zu einer Leiter zusammen und kletterten daran hoch. Oben lässt du dich dann über den Stacheldraht rollen und plumpst nach unten«, erzählt Benjamin. Die andere Leiter wird nachgeholt und am zweiten Zaun, auf der anderen Seite einer Betonpiste, auf der die spanische Grenzpolizei patrouilliert, angelegt. Die gleiche Operation wiederholt sich. Völlig erschöpft, mit unzähligen Wunden und zerfetzten Klamotten endet der Sprung dann in Melilla. »Das ist ganz schön gefährlich. Du kannst dir was brechen oder dich gar tödlich verletzen«, weiß Benadou.

Benjamin und Benadou haben Tausende von Kilometern zurückgelegt. Sie kommen aus dem gleichen Stadtteil in Douala, einer Stadt an Kameruns Atlantikküste. Sie sind in die gleiche Schule gegangen und haben zusammen auf den gleichen Plätzen gebolzt. Schließlich schmiedeten sie zusammen Pläne, denn nach der Oberschule und jahrelangen Gelegenheitsjobs sahen sie keine Zukunft »in allem, was wir irgendwie können« – vom Bau bis zur Kfz-Werkstatt, vom Säckeschleppen bis zum Lkwfahren. Denn »was in Europa eine gute Arbeit ist, bringt bei uns nichts ein«. Benjamins Vater ist Automechaniker, der von Benadou installiert Klimaanlagen. Der Lohn: 25 Euro – im Monat.

»Es war am 22. Dezember 2000, als wir aufbrachen«, erzählt Benadou. 100 Euro hatte jeder in der Tasche und eine fixe Idee im Kopf: »Irgendwo dort im Norden Afrikas liegt eine Stadt, die Melilla heißt und zu Europa gehört.« Von Douala ging es durch ganz Kamerun bis nach Nigeria, von dort in den Niger. Sie nahmen Kollektivtaxen oder fuhren per Anhalter auf Lkws oder gingen ganz einfach zu Fuß. Immer wieder arbeiteten sie, um ihr Erspartes zu schonen. Schließlich leisteten sie sich einen Taxifahrer, der sie im Niger in die Wüste brachte. 15 Kilometer vor der libyschen Grenze setzte er sie ab. Der schwierigere Teil der Reise begann.

Zu Fuß ging es durch die Sahara in das Reich von Oberst Muammar al-Gaddafi. Ein Jahr und sechs Monate sollten sie dort bleiben. »Wir brauchten Geld und arbeiteten auf dem Bau, oder was sonst so anfiel.« Nur ungern denken sie an diese Zeit zurück. Zum ersten Mal in ihrem Leben mussten sie erfahren, was Rassismus ist. »Die Libyer behandelten uns wie den letzten Dreck«, erzählt Benadou. Zum Arbeiten für billiges Geld waren sie im arabischen Land willkommen. Für mehr jedoch nicht. So hielten sie sich getrennt von den Einwohnern auf, um keine Probleme zu haben. Dennoch lernten beide etwas Arabisch.

»Nachdem wir umgerechnet 50 Euro zusammengespart hatten, ging es nach Algerien«, fährt Benadou fort. Wieder setzte sie jemand vor der Grenze ab, wieder ging es zu Fuß durch die Sahara. In der algerischen Wüste laufen alle Migrationsrouten zusammen: Libyen, Mali, aus dem Niger, von überall her kommen die Schwarzafrikaner über die weitläufige Grenze. Nur die Stärksten schaffen es. Notdürftig angelegte Gräber in der Wüste zeugen davon. »Djanet, Illizi, Ouargla, in jeder dieser Städte hielten wir uns mehrere Monate auf.« Wieder fehlte es an Geld, wieder mussten die beiden arbeiten. Doch oft währte die Freude am Ersparten nicht lange, denn die Wüstenbewohner nehmen hohe Preise, um die Immigranten zu führen oder in einem Fahrzeug mitzunehmen. Andere machen es sich noch einfacher und holen sich die paar Scheine mit Gewalt. »Die Räuber sind viele und sie sind bewaffnet, da kannst du nichts machen«, erinnert sich Benadou an die Überfälle.

Schließlich gelangten sie ins westalgerische Oran, nahe der Grenze zu Marokko. Wieder war das Geld zu Ende, wieder wurden es mehrere Monate. Auto waschen oder Hecken stutzen, als Mädchen für alles für Algeriens neue Mittelklasse verdienten sie umgerechnet zwei Euro am Tag. Rund ein Drittel dessen, was ein Einheimischer bekommt. Sie schliefen im Freien auf der Place des Armes, dem kolonialen Herzen der einst französischen Mittelmeerstadt. Dennoch sind Benadou und Benjamin voller Lobes für Algerien. »Dort gibt es Menschenrechte. Das ist fast schon wie Europa«, meinen sie. Wer das nordafrikanische Land kennt, kann sich vorstellen, wie schlimm es für die beiden Schwarzen in Libyen war und wie es erst in ihrer Heimat Kamerun aussehen muss.

Schließlich ging alles ganz schnell. Im Sammeltaxi fuhren sie an die Grenze zu Marokko. Auf engen Pfaden gelangten sie nach Oujda auf der marokkanischen Seite. Die Stadt lebt vom Schmuggel aller Art, auch von dem von Menschen wie Benadou und Benjamin. 145 Kilometer waren es jetzt noch. Aus Angst vor der marokkanischen Gendarmerie und einer möglichen Abschiebung zurück nach Algerien legten sie die in zehn Nächten zu Fuß zurück. »Endlich lag Melilla vor uns«, erinnern sich die beiden. Zum ersten Mal sahen sie den Grenzzaun, die spanische Polizei und die Wachtürme. »Abschrecken ließen wir uns davon nicht.« Nach den vielen Strapazen waren sich Benadou und Benjamin ganz sicher, das sie auch diese Hürde nehmen würden.

Doch sie hatten sich noch nicht richtig im improvisierten Camp im angrenzenden Wald eingerichtet, da gab es eine große Razzia. »Die Marokkaner nahmen uns alles ab, verluden uns auf Lkws.« Es ging zurück nach Oujda und dann ab über die algerische Grenze. »Zehnmal sollte uns dies passieren. Zehnmal kamen wir zu Fuß zurück, bis wir endlich den Zaun überwanden«, beschreibt Benadou die zermürbende Tretmühle, in der sie eineinhalb Jahre festhingen. »Doch wir waren stark genug«, erklärt Benadou.

Die Spanier schieben kaum Schwarzafrikaner ab. Wer nicht freiwillig geht, bleibt ohne Papiere, als sogenannter »sin papeles«. Denn anders als mit Marokko hat Madrid mit den meisten Ländern jenseits der Sahara kein Rücknahmeabkommen. Und Marokko nimmt zwar zunehmend die eigenen Staatsbürger zurück, nicht aber die Bürger aus den anderen Maghrebländern und die Schwarzafrikaner. So haben sie sich denn auch freiwillig bei der Polizei gemeldet. Zufrieden zeigen sie eine Vorladung für Ende des Monats: das erste offizielle, europäische Dokument. Dann wurde ihnen der nutzlose Abschiebebescheid zugestellt. Benjamin und Benadou brauchen jetzt nur etwas Geduld. Denn jedes Mal, wenn zu viele Einwanderer in Melilla sind, werden sie hinüber aufs spanische Mutterland gefahren oder geflogen.

128 Massenanstürme zählten die spanischen Behörden alleine 2005. Mindestens siebzehn Immigranten kamen dabei ums Leben. Teils wurde scharf auf sie geschossen. Die Schüsse seien alle von marokkanischen Grenzsoldaten abgegeben worden, hieß es aus spanischen Quellen. Amnesty International (AI) verlangte immer wieder eine genaue Untersuchung, allerdings ohne Erfolg.

Raus auf den Atlantik

Doch auch dieser Weg sollte bald geschlossen werden. Die Zäune wurden auf sechs Meter Höhe ausgebaut und ein ausgetüfteltes Gewirr aus Seilen wurde errichtet, in dem sich die Flüchtlinge verheddern sollten. Gleichzeitig übte Spanien Druck auf Marokko aus – woraufhin die Armee des Königreiches von Mohamed VI. die Wälder rund um Ceuta und Melilla räumte und die Menschen irgendwo mitten in der Wüste an der Grenze zu Algerien oder gar in den Minenfeldern aus Zeiten des Krieges um die ehemalige spanische Kolonie Westsahara aussetzte. Erst als Ärzte ohne Grenzen Alarm schlug, wurde diese Praxis zumindest eingeschränkt. Der spanische Regierungschef José Luis Zapatero ignorierte die internationale Kritik an den Massendeportationen. Es sei notwenig, Verständnis für Marokko aufzubringen, forderte der sozialistische Politiker.

Die verbesserten Grenzanlagen und die Razzien zeigten Wirkung. Die Menschen aus Afrika suchten abermals neue Wege – und fanden sie. Ab Sommer 2006 waren die Kanarischen Inseln das Ziel. Ein neues Wort zog in die spanische Sprache ein: Es heißt »cayuco« und bezeichnet die typisch westafrikanischen, offenen Holzboote, die normalerweise zum

Fischen benutzt werden und neunzig bis 170 Menschen Platz bieten. Die meisten Boote starteten die Überfahrt ohne Schlepper an Bord an der afrikanischen Westküste. Sie wurden oft von einem Flüchtling gesteuert, der früher einmal im Fischfang tätig war. Ein GPS ersetzte die Ortskenntnis. 2006 wurde so zum Jahr einer ganzen Serie von Tragödien.

31 678 Flüchtlinge erreichten laut offiziellen Zahlen die Inseln im Atlantik. Die meisten kamen auf Teneriffa an. Der 3718 Meter hohe Vulkan Teide ist von weither zu sehen und lotste die Boote. Viele schafften es jedoch nicht bis dahin. Der Rote Halbmond und das Rote Kreuz schätzen die Zahl der Verschollenen im Sommer 2006 auf 2000 bis 3000 Menschen.

Zuerst legten die Boote in Südmarokko und von den Stränden der besetzten, ehemaligen spanischen Kolonie Westsahara ab. Madrid setzte die Regierung in Rabat einmal mehr unter Druck. Auch dieses Mal mit Erfolg, König Mohamed VI. ließ die Strände besser bewachen. Neue Routen wurden eröffnet. Zuerst ging die Reise über Mauretanien. Doch auch hier erreichte die spanische Diplomatie, dass die Regierung gemeinsame Küstenpatrouillen einrichtete. Spanien entsandte ein Boot und einen Helikopter und stellte der Polizei des westafrikanischen Landes im Rahmen der Entwicklungshilfe zwei ausgediente Schiffe zur Verfügung. Die Flüchtlinge versuchen fortan ihr Glück im Senegal. Aus anfänglich 90 Kilometer Überfahrt wurden so innerhalb weniger Monate über 2500 Kilometer. Statt einen Tag waren die Flüchtlinge jetzt ein bis zwei Wochen unterwegs. Auch das Schlupfloch Senegal mit seiner 730 Kilometer langen Küste wurde nach und nach gestopft. Spanien – und später auch Frontex – richteten gemeinsame Patrouillen mit der senegalesischen Küstenwache ein.

»Rein polizeiliche Maßnahmen werden nur bewirken, dass die Flüchtlinge einmal mehr weiter im Süden ablegen«, beschwerte sich 2006 Luc André Diouf. Doch wie einst Oberst Mariano Jorge hörte auch Diouf keiner zu. Der Senegalese ist der Verantwortliche für Immigration in der Gewerkschaft

CCOO auf den Kanarischen Inseln und zugleich Vorsitzender des dortigen Immigrantenforums, einer Institution, die die Regionalregierung in Ausländerfragen berät. Er befürchtet, dass es durch die Abkommen zu noch mehr Toten kommen wird. Seine Lösung ist so neu nicht: »Europa muss Afrika mit Investitionen helfen, um den Menschen eine Perspektive in ihrer Heimat zu geben.« Vor allem in der Landwirtschaft und dem Fischfang müssten Arbeitsplätze geschaffen werden.

Genau das Gegenteil ist der Fall. Die EU-Landwirtschaftspolitik subventioniert einheimische Produkte und lässt von außerhalb der Union nur wenig herein. Und die Fangflotten, vor allem die der Spanier, fischen die Küsten Nord- und Nordwestafrikas leer und zerstören damit eine der wichtigsten Einkommensquellen der afrikanischen Atlantikanrainer. Das verstärkt den Wunsch auszuwandern zusätzlich. »Die Union muss stattdessen Verträge mit allen betroffenen afrikanischen Ländern schließen, und nicht ein Land nach dem anderen anbinden, je nachdem, wo die Flüchtlinge losfahren«, erklärt Diouf. Doch die Politik der EU orientiert sich weiter fast ausschließlich an der Bekämpfung der Migration.

Angewiesen, abgewiesen

Längst verläuft Europas Grenze quer durch Afrika, dies zeigt ein Bericht von Amnesty International aus 2008, der sich mit den Cayucos und Frontex beschäftigt. »Es wurde Druck auf die Länder im Maghreb und südlich der Sahara ausgeübt, um sie in die Bekämpfung der illegalen Migration einzubinden«, heißt es. Allen voran sei Mauretanien in die Rolle des »Polizisten Europas« geschlüpft. Selbst elementarste Menschenrechte blieben dabei auf der Strecke. Nicht nur aus Europa zurückgeführte Immigranten, sondern auch alle, die so aussehen, als könnten sie den langen Weg in Fischerbooten über den Atlantik auf die Kanarischen Inseln wagen, müssen mit Verhaftung,

Internierung und Abschiebung rechnen. 2007 wurden insgesamt 7100 Menschen über die Grenze in die Nachbarländer Mauretaniens geschafft. 2006 waren es gar 11 600. So mancher von ihnen wurde ganz einfach im verminten Niemandsland zwischen Mauretanien und der Westsahara ausgesetzt. »Kandahar« heißt dieses Wüstengebiet unter Migranten.

Der erbarmungslosen Abschottung stand paradoxerweise die Tatsache gegenüber, dass Spanien im letzten Jahrzehnt auf Immigranten angewiesen war wie kein anderes Land in Europa. Spanien mit seinen 40 Millionen Einwohnern hatte nach Berechnungen der Banco Bilbao Vizcaya jährlich Bedarf an 300 000 zusätzlichen Arbeitskräften. Das Land hat die niedrigste Geburtenrate weltweit, und ohne Immigranten wird es im Jahr 2050 den höchsten Altersdurchschnitt weltweit haben.

Auch Madrid weiß das. Doch die Regierung möchte sich die Einwanderer aussuchen, nach Herkunftskultur und Qualifizierung. Als Vorbild dient die Rekrutierung spanischer Arbeiter in den sechziger Jahren durch Länder wie Deutschland oder die Schweiz. Zu diesem Zweck wurden mit Ecuador, Marokko und vor deren EU-Beitritt mit Polen und Rumänien Einwanderungsabkommen ausgehandelt. Die angeworbenen Einwanderer – und seit der Krise auch zunehmend wieder spanische Arbeitskräfte – verdrängen die Schwarzafrikaner vor allem aus der Landwirtschaft und den Arbeiten in Gärten und Haushalten der spanischen Mittelschicht. Dennoch versteht sich Spanien nicht als Einwanderungsland. Das erkennt schnell, wer nach der Integrationspolitik fragt. Diese liegt in der Zuständigkeit des Arbeits- und Immigrationsministerium und wird dort von einer Generaldirektion, die wiederum der Staatssekretärin für Immigration untersteht, betreut. Dieses niedrige Profil ist kein Zufall. Denn in Spanien dreht sich alles, was mit Immigranten zu tun hat, um die Arbeit. Wer eine Arbeitserlaubnis und einen Job hat, bekommt die Aufenthaltsgenehmigung verlängert. Wer arbeitslos wird – wie jetzt in Krisenzeiten rund eine halbe Million Einwanderer aus Nicht-EU-Ländern – bekommt die »residencia« nicht verlängert. Er muss gehen oder sich als Illegaler durchschlagen. Immigranten in Spanien leben deshalb ständig mit der Angst, in die Illegalität abzurutschen.

Nach Schätzungen beläuft sich die Zahl dieser »sin papeles« seit Jahren auf rund eine Million. Auch großangelegte Legalisierungskampagnen zeigen nur kurzzeitig Wirkung. Viele »sin papeles« können sich längst nicht mehr auf dem Schwarzmarkt verdingen, so manche Frau landet direkt in der Prostitution. Alleine in Madrid wird die Zahl der ausländischen Prostituierten auf über 2000 geschätzt. Und viele Immigranten – oft Jugendliche aus Nordafrika, die ohne Eltern nach Spanien gekommen sind – finden außerhalb des kriminellen Milieus kein Einkommen. Ein Blick auf die Statistiken aus dem Innenministerium belegt dies: Jeder fünfte der in Spanien einsitzenden Häftlinge ist Ausländer. Jetzt, in Zeiten der Krise und nach Ende des Baubooms mit einer Arbeitslosenquote von über 20 Prozent, zahlt laut Polizeigewerkschaften so manche Stadtverwaltung gar Fangprämien für »sin papeles«.

Gibraltar, Ceuta und Melilla sowie die Kanarischen Inseln – das sind die drei wichtigsten Stationen eines spanischen Dramas, das Tausende von Menschenleben gefordert hat. In den letzten Jahren ist es jedoch ruhig geworden um Spanien. Zum einen zeigt die Abschottung durch Hightech und Frontex ihre Wirkung, zum anderen ist das Land auf der Iberischen Halbinsel durch die Wirtschaftskrise, die den Arbeitsmarkt zusammenbrechen ließ wie sonst nirgends in Europa, für die Flüchtlinge nicht mehr sehr attraktiv.

Wer vom besseren Leben träumt, träumt von Europa

Doch die Zuwanderung aus Afrika nach Europa ist nie endgültig versiegt. Zu groß ist das Reichtums- oder besser Armutsgefälle zwischen den beiden Seiten des Mittelmeeres. Das derweil letzte Kapitel wird an Europas Südgrenze etwas weiter östlich, zwischen Tunesien und Italien, geschrieben. Und auch hier endet die Reise ins vermeintliche El Dorado für so manchen in einer Tragödie. Im Februar 2011, wenige Wochen nach dem Sturz des tunesischen Präsidenten Zine el-Abidine Ben Ali, war es »wie ein Fest«, erinnert sich Mohammed Mzem aus Zarzis im Süden des Landes. »Der Hafen war unbewacht. Eine einzigartige Gelegenheit. Wer irgendwie das Geld zusammenbringen konnte, kaufte sich einen Platz auf einem Boot«, berichtet der 35-Jährige. Die Polizei war fast überall im Land aus dem Straßenbild verschwunden, auch im Hafenstädtchen Zarzis. Die Beamten hatten plötzlich Angst vor den Bürgern, die sie so lange unterdrückt hatten. »Eigentlich bin ich nie auf die Idee gekommen auszuwandern, aber irgendwie war die Stimmung ansteckend«, erinnert sich Mzem. 3000 meist jungen Menschen aus Zarzis ging es ähnlich. Weitere 2000 kamen aus dem Landesinneren.

In der Nacht vom 10. auf den 11. Februar bestieg Mzem um zwei Uhr morgens ein völlig überfülltes Fischerboot. 150 Kilometer hatten die 120 Insassen vor sich. 2000 algerische Dinar – 1000 Euro – hatte jeder von ihnen bezahlt, um Tunesien mit seinen schlechten Löhnen gegen Lampedusa und damit gegen Europa einzutauschen. Doch die Fahrt ins vermeintlich bessere Leben endete in einer Katastrophe. »Das Boot wurde auf hoher See vom tunesischen Militär gerammt. Wir kenterten und gingen binnen einer Minute unter«, berichtet Mzem, der von den Soldaten aus dem Meer gefischt wurde. Von 120 Passagieren überlebten neunzig. Fünf wurden tot geborgen, 25 sind nie wieder aufgetaucht.

Es war das erste Boot, das nach dem Sturz Ben Alis von der tunesischen Armee aufgebracht wurde. Nachdem immer mehr Flüchtlingsboote aus Zarzis auf Lampedusa eintrafen und die Regierung Berlusconi vor einer humanitären Krise warnte (siehe Kapitel 4) und gar Soldaten nach Tunesien entsenden wollte, geriet die Übergangsregierung in Tunis unter Druck. Soldaten bewachen seither den Hafen, die Küstenwache ist wieder aktiv.

»Viele waren arbeitslos, andere hatten schlecht bezahlte Gelegenheitsjob«, erzählt Lezhar Lazlam, ein anderer Überlebender der Tragödie. »Selbst wenn du Arbeit hast, kommst du mit dem Lohn nicht weit. Wer will nicht in einer eigenen Wohnung leben, heiraten, Kinder haben, ein Auto haben?«, fragt der 25-Jährige, der bis zu jenem Tag Lieferwagen gefahren ist – für umgerechnet 100 bis 120 Euro im Monat.

Im Hafen von Zarzis zeigt sich das ganze Ausmaß dieses Goldrausches. »Die Bucht war voller Fischerboote«, sagt Schiffsmechaniker Kenizi Faiçal. Jetzt liegt der Kutter, auf dem er arbeitet, fast alleine im Wasser. Das Mittelmeer sei durch die großen Fangflotten aus Europa völlig überfischt. »Die Schleppnetze zerstören den Meeresgrund. Im küstennahen Bereich und den nationalen Gewässern gehen die Fänge seit Jahren zurück«, klagt der 48-Jährige. Viele Besitzer hätten deshalb hohe Schulden auf der Bank. »Wenn du das Schiff an jemanden verkaufst, der umgerechnet 1000 bis 1250 Euro pro Passagier nimmt, und auf einem Kutter wie dem hier 200 Passagiere unterbringt, kannst du den Kredit begleichen und mit etwas anderem anfangen«, rechnet Faiçal vor.

»Wer vom besseren Leben träumt, träumt von Europa«, erklärt der 62-jährige Aktivist der Gewerkschaft UGTT, Hamed Bouzoumita. Nicht nur der Fischfang stecke in der Krise. Es gibt so gut wie keine Industrie in der 120 000-Einwohner-Stadt Zarzis. Der Freihafen konnte mit denen in der Industriestadt Sfax und in der Region Tunis noch nie konkurrieren. Die waren fest in der Hand des Präsidentenclans, der sich mit Hilfe Europas an der Macht hielt. Schließlich versprach er – wie seine libyschen, marokkanischen oder algerischen Amtskollegen auch – sichere Grenzen für die Union. Auch die Olivenhaine der Region werfen immer weniger ab. Der Klimawandel mit seinen steigenden Temperaturen und zurückgehenden Niederschlägen ist hier deutlich zu spüren, dadurch breitet sich die Sahara aus. Die Einkommen in den wenigen Touristenhotels am Ort sind niedrig, die Trinkgelder werden immer spärlicher. Es kämen meist Pauschaltouristen aus Osteuropa, und bei denen sitze der Geldbeutel vor allem jetzt in der Krise bei weitem nicht so locker, wie früher bei den Mitteleuropäern.

»Politisch erleben wir eine Zeit der Freiheit und der Hoffnung, doch die wirtschaftliche Lage in der Region ist so schlecht, dass die jungen Menschen einfach nicht die Geduld hatten, auf Besserung zu warten. Die Tür stand offen, die Versuchung war zu groß«, meint Bouzoumita. Die junge Generation des neuen Tunesien fordert eine geordnete Zuwanderung nach Europa für die südlichen Nachbarländer. Die jungen Tunesier wollen nicht mehr länger die Polizei an der Tür in den reichen Norden spielen. Als die EU nur wenige Wochen nach dem Sturz Ben Alis 250 Millionen Euro Soforthilfe versprach, zogen spontan junge Menschen in der Hauptstadt Tunis mit Transparenten vor eines der internationalen Hotels im Zentrum. Als »Komplize, Pate und Finanzier der Unterdrückung, Folter, Massaker und illegalen Bereicherung« bezeichnen sie Brüssel. Tunesien werde sich nicht mehr länger unterwerfen lassen, warnten die Tunesier mit ihrem neuen, revolutionären Stolz.

3   Die afrikanischen EU-Polizisten

»Gestern kolonisiert, heute abgeschoben, morgen bewegungsfrei«
– Europas Außengrenze in Afrika.
                                        Von Christian Jakob, Bremen

Das Transparent an der Wand soll Mut machen: »Gestern kolonisiert, heute abgeschoben, morgen bewegungsfrei« steht darauf. Doch noch spielt sich das Leben der etwa vierzig Abgeschobenen größtenteils in einem engen Hof ab. Die Bewohner
der Notunterkunft der »Association des Refoulés d'Afrique
Central au Mali« (ARACEM) stammen aus Ländern wie Tschad,
Kongo, Kamerun oder Togo. Sie alle wurden auf dem Weg nach
Europa gestoppt, und ihre Suche nach einem neuen Leben endete in einem armen Außenbezirk der malischen Hauptstadt
Bamako.

Ein kleines Vordach spendet ein wenig Schatten, ein Ventilator kämpft müde gegen die drückende Hitze an. Die Fenster
sind mit dünnen Metallgittern verhangen, um die vielen Mücken fernzuhalten, die sich in den Abendstunden aus den offenen Abwasserkanälen erheben und Malaria verbreiten. Gut
dreißig Männern und ein paar Frauen stehen nur eine Toilette
und eine Dusche zur Verfügung. In der Notunterkunft gibt es
keine Bücher, keinen Internetanschluss und keine Schränke.
Die meisten der Untergekommenen haben auch nichts, was sie
verstauen müssten. Europäische Hilfsorganisationen, darunter
medico international aus Frankfurt, unterstützen die ARA
CEM, doch das Budget reicht gerade einmal, um für zwei Wochen Lebensmittel einzukaufen. Jetzt, am Ende des Monats
Januar 2011, haben die Bewohnerinnen und Bewohner seit Ta

gen nichts gegessen. In der Nacht hat eine junge Frau aus dem Kongo im Schlafraum ein Baby geboren. Sie kann nicht stillen und bittet Besucher um Geld für Babymilchpulver.

In einem kleinen Büro im hinteren Teil des Hauses sitzt Emmanuel N Gallè Njah, Mitte dreißig, ein gemütlicher Typ im orangefarbenen Polohemd und mit einer Baseballmütze auf dem Kopf, hinter einem schweren Schreibtisch aus dunklem Holz. Er ist der Präsident der ARACEM, aber seine Geschichte gleicht der all jener, die in seiner Unterkunft ankommen: Nach einer strapaziösen Reise voller Hoffnungen wurde er irgendwo zwischen dem Sahel und Europa von Grenzschützern aufgegriffen, zurückgeschoben. Pleite und ohne Vorstellung, wie es weiter gehen sollte, ist er in Bamako angekommen.

Mali ist nicht nur ein Land mit einer extrem hohen Rate von Exilanten. Es ist seit jeher auch ein wichtiges Transitland. Bis heute führen die Routen auf dem Weg von Westafrika in Richtung Maghreb meist hier entlang – und das gilt auch für den Rückweg. 2006 gründete Njah mit einer Gruppe kamerunischer Gestrandeter die ARACEM, um jene zu unterstützen, die von französischen Polizisten am Flughafen von Bamako aus der täglich landenden Air-France-Maschine geleitet werden. Oder jene, die von den Ladeflächen der LKWs des algerischen oder mauretanischen Militärs an der malischen Grenze in der Wüste gekippt werden. Zusammen mit einem weiteren Abgeschobenenverband, der »Association Malienne des Expulsés« – der von Pro Asyl unterstützt wird –, bietet die ARACEM ihnen Hilfe an: etwas Kleidung, ein Anruf zu Hause, ein paar Tage essen, ein wenig Ruhe, Kontakt zu Anwälten. In manchen Fällen versuchen sie durchzusetzen, dass die aus Europa Abgeschobenen wenigstens die Sozialversicherungsbeiträge rückerstattet bekommen, die sie etwa in Frankreich eingezahlt haben.

Manchmal sind die Abgeschobenen aber auch in einem so schlechten gesundheitlichen Zustand, dass die ARACEM nur noch einen Priester und einen Sarg bestellen kann. »Sie sind die Opfer des Kampfes gegen die irreguläre Migration«, sagt

Njah. Am Vormittag lässt er sich von einer jungen Soziologin der Universität Madrid befragen – wie schon oft. »Es kommen ständig Wissenschaftler und Journalisten zu uns«, sagt er, als die Spanierin weg ist. »Die Leute interessiert anscheinend sehr, welche Probleme wir haben. Es ändert sich aber nichts.«

Für viele der Gestrandeten geht die Reise nicht weiter. Wie wohl auch für Njah selbst, ist in Bamako häufig Endstation. Die meisten würden gerne einen erneuten Versuch wagen, nach Europa zu gelangen, doch meist hat der erste Vorstoß all ihr Geld aufgezehrt. Und in der Hauptstadt eines der ärmsten Länder der Welt gibt es nicht viel, was in die Schattenökonomie durchsickern würde. »Sich auf der Straße oder mit Gelegenheitsjobs Geld zu verdienen, ist für die Migranten fast unmöglich«, sagt Njah, bevor er zu einer »Stadtführung« bittet.

Zwei Straßen entfernt liegt einer der Busbahnhöfe Bamakos. Von hier starten Busse in fast alle Länder Westafrikas. Nur einen Tag später könnten die Zurückgeschobenen wieder zu Hause sein. Die zwanzigstündige Fahrt in die ghanaische Hauptstadt Accra etwa kostet allerdings umgerechnet 70 Euro, nach Kamerun sind es 100 Euro. »Für die meisten, die zu uns kommen, ist das unbezahlbar«, sagt Njah. Doch den Weg zurück versperren nicht nur die Ticketpreise. Hinzu kommt die Scham: Der Weg ins Exil bürdet den Migranten nicht nur die eigenen Hoffnungen auf, sondern auch jene ihrer Familie. 2010 überwiesen Exilanten über 300 Millionen Euro nach Mali, ganze Landstriche leben von diesen Zahlungen. In Njahs Heimat Kamerun fließen jährlich weit über 200 Millionen Euro Rücküberweisungen. Die oft vierstelligen Summen für die Reise ihrer Söhne nach Europa betrachten viele Familien als Investition in die eigene Zukunft. Und so sammeln sich in Bamako auch viele, die angesichts der Schmach einer mittellosen Rückkehr die Hoffnung nicht aufgeben wollen, den Sprung nach Europa doch noch irgendwie zu schaffen.

So fahren viele von Bamako nicht mit dem Bus nach Hause. Der nächste Abschnitt ihres Lebens spielt sich ein kleines Stück stadteinwärts ab. An einer Ausfallstraße ließ einst der Präsident der Elfenbeinküste seinen Landsleuten im Exil ein Geschenk errichten und baute eine Markthalle: ein heller Bau, groß wie ein Fußballfeld, mit vielen Zeilen voller kleiner Geschäfte. Doch das Gebäude steht leer, die Händler ziehen es vor, ihre Waren unter freiem Himmel anzubieten. Stattdessen bezogen die »refoulés«, die Zurückgeschobenen, die düsteren, stickigen, nach Urin stinkenden und mit Metallgittern verrammelten Kabinen.

Nach zwei Wochen muss jeder die Notunterkunft der ARA-CEM verlassen, wenn neue Zurückgeschobene ankommen, bereits früher. »Hierhin gehen viele, die nicht mehr bei uns bleiben können«, sagt Njah und klopft an eines der Metallrollos. Nach kurzer Zeit hebt es sich ein wenig, und ein junger Mann in einem erbärmlichen Zustand klettert heraus. »Danke«, sagt Njah zu ihm. Er hat schon öfter Besucher hergeführt. Der junge Mann verschwindet wieder hinter dem Rollo.

Grenzort im Nirgendwo

Die meisten der »refoulés« werden aus Mauretanien über die Grenzstadt Gogui nach Mali zurückgeschoben. Die Fahrt dorthin führt stundenlang durch dürre Steppen, vorbei an Affenbrotbäumen, Ziegenherden und gerodeten Feldern, auf denen gelbe, vertrocknete Stümpfe von Maispflanzen stehen. In weiten Teilen Malis wächst kaum etwas. Bananen, Mangos, fast alles wird aus der fruchtbaren Elfenbeinküste importiert.

Die Luft in Gogui raubt einem den Atem. Wer aus dem Bus steigt, den trifft der Wüstenwind wie ein Schwall heißes Wasser ins Gesicht. Der Sandsturm lässt in kürzester Zeit die Augen brennen. Das Zollhäuschen aus Lehm gleicht einem kleinen Ziegenstall, die Wechselstube dürfte seit Jahren außer Betrieb sein, schwach ist noch das Schild zu lesen, auf das jemand mit einem Filzstift ein Eurozeichen gemalt hat. Vor dem einzigen einigermaßen intakten Haus hocken zwei Grenzpolizisten.

Trotz der brüllenden Hitze tragen sie schwarze Wollmütze zu ihrer hellblauen Tarnuniform, vor den Mund haben sie sich zum Schutz gegen den Sand Masken gezogen.

Ein angerostetes Warnschild richtet seinen Appell an das Verantwortungsgefühl der Vorbeiziehenden. Zwar sind es Tausende Kilometer bis an die Grenzen des Schengenraums, trotzdem hat die Europäische Union hier folgendes Schild aufgestellt: »Stoppt die irreguläre Migration. Sie ist eine Gefahr für die malische Gesellschaft«, steht darauf. An diesem winzigen Grenzort setzt die mauretanische Polizei die Flüchtlinge aus, die auf dem Weg zu den Kanarischen Inseln oder nach Marokko abgefangen werden. 2000 Kilometer weiter östlich gibt es einen Ort namens Tin Zaouatine, an dem die Algerier ihre Abschiebungen enden lassen. Die Lage ist an beiden Orten ähnlich: Manchmal kommt das Rote Kreuz und nimmt die Migranten entgegen, manchmal auch nicht. Immer wieder sterben völlig dehydrierte Flüchtlinge. Holt niemand sie ab, müssen sie viele Stunden zu Fuß durch die Wüste gehen – nachdem sie tagelang durch die Sahara gefahren wurden.

Neben dem Warnschild der EU stehen in Gogui noch zwei weitere Schilder. Sie kündigen an, dass es hier Hilfe für zurückgeschobene Migranten gibt. Einer der Grenzpolizisten zeigt, woraus diese Hilfe besteht. Hundert Meter hinter ihrem Häuschen stehen zwei völlig verfallene Hütten. Auch sie gleichen einem Ziegenstall; Reste eines Dachs, mehr Loch als Plane, flattern im Wind. In den Hütten gibt es nichts außer ein paar liegengelassenen Kleidungsstücken. Nirgends ist ein Wasseranschluss in Sicht, keine Toilette, keine Matratze. »Hier können sich die Flüchtlinge ausruhen, bevor sie weiterziehen«, erklärt der Polizist.

Der Mann, der dafür sorgen soll, dass ihnen dies erspart bleibt, sitzt modisch gekleidet rund 60 Kilometer weiter südlich in der Kleinstadt Nioro neben einem weißen Toyota Pick-Up vor einem winzigen Grill im Hof des Rot-Kreuz-Büros auf dem Boden und kocht Tee in einer silbernen Kanne. »Es kommt immer wieder vor, dass einige der Leute sterben,« sagt Ibrahim Magie. »Sie kommen manchmal in sehr schlechtem Zustand an, sind ausgetrocknet und krank. Bevor unser Projekt anlief, war die Todesrate noch viel höher. Da gab es gar keine Hilfe für sie.« Mit »unser Projekt« ist das Projekt des Roten Kreuzes der Region Castilla La Mancha in Spanien gemeint, die auch Magie bezahlen.

Gogui ist einer der Orte, an denen sich die Strategien des europäischen Grenzschutzes überlappen. Wer nicht auf das Warnschild hört, dem wird weiter nördlich, in Mauretanien, entgegengetreten. Anders als in Mali ist hier die EU-Grenzschutzagentur Frontex (siehe Kapitel 10) tätig, hauptsächlich mit der spanischen Guardia Civil. Mauretanien wird von Europa für die direkte Abwehr der Transitmigration in Richtung Kanarische Inseln und Marokko bezahlt. Nachdem diese Maßnahmen in den Jahren ab 2006 langsam griffen, wollte Spanien vermeiden, dass immer mehr Verdurstete mit seinen Operationen in Mauretanien in Verbindung gebracht werden. »Spanien ist eben das nächstgelegene Land. Es wollte den Migrationsdruck verringern und jetzt fühlt es sich ein wenig für die Konsequenzen verantwortlich«, sagt Magie über seinen Auftraggeber.

Eigentlich dürfen nicht nur seine malischen Landsleute, sondern die Angehörigen aller fünfzehn Staaten der Westafrikanischen Wirtschaftsgemeinschaft (ECOWAS) ohne Visum nach Mauretanien. Doch dies werde zunehmend schwierig: »Die Kontrollen sind stärker geworden. Man braucht jetzt einen malischen Pass, sonst lassen sie einen nicht mehr nach Mauretanien hinein.« Dass Madrid seine Grenzschützer in ein weit entferntes Land schickt, um die freie Bewegung von Migranten dort zu verhindern, kann Magie verstehen: »Man verlässt doch nicht die Elfenbeinküste, um nach Mauretanien zu gehen. Natürlich wollen die alle nach Europa.« Logisch sei auch, dass Mauretanien auf Druck Spaniens die Abgefangenen aus allen möglichen Ländern in Gogui aussetzt. »Das ist doch so viel einfacher. Wenn wir Malier die nicht zurücknehmen würden, müsste Mauretanien die ja alle ausfliegen. Das wäre viel zu teurer.«

So kommen die »refoulés« also zu ihm. Rund vierzig seien es noch pro Woche, in früheren Jahren waren es weit mehr. Es hat sich herumgesprochen, dass es kaum noch ein Durchkommen auf die Kanaren gibt. »Die Grenzbeamten nehmen sie von den Mauretaniern entgegen und übergeben sie dann uns.« Magie und einige Freiwillige bringen sie mit Autos nach Nioro. Dort gibt es zwei Hallen mit je 25 Schlafplätzen. »Sie bleiben zwei Tage hier. Wir geben ihnen Essen, Rasierzeug, Schuhe, ein Arzt kommt, und wenn sie krank sind, dann bringen wir sie zum Krankenhaus.« Nach 48 Stunden müssen sie sich davon machen, das Rote Kreuz bezahlt ihnen den Bus in die Hauptstadt. »Wir können ihnen nicht die Reise nach Hause finanzieren, also bringen wir sie in ein urbanes Zentrum, von wo sie einfach weiter können nach Hause«, sagt er.

Zivilgesellschaft der anderen Art

In Mali verfolgt die EU beim Grenzschutz aber auch noch eine andere Strategie und setzt auf zivilgesellschaftliche Vereinnahmung, auf »Verantwortungspartnerschaft«. Mit Lobby-, PR- und »Bildungsarbeit« wird vor den Risiken der ungewissen Reise in den reichen Norden gewarnt: Gefängnis, AIDS, der Tod im Mittelmeer, absurderweise sogar Schlangenbisse – all dies müsse fürchten, wer sich unerlaubt auf den Weg mache in Richtung Europa. Vor vier Jahren hat die EU für diese Warnungen ein eigenes Institut in Mali eröffnet: das »Centre d'Information et de Gestion des Migrations« (CIGEM) in Bamako. Doch das CIGEM soll nicht nur warnen, sondern auch Modelle für ein effizientes und vor allem selektives Migrationsmanagement entwickeln. Zehn Millionen Euro lässt sich die EU das Projekt im Jahr kosten. Es ist das erste offizielle Beratungszentrum für Migranten der EU außerhalb Europas. Ein kleines Weiterbildungsprogramm soll jenen bei der Jobsuche helfen, die legal nicht nach Europa können. Unter gewissen Bedingungen können Rückkehrer Hilfe bei der Wiedereingliederung finden. Und Auswanderungswillige können sich hier über die Möglichkeiten legaler Migration beraten lassen – auch wenn dies nur in absoluten Ausnahmefällen in Frage kommt.

Bei einem Besuch einer Delegation des EU-Parlaments im Mai 2010 zog der CIGEM-Direktor Abdoulaye Konaté Bilanz: Ganze 29 Saisonarbeiter wurden im Vorjahr zum Gemüsepflücken auf die Kanarischen Inseln entsandt. Davon waren vier durch das CIGEM ausgewählt worden und 25 von der nationalen Arbeitsagentur ANPE. »Wir haben gute Ergebnisse bei unseren Bemühungen für ein Bewusstsein im Kampf gegen illegale Einwanderung. Aber wir sehen einen Mangel bei der zirkulären Migration.« Bei der Zulassung von Saisonarbeitern sei »eine starke Zurückhaltung von Seiten der Mitgliedsstaaten der EU« zu beobachten, sagt Konaté.

Die spanische EU-Abgeordnete Agustín Díaz de Merz lobte sich über die Kritik hinweg. »Das CIGEM ist definitiv kein Frontex auf malischem Boden«, stellte sie klar. Seine Stärke liege in seiner »Zivilgesellschaftlichkeit«. Denn für den Schutz der legalen Einwanderung und die Bekämpfung illegaler Einwanderung sei die »Zivilgesellschaft fundamental«. Die »Erfolge und die Akzeptanz« eines solchen Zentrums seien »besonders wichtig«, ergänzte die slowenische Parlamentarierin Tanja Fajon, da es »in anderen westafrikanischen Ländern kopiert« werden könnte. »Die EU hat Mali mit dem CIGEM gewissermaßen als Labor für Gegenmaßnahmen zur Verhinderung irregulärer Migration auserkoren«, schreibt Thomas Gebauer von medico international. »Das Ziel ist nicht die komplette Schließung Europas, sondern die flexible Kontrolle über die Bedingungen einer zeitlich befristeten zirkulären Migration – eben immer dann, wenn in Europa für bestimmte Branchen Arbeitskräfte benötigt werden.«[1]

Und so sind auch die europäischen Hilfsgelder an die malische Regierung – als Unterstützung zur Entwicklung etikettiert – zunehmend gekoppelt an ein Bekenntnis zur »gemeinsamen

Verantwortung« für die Herausforderungen der Migration. »Europa regiert nach Afrika hinein«, sagt Alasanne Dicko. »Es öffnet sich nach innen, aber es zwingt gleichzeitig Afrika dazu, seine Grenzen zu schließen.« Der 39-Jährige war vor Jahren nach Brüssel gereist, kam dort in Abschiebehaft und wurde nach Mali abgeschoben. In Bamako hat er die »Association Malienne des Expulsés« mitgegründet. »Milliarden an Entwicklungshilfe für Afrika sind immer öfter daran gekoppelt, Kooperation bei der Migrationsabwehr zu zeigen«, sagt er.

Auf gute Zusammenarbeit

Die Aktivitäten Spaniens sind dafür das beste Beispiel. Jahrzehntelang hatte die Regierung in Madrid das Land ignoriert. Erst, als im Sommer 2005 subsaharische Migranten versuchten, die Grenze zu den spanischen Exklaven Ceuta und Melilla zu stürmen und dabei von marokkanischen Soldaten erschossen wurden, geriet das Transitland Mali ins Blickfeld Spaniens. Elf Monate später, im August 2006, eröffnete das Land zum ersten Mal eine Botschaft in Bamako. Die Themen, um die sich diese kümmert, beschreibt ein deutscher Diplomat so: »Die haben ein sehr großes Referat für innere Sicherheit. Grenzüberwachung, Grenzpolizei, Schleuserbekämpfung – darum geht's.«

Nur fünf Monate später, Ende Januar 2007, wurde der da schon seit fünf Jahren amtierende malische Präsident Amadou Toumani Touré zum ersten Mal nach Spanien eingeladen. König Juan Carlos bat zum Mittagessen in seinen Palast und das Außenministerium erklärte anlässlich des Besuchs, dass Mali eine »neue Priorität« der Regierung sei und man eine »stabile und langfristige Beziehung« anstrebe. Das Land solle als »Scharnier zwischen dem Maghreb und dem subsaharischen Afrika« dienen. Madrid lobte Tourés Regierung als »Leuchtfeuer der demokratischen Stabilität in der Region« und stellte die »vielen gemeinsamen Interessen« bei den Themen Migration, Bekämpfung des Terrorismus und des illegalen Handels heraus. Danach empfing Regierungschef José Luis Rodriguez Zapatero ihn zu einem Arbeitstreffen, bei dem zwei Abkommen unterzeichnet wurden: Das erste war ein Rahmenabkommen zur Entwicklungszusammenarbeit, bei dem Mali als Schwerpunktland der spanischen Entwicklungshilfeagentur AECI aufgenommen wurde. Das Budget der AECI wurde dafür eigens erhöht. Und noch ehe die Tinte unter diesem Vertrag trocken war, unterschrieben Touré und Zapatero auch gleich noch ein Rahmenabkommen über die Zusammenarbeit in der Migrationspolitik, die Maliern eine »legale Zuwanderung« nach Spanien ermöglichen solle. Vor allem aber wurde eine »effektive Zusammenarbeit« bei der Kontrolle über die Grenzen festgeschrieben, was auch die »wirtschaftliche und finanzielle Zusammenarbeit für die Entwicklung erleichtern« werde. Schließlich verpflichtete sich Mali zum »Engagement für die Rückführung von illegalen Einwanderern aus Spanien«.

Mamady Traori hat diese Entwicklung aus nächster Nähe verfolgt. Mali leistet sich ein eigenes Ministerium für Exilanten, Traori ist dort Staatssekretär. Es ist ein bescheidenes, dreistöckiges Gebäude etwas abseits des Zentrums von Bamako. Wenige Meter die Straße aufwärts hüten barfüßige Jungen eine Ziegenherde auf einer vermüllten Brache. Traori hat zwar keine Klimaanlage, aber einen Assistenten, der Besuchern den Weg in ein Büro mit wenig Licht und hohen Papierstapeln weist. »Immerhin hat Zapatero seitdem 8000 papierlose Malier legalisiert«, sagt der Beamte, der den traditionellen Boubou, eine kaftanähnliche weiße Robe trägt. »Das ist mehr als Frankreich. Da leben über 100 000 Malier, die Hälfte hat keine Papiere, aber die französische Regierung denkt gar nicht daran, sie nach vielen Jahren Aufenthalt im Land zu legalisieren.« Seit langem liegen Frankreich und Mali darüber in Streit. Der Aktivismus, den die Angst vor den Papierlosen in Europa auslöst, sei übertrieben, sagt er. »Es ist wahr, die meisten jungen Menschen werden bei uns auf dem Land geboren. Und da kann man nicht überleben.« Industrie gibt es keine, das wenige fruchtbare Land im Niger-Binnendelta ist zum großen Teil von libyschen Investoren aufgekauft worden. Doch nur sehr wenige Malier würden deshalb nach Europa gehen, sagt Traori. »Der allergrößte Teil bleibt in Afrika. In Ghana oder der Elfenbeinküste leben zehnmal mehr Malier als in Frankreich.« Insgesamt leben vier Millionen Malier im Ausland, 3,5 Millionen davon in anderen afrikanischen Ländern. Ihre Überweisungen in die Heimat übersteigen die gesamte jährliche Entwicklungshilfe für das Land.

Nach der Unterzeichnung des Abkommens habe Spanien Spezialisten für Passfälschung ins Land geschickt. »Wir haben die ganze Zeit versucht, unseren Pass zu verbessern, aber die Fälscher haben immer einen Weg gefunden«, sagt er. Der malische Pass ist beliebt, denn mit ihm kann man für drei Monate nach Marokko und Algerien reisen, sofern man eine gewisse Summe Bargeld vorweisen kann. »Viele Menschen aus Zentralafrika sind so in die Maghreb-Staaten gegangen«, sagt Traori. Dann kamen die Spanier, und nun wird der neue malische Pass in Kanada gedruckt. »Der ist jetzt so sicher wie Geld«, behauptet er.

Dass sein Land als Abladebahnhof für Abgeschobene aus ganz Afrika ausgenutzt werde, findet er nicht. »Wir akzeptieren die Abgeschobenen, weil sie von hier aufgebrochen sind. Es sind oft Westafrikaner, wir können nichts dagegen sagen. Schließlich sind wir eine Zollunion mit fünfzehn Staaten und die Bürger der anderen Länder dürfen drei Monate hier bleiben.« Dass sie dabei auf der Straße landen, ist für ihn kein primäres Problem. »Darum kümmern sich die Exilorganisationen«, sagt er. »Solange die Leute einen Aufenthaltstitel haben, ist das kein Problem für uns. Dann können sie hier sein.« Es sei »in Ordnung«, dass Senegal und Mauretanien die Migranten auf Druck Spaniens nach Mali zurückschieben, »solange sie die Menschenrechte einhalten und die Menschen nicht misshandeln«. Doch oft gebe es »schlechte Ernährung, lange Haft, solche Dinge«. Noch schlimmer als die beiden Nachbarländer Senegal und Mauretanien würden aber die Maghreb-Staaten Marokko und Algerien mit den Papierlosen umspringen: »Die haben viel drakonischere Maßnahmen«, sagt Traori.

Weshalb Senegal und Mauretanien den Spaniern gestattet haben, mit der Guardia Civil in fremden Hoheitsgewässern gleich selbst an der Grenzsicherung mitzuwirken, das »geht uns nicht direkt was an«, sagt Traori. »Sie überwachen die Atlantikküste sehr streng, Spanien hat kleine Flugzeuge, damit können sie alle Boote von Papierlosen schnell aufspüren.«

Traoris Schilderungen klingen harmlos angesichts der Aufrüstung, die Spanien tatsächlich betrieben hat. Seit 2006 haben Frontex und die spanische Guardia Civil im Nordostatlantik eine hochmoderne Infrastruktur zur Überwachung des Seegebiets aufgebaut und dabei die afrikanischen Staaten als eine Art »sicherheitspolitisches Semiprotektorat« fest integriert. Die Frontex-Mission Hera und das gemeinsame Seahorse-Projekt haben mit EU-Geldern ein Netz von modernsten Satelliten, installierten Radarstationen und »Kooperationspunkten« geknüpft. Modernste Patrouillenflugzeuge und mehr als 40 Hubschrauber der Guardia Civil werden über dem Atlantik im Kampf gegen illegale Einwanderung eingesetzt. Im Bedarfsfall kann eine Leitstelle in Gran Canaria eine ganze Flotte von Schiffen in Gang setzen.

Dabei beschränkt sich Spanien keineswegs auf eigene Einheiten. Der mauretanischen Marine etwa »spendete« die Guardia Civil bis Mitte 2010 vier Patrouillenboote und stationierte dort gleich noch ein Aufklärungsflugzeug, einen Helikopter (beide von Frontex bezahlt) und zwei eigene Schiffe. Die senegalesische Regierung brachte Madrid mit einem bilateralen Abkommen dazu, vier Schiffe und ein Flugzeug zur Grenzsicherung bereitzustellen. Dazu stationierte Spanien in Senegal vier Schiffe und einen Helikopter. Auch hiervon wurde ein Teil von Frontex bezahlt. Senegal verschärfte seine Schleppergesetze und die Guardia Civil darf in den Küstengewässern des Landes patrouillieren, wenn ein senegalesischer Offizier mit an

Bord ist. Nach einer Übergangsphase sind die Länder schließlich zu gemeinsamen Landoperationen übergegangen, um die Abfahrt von Booten von vornherein zu unterbinden.

»Senegal und Spanien beschränken die Reisefreiheit der Afrikaner so, wie die DDR das mit ihren Bürgern gemacht hat«, sagt der Fischereiexperte Francisco Marí vom Evangelischen Entwicklungsdienst. Die gemeinsamen Patrouillen würden Boote noch innerhalb der senegalesischen Gewässer stoppen und zur Umkehr zwingen. Begründet werde dieses Vorgehen offiziell mit einer Bestimmung, die der senegalesischen Küstenwache solche Maßnahmen zur Abwehr von »Gefahren für das Wohl senegalesischer Staatsbürger« gestatte. »Als Gefahr muss da wohl herhalten, dass sie den Spaniern in die Hände fallen würden, wenn sie weiterfahren«, sagt Marí.

Seit Jahren kümmert er sich um die Kleinfischer an Westafrikas Küste, die wegen der Raubzüge europäischer Fischereiflotten akute Existenzsorgen plagen. Mauretanien etwa hat Europa für 97 Millionen Euro im Jahr das Recht verkauft, in seinen Gewässern zu fischen. Der Marktwert des Fangs, den die EU-Trawler jedes Jahr vor Mauretanien aus dem Wasser ziehen, beträgt etwa 1,2 Milliarden Euro. Sich eine eigene Flotte aufzubauen und das Geschäft selbst zu machen überfordere das arme Land: »Das Geld für die Schiffe und die Infrastruktur zur Weiterverarbeitung können die nie aufbringen«, sagt Marí. »Der vermeintlich legale Fang lässt den einheimischen Fischern schon kaum noch etwas zum Leben«, sagt er. Doch hinzu komme die illegale Fischerei. »Die macht etwa dreißig Prozent des Fangs aus. Und die senegalesische Küstenwache tut absolut nichts dagegen – denn alles, was die haben, wird zur Flüchtlingsüberwachung mit Frontex benutzt«, erläutert er. Der Raubbau an den Gewässern vor Westafrika sei »ein Beispiel dafür, wie das Plündern niemals aufhört«. Einhalt geboten werde dem aber nicht: »Die Überwachung der Meere funktioniert nur zur Migrationsabwehr.«

Das kleine Guantánamo

Mauretanien ging noch einen Schritt weiter und errichtete in Folge eines Vertrages mit Spanien in der Hafenstadt Nouadhibou ein als »Guantanamito« bekannt gewordenes, geschlossenes Internierungslager für Migranten. Es ist eine ehemalige Schule, die von den spanischen Behörden Anfang 2006 restauriert wurde. 216 Etagenbetten wurden auf die einstigen Klassenzimmer verteilt. Um die Verpflegung kümmerten sich das spanische Rote Kreuz und der mauretanische Rote Halbmond.

Als 2008 eine Delegation von Amnesty International das Lager besuchte, stieß sie auf »beklagenswerte« Zustände. Die Zellen seien überfüllt gewesen. Eine Gruppe von 35 Afrikanern sei in einem vergitterten Zimmer von fünf mal acht Metern Grundfläche inhaftiert gewesen, in dem es nur siebzehn Betten gegeben habe. Die hygienischen Bedingungen hätten »nicht den internationalen Standards für Personen, denen die Freiheit entzogen ist«, entsprochen. Minderjährige habe man mit Erwachsenen in einen Raum eingesperrt. »Wir müssen in einen Eimer urinieren«, habe sich ein junger Malier beklagt. »Für andere persönliche Bedürfnisse müssen wir die Wachen rufen, damit sie uns zur Toilette lassen. Manchmal dauert es dreißig Minuten, bis sie kommen.«

Das von Spanien finanzierte, aber von Mauretanien betriebene Zentrum sei ohne Rechtsgrundlage eröffnet worden, schreibt die Amnesty-Delegation in ihrem Bericht. »Es ist durch kein Gesetz geregelt, es gibt keine Begrenzung für die Dauer der Haft.«[2] Diese könne beliebig lange dauern – bis die Polizei eben wieder einen Transport an die Südgrenzen starte. Bis zu 300 Menschen pro Monat seien in dem Lager interniert worden, teilweise seien sie von den Wachen misshandelt worden. Zwar wurden in den folgenden Jahren immer weniger Flüchtlinge in Nouadhibou eingesperrt, weil die Mechanismen, sie schon im Senegal oder Mali aufzuhalten, immer besser funktionierten. Doch mit dem Lager hatte Spanien nicht nur verhindern können, dass viele Menschen die Kanaren erreichten, wo sie einen Asylantrag hätten stellen können. Es sparte sich auch noch die teure Abschiebung in die Heimatländer. Denn das erledigte Mauretanien. 2006 transportierte es rund 11 000 Afrikaner nach Gogui und Rosso an der senegalesischen Grenze. Alle, die nicht sofort abtransportiert wurden, mussten in Nouadhibou warten. Amnesty übte harsche Kritik an dieser Praxis. Seit 2006 seien in Mauretanien viele Tausend Migranten verhaftet worden, denen man unterstellte, nach Spanien oder Marokko ziehen zu wollen. »Sie wurden dann zwangsweise nach Mali oder Senegal zurückgebracht, ohne rechtliches Gehör bekommen zu haben oder einen Asylantrag stellen zu können.« Angehörige westafrikanischer Staaten hätten beklagt, »willkürlich auf der Straße oder zu Hause festgenommen« worden zu sein. Man habe ihnen die Absicht unterstellt, nach Spanien zu reisen. Dies sei eine »umso willkürlichere Praxis«, als dass es nach mauretanischem Recht gar keine Straftat sei, das Land »unregelmäßig« zu verlassen, so Amnesty.[3]

Diese Politik der Verhaftungen und kollektiven Ausweisungen sei das Ergebnis »eines intensiven Drucks, den die EU und Spanien auf bestimmte westafrikanische Länder ausüben«, um diese in ihren Kampf gegen irreguläre Migration einzubeziehen. Mauretanien, auf dessen Territorium sich traditionell viele Staatsangehörige aus benachbarten Ländern aufhielten, habe schon 2003 ein Abkommen mit Spanien geschlossen. Darin hatte es sich nicht nur zur Rücknahme mauretanischer Bürger verpflichtet, sondern auch von Drittstaatsangehörigen, von denen »festgestellt oder vermutet« wurde, dass sie versucht hätten, nach Spanien zu gelangen. Diese Zusammenarbeit sei als »humanitäre Operation« dargestellt worden – angeblich dazu gedacht, um »irreguläre Migranten auf See vor dem Ertrinken zu retten«. Tatsächlich aber habe diese Kooperation zur »Verletzung der Grundrechte von Migranten in Mauretanien« geführt, so Amnesty.

Die Gründe, wegen derer Tausende junger Afrikaner unter Lebensgefahr versuchen, nach Europa zu gelangen, hätten mit

Armut, Perspektivlosigkeit, dem Druck der Familie sowie politischer Gewalt und Bürgerkriegen zu tun. Dies gelte vor allem für Länder wie Liberia, Sierra Leone und der Elfenbeinküste. Die EU und ihre Mitgliedsstaaten reagierten auf diese irreguläre Migration mit der Verschärfung ihrer Abschottung, schreibt Amnesty am Ende seines Nouadhibou-Berichts. Die Organisation sei »äußerst besorgt« über die Sicherheitspolitik der EU und ihrer Mitgliedsstaaten, insbesondere Spaniens. Diese versuchten ihre Grenzen dadurch zu sichern, dass sie die Herkunfts- und Transitländer, vor allem in Westafrika, zwingen, die Aufgaben der europäischen Grenzpolizeien zu übernehmen. »So sind diese Länder de-facto-Polizisten Europas geworden.«[4]

4 Der inszenierte Notstand von Lampedusa

Italien ist die erste Anlaufstelle für Flüchtlinge aus Tunesien und Libyen – dagegen geht Rom mit allen Mitteln vor.

Von Michael Braun, Rom

»Die Situation war einfach unglaublich, wir schliefen zu Hunderten auf der nackten Erde, auf dem Hügel direkt oberhalb der Hafenmole, und als einzigen Schutz hatten wir ein paar Plastikplanen.« Saber schüttelt den Kopf, als er von seiner Ankunft auf der Insel Lampedusa im März 2011 berichtet. Zwei Monate später steht der schmächtige, 24-jährige Tunesier auf der Terrasse eines Flüchtlingsheims, mitten in der toskanischen Idylle vor den Toren von Florenz, der Blick fällt auf Pinien und Zypressen, auf die Türme des Städtchens Fiesole. »Hier ist es prima«, bilanziert Saber, doch ehe er Aufnahme in der von der Caritas betriebenen Unterkunft fand, musste er mehrere Tage lang am eigenen Leib die Härten und Widersprüche der italienischen Flüchtlingspolitik erfahren.

Auf die Bürger von Lampedusa fällt in seinen Augen keinerlei Schuld. »Die halfen uns, wo immer sie konnten«, mit Wasser, mit Lebensmitteln, mit Kleidungsstücken. Zeitweise waren es in den Märztagen 2011 über 3000 Tunesier, die auf der Insel unter unmenschlichen Bedingungen campierten – die einen dichtgedrängt auf der Hafenmole, Sonne, Wind und nächtlicher Kälte ausgesetzt, die anderen auf dem Hügel gleich nebenan, wo sie ihre Notdurft auf freiem Feld verrichten mussten. Für Saber ein Schock: »Unser Land hat nach dem Ausbruch der Revolte in Libyen an die 200 000 Flüchtlinge von dort aufgenommen, und die Organisation lief wie am Schnürchen«, wundert er sich noch Monate später, »während in Lampedusa das reine Chaos herrschte«.

Denn Italiens Regierung hatte beschlossen, wieder einmal das Stück »Flüchtlingsnotstand« zur Aufführung zu bringen, um ganz Europa auf die schier »unhaltbare Lage« hinzuweisen – und wie immer in den letzten zehn Jahren war jene kleine Insel vor der tunesischen Küste im Fokus, auf die sich in der medialen und politischen Wahrnehmung die Frage des Zustroms von Flüchtlingen und irregulären Einwanderern nach Italien zusammengekürzt hatte: Lampedusa. Ein karges, steiniges Eiland, etwa acht Kilometer lang und drei Kilometer breit, bewohnt von 4500 Menschen, die mit Fischerei und Tourismus ihr Geld verdienen. Zugleich bildet die Insel den südlichsten Vorposten Italiens, liegt sie doch – südlicher als Tunis – nur 113 Kilometer vor der tunesischen Ostküste und ist damit sowohl von Tunesien als auch von Libyen aus die erste Adresse für jene Menschen, die nach Europa gelangen wollen.

Die Albanien-Route

Oder besser: Lampedusa wurde zur ersten Adresse. Dass Italien eine fast 7500 Kilometer lange Seegrenze hat, über die Immigranten einreisen können, entdeckte das Land nämlich zunächst in den neunziger Jahren an seinem Stiefelabsatz, im südöstlichen, Albanien gegenüberliegenden Apulien. 7. März 1991, Brindisi: Binnen eines Tages fahren zahlreiche albanische Schiffe in den Hafen ein, nachdem sie die von einigen Patrouillenbooten der italienischen Küstenwache errichtete Blockade durchbrochen haben. Auf den Decks und Brücken drängen sich Tausende Flüchtlinge. Am Ende werden über 25000 Ankömmlinge gezählt, die nach dem Zusammenbruch des kommunistischen Regimes im Jahr 1990 aus dem am Boden liegenden Land fliehen wollen.

Eine Welle der Solidarität geht durch die süditalienische Stadt; Hunderte Bürger machen sich mit ihren Autos auf zum Hafen, bringen Hilfsgüter und versorgen die Albaner mit dem Nötigsten. Die Schulen werden umgehend als Notunterkünfte geöffnet. Giuseppe Marchionna, damals Präsident der Caritas von Brindisi, erinnert sich zwanzig Jahre später: »Ich fürchtete damals zwei Dinge, erstens eine Plünderung der Lebensmittelläden und zweitens einen sanitären Ausnahmezustand. Nichts von alledem geschah, weil anstatt der Soldaten, die die Regierung nicht schickte, die Jugendlichen, die Frauen und Männer von Brindisi zu Hilfe eilten. Statt der nicht bereitgestellten Feldküchen und Chemietoiletten öffneten sich die Häuser der Menschen von Brindisi.« Und der damalige Regionalrat der Partei der Demokratischen Linken berichtet, wie Parteilokale zu Behelfsküchen umfunktioniert wurden und Hunderte Albaner mit warmem Essen versorgten.

Doch auch nach damaliger Rechtslage waren die albanischen Flüchtlinge nichts weiter als irreguläre, »illegale« Einwanderer. 1989 hatte Italien ein Ausländergesetz verabschiedet, das den Aufenthaltsstatus der schon im Land befindlichen Ausländer ohne gültige Aufenthaltserlaubnis im Nachhinein legalisierte – doch die von nun an Kommenden sollten abgeschoben werden. Im März 1990 setzte der italienische Staat sich jedoch über das eigene Gesetz hinweg und ermöglichte vielen Albanern, im Land zu bleiben.

Fünf Monate später war es mit der Solidarität allerdings vorbei. Am 8. August erlebte Bari, die zweite Hafenstadt Apuliens, einen ähnlichen Ansturm, wie ihn Brindisi im März gesehen hatte. An nur einem Tag kamen etwa 20 000 Albaner auf wiederum völlig überladenen Schiffen an. Diesmal aber wurden sie umgehend ins Stadion von Bari geschafft, Lebensmittel und Wasserflaschen wurden von Helikoptern aus über den Flüchtlingen abgeworfen. Und am Ende stand ihre Rückschaffung nach Albanien; oft genug kam der Schlagstock zum Einsatz, um den Widerstand der Albaner zu brechen. Parallel zur

Massenabschiebung organisierte Italien eine Luftbrücke, um Lebensmittel nach Tirana zu schaffen; »repatriieren und helfen« sei die Maxime der Regierung, erklärte der damalige Innenminister Enzo Scotti im Parlament.

Das erste Rücknahmeabkommen

Vor allem galt aber von nun an die Maxime: Die Grenze ist zu. Schon 1991 räumte Albanien Italien das Recht ein, in den beiden albanischen Hafenstädten Durazzo und Valona drei Patrouillenboote der italienischen Küstenwache sowie 80 italienische Beamten zu stationieren. Per Luft- und Seeüberwachung hofften die Behörden, die Route Albanien-Apulien dauerhaft zu unterbrechen. Stattdessen aber brach erst einmal die goldene Zeit der albanischen Schlepper an, die auf flinken Schlauchbooten mit PS-starken Motoren Nacht für Nacht Richtung Apulien auf die Reise gingen, mit Albanern, zunehmend aber auch Flüchtlingen aus anderen Ländern wie Kurdistan, Pakistan oder Afghanistan an Bord.

Von nun an entwickelte sich ein Katz-und-Maus-Spiel zwischen den Schiffen der italienischen Küstenwache, Marine und Finanzpolizei sowie der albanischen Polizei einerseits, den Schlepperbooten andererseits. Die Politik der harten Abwehr mochte den Zufluss aus Albanien bremsen – verhindern konnte sie ihn nicht. Lebten 1990 gerade einmal 2000 Albaner in Italien, so waren es nur zehn Jahre später etwa 150 000 – mit regulärer Aufenthaltserlaubnis übrigens. Denn Italien hielt über die Jahre an einer Konstante seiner Ausländerpolitik fest: Die Tür blieb geschlossen – doch die Hintertür stand offen. Wer immer es ins Land schaffte, durfte hoffen, seinen Aufenthaltsstatus in der gleichen Weise wie schon 1989 legalisiert zu bekommen, wenn die Regierung wieder einmal – »zum endgültig letzten Mal« – zu einer Legalisierungsaktion für die »Irregulären« schritt.

Fand die Flucht auch für viele einen glücklichen Ausgang, so wurde doch der Versuch, die Seegrenze zu blockieren, für andere zur Tragödie. Am Karfreitag 1997 stechen etwa 140 Personen auf dem kleinen Schiff Kater i Rades vom albanischen Valona aus in See, auch zahlreiche Frauen und Kinder sind an Bord. Wenige Stunden später wird die Kater i Rades von der italienischen Korvette Sibilla aufgebracht; zweimal rammt die weit größere Sibilla die albanische Nussschale, die schließlich kentert. 108 Menschen ertrinken.

Ein Jahr später gelingt der italienischen Regierung – in Rom ist der linke Premier Massimo D'Alema an der Macht – schließlich, was sie mit ihren engmaschigen Kontrollen nie erreicht hatte: Die Grenze nach Albanien wird tatsächlich dichtgemacht. Ein im November 1998 geschlossenes Regierungsabkommen zwischen Italien und Albanien regelt nicht bloß die enge Kooperation im Kampf gegen die Schlepper, sondern fixiert auch die Pflicht Albaniens, all jene Menschen – Albaner genauso wie Bürger aus Drittstaaten – zurückzunehmen, die in Italien keine stichhaltigen Asylgründe vorbringen können. Im Jahr 1999 sind noch 46 000 der 50 000 auf dem Seeweg nach Italien gelangten Immigranten über Apulien gekommen, im Jahr 2002 sind es nur noch 3300 von knapp 24 000, und von 2004 an werden sie zur völlig vernachlässigbaren Größe.

Wandernde Fluchtrouten

Wenn die italienische Regierung dachte, sie habe den Zufluss damit erfolgreich gestoppt, irrte sie – es öffnete sich eine neue Route über Tunesien und Libyen mit dem Ziel Lampedusa. Ab 2002 wird die Insel zum quasi exklusiven Ankunftsort für alle, die den Seeweg nach Italien eingeschlagen haben. Die Ziffern halten sich, nüchtern betrachtet und aus der Sicht eines reichen Landes, in engen Grenzen. 2003 kommen 14 000, 2004 dann 13 500, 2005 sind es 22 800 und im Jahr 2006 21 400

Flüchtlinge. In den anderen Regionen wie Apulien, Kalabrien oder Sardinien werden nur wenige Dutzend gezählt.

Faktisch nämlich kommt die übergroße Mehrzahl der irregulären Einwanderer auf ganz anderen Wegen. Bloß zehn bis 15 Prozent, so kalkulierte auch das italienische Innenministerium, sind Boat People, die anderen dagegen sind sogenannte »overstayer«: Menschen, die mit einem Touristenvisum einreisen und nach dessen Ablauf im Land bleiben. Und dann sind da noch die, die über die Landgrenze von Slowenien oder über andere EU-Staaten einreisen – und bleiben. 1990 zählte Italien lediglich 500 000 regulär im Land lebende Ausländer, 2010 überschritt ihre Zahl 4,5 Millionen. Die meisten von ihnen sind »illegal« ins Land gelangt – und die wenigsten auf dem Seeweg.

Doch Lampedusa liefert seit nunmehr zehn Jahren zuverlässig Sommer für Sommer dramatische Bilder vom »Notstand« an Europas Grenze zu Afrika, Bilder von Nussschalen mit ausgemergelten Menschen an Bord, die bei ruhiger See von Libyen oder Tunesien aus auf Fahrt gingen. Mit Ben Alis Tunesien fand schon Ministerpräsident Massimo D'Alema in den Jahren 1998/99 eine ähnliche Lösung wie mit Albanien – die Rücknahmegarantie brachte den Flüchtlingsstrom über dieses Land weitgehend zum Erliegen; zusätzlich spendierte Italien der tunesischen Küstenwache mehrere Patrouillenboote. Doch von Libyen aus stachen immer wieder Flüchtlingsschiffe in See.

Eine »Invasion« sei da im Gange, tönte Umberto Bossi, Chef der rechtspopulistisch-fremdenfeindlichen Lega Nord, im Februar 2002, und er wusste auch Rezepte: die Passagiere gleich von hoher See aus zurückschaffen und ihre Schiffe dann »mit zwei Schüssen in den Bauch« versenken. Bossi war nicht irgendwer: Als Minister für Verfassungsreform saß er seit 2001 in der Regierung Silvio Berlusconis. Unter Bossi und dem zweiten Koalitionspartner Berlusconis, dem Postfaschisten Gianfranco Fini, kannte Italiens Rechte nur einen Umgang mit dem Thema Immigration: Panikmache. »Horden von Kriminellen« drängten ins Land – dies war ihre Ansage vor allem in den

Wahlkämpfen. Und die Abschottungspolitik rund um Lampedusa gegen die »Plage der illegalen Immigranten« war die Gelegenheit, Entschlossenheit zu demonstrieren.

Als zum Beispiel im Juni 2003 über 3000 Menschen in Lampedusa eintrafen – sie alle hatten an die libyschen Schleuser zwischen 1000 und 2000 Dollar bezahlt –, als binnen weniger Tage zwei Boote kenterten und fast 300 Menschen ertranken, hatte der Lega-Nord-Chef und Minister für Verfassungsreform nur den zynischen Kommentar übrig, Reisen sei »nun mal gefährlich« – und zog erneut den Vorschlag aus der Tasche, mit »Kanonaden« die Boote zu stoppen. Innenminister Giuseppe Pisanu musste seinen Kabinettskollegen an die internationale Rechtslage erinnern: Die Iraker, Somalis, Eritreer oder Sudanesen an Bord seien »Schiffbrüchige, die wir retten müssen«. Und zwar Schiffbrüchige, die ihr Fluchtvorhaben immer wieder mit dem Leben bezahlen. Horrorbilder bekamen die Italiener etwa im Oktober 2003 zu sehen: Bilder von einem Schiff voller Leichen. Dreizehn Tote und, teils unter ihnen liegend, fünfzehn Überlebende am Ende ihrer Kräfte befanden sich auf dem Boot, das in den Hafen der Insel Lampedusa geschleppt worden war. Die aus Somalia stammenden Passagiere hatten eine dreiwöchige Horrorreise hinter sich. Schon kurz nach ihrer Abfahrt von der libyschen Küste war der Motor ausgefallen, nach zwei Tagen waren die Trinkwasservorräte aufgebraucht, am fünften Tag begann das Sterben. Nach den Aussagen der Überlebenden waren ursprünglich 85 Menschen an Bord; die meisten Toten, unter ihnen sieben Kinder, wurden in die See geworfen – bis auch dazu die Kräfte nicht mehr reichten.

Der Fall »Cap Anamur«

Italien reagierte auf diese Tragödien mit einer kontinuierlichen Aufrüstung der Küstenüberwachung; weite Seegebiete in der Straße von Sizilien wurden und werden mit modernster Radartechnik, Patrouillenbooten und aus der Luft überwacht. Und jener Innenminister, Giuseppe Pisanu, der noch wenige Monate zuvor Umberto Bossi zurechtgewiesen hatte, wurde im Juli 2004 zum Protagonisten der wohl spektakulärsten Aktion der Flüchtlingsabwehr in den letzten 20 Jahren: die Beschlagnahmung des deutschen Rettungsschiffs Cap Anamur, die Verhaftung des Cap-Anamur-Chefs Elias Bierdel sowie des Kapitäns und des Ersten Offiziers sowie der Prozess gegen ebendiese wegen gewerbsmäßiger Begünstigung der illegalen Einwanderung.

Was war passiert? Am 20. Juni 2004 hatte die Cap Anamur etwa 180 Kilometer vor Lampedusa 37 Schwarzafrikaner geborgen, die mit einem leckgeschlagenen Schlauchboot unterwegs waren; alle 37 gaben an, sie stammten aus dem Sudan. Doch Italiens Behörden verweigerten dem Kapitän die Einfahrt in einen italienischen Hafen. Darauf folgte eine tagelange Kraftprobe zwischen Innenminister Pisanu und dem Chef der Hilfsorganisation Cap Anamur, Elias Bierdel, der sich an Bord hatte bringen lassen, um die Situation vor Ort zu managen. Innenminister Pisanu tönte, die Cap Anamur wolle da einen »Präzedenzfall« schaffen – und machte sich selbst ans Werk der Herstellung eines Präzedenzfalles. Denn als die italienischen Behörden der Cap Anamur nach tagelanger Seeblockade vor dem sizilianischen Hafen Porto Empedocle am 10. Juli das Einlaufen gestatteten, dauerte die Euphorie nur einen kurzen Moment. Ein Grüppchen von Demonstranten stand am Kai, ein Transparent in den Händen: »Keine Gefängnisse, keine Grenzen«, die 37 Afrikaner winkten glücklich von der Reling, neben ihnen der sichtlich gerührte Elias Bierdel, und Kapitän Stefan Schmidt kündigte über Megaphon ein »Friedensfest« an Bord an.

Doch die Party fiel aus. »Jetzt schreiben wir die Fortsetzung der Geschichte«, bemerkte ein Beamter des italienischen Innenministeriums grimmig: Bierdel, Kapitän Schmidt und der Erste Offizier Vladimir Daschkewitsch wurden umgehend in

Haft genommen, die 37 Afrikaner kamen in ein Abschiebelager. Sechs Tage später werden die Cap-Anamur-Leute auf freien Fuß gesetzt – doch Bierdel und Schmidt verbringen ihre nächsten Jahre damit, sich vor dem Gericht in Agrigent gegen die Anklage zu verteidigen, sie seien ganz gewöhnliche Schlepper. Die 37 von ihnen Geretteten dagegen werden von den italienischen Behörden umgehend summarisch als »Ghanaer« identifiziert und nach Ghana ausgeflogen.

So ist das Exempel statuiert: Wer rettet, auch wenn er es im Namen einer anerkannten humanitären Organisation tut, hat sich des Schleuserverdachts zu erwehren. Deutsche Medien lieferten dazu die unrühmliche Begleitmusik, fragten sich wochenlang, ob Bierdel da nicht ein »PR-Manöver« inszeniert habe. Solidarisch zeigte sich Deutschlands Innenminister Otto Schily – nicht etwa mit Bierdel, sondern mit seinem Amtskollegen Pisanu. Das Resultat: Die zunächst über ein halbes Jahr beschlagnahmte Cap Anamur wurde schließlich von der Rettungsorganisation verkauft, Bierdel musste den Vorsitz niederlegen, die Rettungsfahrten hatten ein Ende. Erst fünf Jahre später, im Oktober 2009, wurden Bierdel und Schmidt komplett freigesprochen. Juristisch haben sie am Ende gesiegt, doch das fatale Signal, dass Helfen gefährlich ist, blieb.

Die Gaddafi-Connection

Italiens Regierung brauchte im Jahr 2009 die eigenen Gerichte im Kampf gegen Schleuser, Schlepper und Retter auch gar nicht mehr, denn sie hatte mit einem viel wichtigeren Alliierten den großen Pakt geschlossen, der nun endgültig den Seeweg nach Lampedusa verriegeln sollte: mit Muammar al-Gaddafi. Schon 2003 hatte Ministerpräsident Silvio Berlusconi ein erstes Abkommen mit Libyen getroffen: Der nordafrikanische Staat sollte seine Grenze Richtung Europa dichtmachen. Im Gegenzug spendierte Italien reichlich Patrouillenfahrzeuge und sonstige Materialhilfe für Libyens Polizei und finanzierte den Bau der beiden Wüstenlager in Kufrah und Gharyan, in denen die aus Schwarzafrika kommenden Migranten weggesperrt werden sollten.

Doch jenes Abkommen hatte mehr schlecht als recht funktioniert. Die Mitte-Links-Regierung unter Romano Prodi (2006 bis 2008) aber blieb mit Innenminister Giuliano Amato am Ball, erneuerte im Dezember 2007 die Absprachen zur gemeinsamen Flüchtlingsabwehr – mit der Ansage, dass in Zukunft gemeinsame italienisch-libysche Patrouillen direkt vor der Küste Libyens die Boote der Migranten abfangen sollten.

Nur einen Monat später stürzte die Regierung Prodi und es begann ein neuer Wahlkampf, den Italiens Rechte wieder schwerpunktmäßig mit Hetze gegen »kriminelle Ausländer« bestritt – sowie mit dem Versprechen, dem Zustrom nun endlich Einhalt gebieten zu wollen. Wieder wurde Lampedusa zum Spielball symbolischer Politik und einer zur Schau gestellten Härte, obwohl dort mit etwa 15 000 ankommenden Flüchtlingen in 2007 und etwa 30 000 im Jahr 2008 eigentlich leicht zu bewältigende »Massen« eintrafen. Weiterhin aber inszenierte der italienische Staat in den kritischen Sommermonaten ein ums andere Mal den »Flüchtlingsnotstand«: Selbst nach dem Ausbau war das dortige Aufnahmelager – ausgelegt auf 800 Flüchtlinge – immer wieder überfordert, gingen immer wieder Fernsehbilder von einer Insel um die Welt, die nicht wusste, wo sie die Flüchtlinge unterbringen soll, bis endlich ihr Abtransport nach Sizilien oder aufs italienische Festland organisiert wurde.

Am 30. August 2008, nur gut vier Monate nach seinem erneuten Wahlsieg, gelang Silvio Berlusconi dann der große Coup: Gemeinsam mit Gaddafi unterzeichnete er feierlich den »Freundschaftsvertrag« zwischen den beiden Ländern. Italien verpflichtete sich zur Zahlung von fünf Milliarden Dollar in den nächsten zwanzig Jahren, um die Kolonialverbrechen abzugelten – in Wirklichkeit aber, um Libyens dauerhafte Mitwirkung im Kampf gegen die Migranten zu erreichen. Und das Abkommen erwies sich als voller Erfolg. Zwar mussten die Italiener von Stund an immer wieder höchst peinliche Gaddafi-Besuche in Rom über sich ergehen lassen, doch Gaddafi lieferte nicht nur billige Operette: Vom Mai 2009 an war Libyen abgeriegelt. Sechs Patrouillenboote hatte Italien Gaddafi spendiert, dazu italienisches Personal, das die Libyer an Bord unterstützte. Vor allem aber hatten jetzt auch die italienischen Schiffe der Marine freie Hand, auf hoher See Aufgegriffene direkt in die libyschen Häfen zurückzuschaffen.

Was machte es da, dass an Bord dieser Flüchtlingsboote immer wieder Eritreer, Somalier oder Äthiopier waren, die in Italien sofort – wenn sie denn Gelegenheit gehabt hätten, den Antrag zu stellen – als Kriegsflüchtlinge anerkannt worden wären? Einige Fälle offenen internationalen Rechtsbruchs sind präzise dokumentiert: So versuchten am 30. August 2009 – pünktlich zum ersten Jahrestag des Freundschaftsabkommens – 75 Somalier, von Libyen aus nach Italien zu gelangen. Sie wurden von einem italienischen Schiff abgefangen und nach Tripolis zurückgeschafft, »keiner an Bord hat einen Asylantrag gestellt«, behaupteten die italienischen Behörden – die zur Stellung dieses Antrags gar keine Gelegenheit eingeräumt hatten.

Auf Lampedusa freute sich die italienische Regierung über die Schließung des Aufnahmelagers – von Mai bis November 2009 war die Zahl der Ankömmlinge auf der Insel mit einem Schlag gen Null gesunken. Mehr als 1400 Flüchtlinge, meist vom Horn von Afrika stammend, waren gleich vom offenen Meer aus nach Libyen zurückgeschafft worden. Dort endeten sie oft genug in Gaddafis Lagern: Die linke italienische Tageszeitung Il Manifesto konnte im Sommer 2010 eine ganze Gruppe von Eritreern im libyschen Lager Braq ausfindig machen; allesamt waren von einem italienischen Schiff aufgegriffen und nach Libyen zurückgeschafft worden. »Libyen gehört zur UNO«, erwiderte Italiens Innenminister Roberto Maroni trocken auf die Nachfrage, ob er sich nicht um menschenrechtswidrige Praktiken in dem Wüstenstaat sorge. Maroni vergaß zu erwähnen, dass Libyen nie die Genfer Flüchtlingskonvention von 1951 unterzeichnet hat, dass es in dem Land kein Asylrecht und keinerlei Überwachung der Einhaltung minimaler Menschenrechtsstandards gab.

Um die öffentliche Meinung in Italien allerdings mussten sich Maroni und Berlusconi nicht sorgen: Ihre Kampagnen gegen »kriminelle Ausländer«, gegen die Gefahr der »Invasion« trugen Früchte. Auf die Frage, ob sie mit der Zurückweisung nach Libyen selbst dann einverstanden seien, wenn den Migranten dort Haft, Folter und menschenrechtswidrige Behandlung drohe, antworteten im Jahr 2009 über 70 Prozent der Italiener mit einem klaren Ja.

»Schau, wo du bleibst«

Es sind Menschen wie Hasan, die die große Mehrheit der Italiener gerne gleich gar nicht ins Land gelassen hätte. Der Bauer aus Somalia, 44 Jahre alt, schaffte es am 27. Dezember 2008 nach Lampedusa. »Dann ging es mit dem Flugzeug nach Rom, erkennungsdienstliche Behandlung auf dem Polizeipräsidium – und dann hieß es nur: Schau, wo du bleibst.« Als Flüchtling aus dem zerrütteten Bürgerkriegsland muss Hasan die Abschiebung nicht fürchten, doch er ist Opfer des zweiten, subtilen Abschottungsmechanismus, der in Italien greift. Keinen interessiert, dass Hasan in Afgooye, 25 Kilometer von Mogadischu entfernt, den Terror erst der Warlords, dann der islamistischen Shabab-Milizen erdulden musste; keinen interessiert, dass er die hochgefährliche Flucht über den Sudan und Libyen hinter sich hat, dass er in Khartoum in Haft landete und misshandelt wurde, dass ihn dann auf der nächsten Etappe libysche Polizisten verprügelten; »Schau, wo du bleibst.«

In Italien eingetroffen, fand Hasan bloß in der früheren somalischen Botschaft Quartier, mitten in Rom – einem Elendsquartier, in dem über Jahre hinweg etwa 150 seiner Landsleute ohne Strom, Wasser und funktionierende Toiletten gehaust hatten. Hilfe vom italienischen Staat wenigstens für die anerkannten Flüchtlinge, und etwa 30 Prozent der auf Lampedusa Angekommenen erhielten regelmäßig diese Anerkennung: Fehlanzeige. Keine Unterkunft, keine finanzielle Unterstützung, keine Integrationsprogramme: Auch dies ist Abschreckungspolitik. Weiterziehen aber können die Flüchtlinge auch nicht. Dutzende der Somalier aus der Botschaft in Rom versuchten ihr Glück in Norwegen, den Niederlanden, Deutschland oder Großbritannien. Kaum aber gerieten sie dort in eine Polizeikontrolle, kaum wurde nach Abgleich der Dokumente und der Fingerabdrücke klar, dass sie über Italien in die EU eingereist waren, mussten sie dorthin zurück. Die sogenannten Dublin-Abkommen wollen es so: Zuständig ist der Erstaufnahmestaat. Mittlerweile aber liegen diverse Entscheidungen von deutschen Verwaltungsgerichten (Köln, Darmstadt, Weimar) vor, die die Abschiebung nach Italien ablehnen: Ein menschenwürdiger Umgang mit den Flüchtlingen sei dort nicht gegeben. Das ist im Sinne der Somalier – aber auch des italienischen Staates, der sich ihrer entledigen will.

»Schau, wo du bleibst«: Dieses Rezept fiel Italien dann wieder ein, als die arabischen Revolutionen des Winters und Frühjahrs 2011 die Abschottungspolitik Richtung Tunesien und Libyen gefährdeten. Im Februar und März kamen, kaum war das Ben-Ali-Regime gestürzt, etwa 25 000 Tunesier übers Meer nach Lampedusa, in einer zweiten Welle folgten bis Mitte Juni 15 000 schwarzafrikanische Flüchtlinge, die von der libyschen Küste aus in See gestochen waren.

»Europa muss jetzt Solidarität zeigen«, forderte Italiens Innenminister Roberto Maroni sofort – vergaß aber hinzuzufügen, dass vorneweg die von seiner Lega Nord mitregierten Regionen Piemont, Lombardei oder Veneto sofort erklärt hatten, sie hätten »für keinen einzigen Tunesier« Platz. Die Lösung erfolgte all'italiana: Wer bis zum 5. April 2011 eingetroffen war, erhielt eine sechsmonatige Aufenthaltserlaubnis »aus humanitären Gründen« – und durfte auch nach Frankreich oder Deutschland weiterreisen, zum Verdruss der dortigen Behörden. Wer später kam: Pech gehabt. Die Tunesier, die den Stichtag verpassten, sitzen in Abschiebelagern, zu denen weder die Presse noch auch Parlamentsabgeordnete Zugang haben. Und der 24-jährige Saber, der es dank seiner Einreise Ende März in die idyllische Asylunterkunft vor den Toren von Florenz geschafft hat, kann deshalb einerseits sein Glück nicht fassen. Andererseits aber fragt er sich: »Wenn die sechs Monate um sind – was wird dann aus mir?« Schlafen und essen, essen und schlafen, das sei sein Tagesablauf.

Am Nebentisch sitzt eine Gruppe von acht Flüchtlingen aus Mali beim Mittagessen. Sie gehören zu den Neuankömmlingen aus Libyen. Wäre es nach Berlusconi gegangen, hätte die Nato den Krieg gegen Libyen – gegen Italiens verlässlichen Partner bei der Flüchtlingsabwehr auf hoher See – nie begonnen. Jetzt aber ist das Aufnahmelager auf Lampedusa wieder offen, bis Mitte Juni sind schon etwa 15 000 Flüchtlinge aus Libyen kommend eingetroffen – und haben bis zu 1500 Menschen die Überfahrt mit dem Leben bezahlt.

»Bis zu 300 000« Flüchtlinge könnten noch folgen, meint Innenminister Maroni. Italien – und Europa – würde dieser Zustrom kaum überfordern. Um mehr als vier Millionen ist die Zahl der Immigranten in den letzten zwanzig Jahren gestiegen, trotz der demonstrativen Abwehrpolitik. Eine Million Rumänen, 500 000 Albaner, Hunderttausende Marokkaner, Nigerianer, Pakistani, Inder, Somalier oder Eritreer leben im Land, beschimpft als »kriminelle Gefahr« oder als »Einwanderungs-Tsunami« – und zugleich gebraucht als Arbeitskräfte. Ohne sie ginge nichts auf den Tomatenfeldern, in den Gießereien, auf den Baustellen oder in Italiens Haushalten, in denen über eine Million ausländische Haushaltshilfen, Altenpflegerinnen oder Kindermädchen tätig sind.

5 Lebensretter vor Gericht

Seit Jahren droht zwei tunesischen Fischern in Sizilien eine hohe Strafe, weil sie 44 Afrikaner vor dem Ertrinken bewahrten.

Von Christian Jakob, Bremen

Der Freispruch überraschte Elias Bierdel. Eine »echte Sensation« sei es, dass er und der Cap-Anamur-Kapitän Stefan Schmidt am 7. Oktober 2009 den Gerichtssaal im sizilianischen Agrigento als freie Menschen verlassen konnten. Bierdel hatte aus »politischen Gründen« mit einer Strafe gerechnet. Und wäre es nach der Staatsanwaltschaft gegangen, dann hätten die Cap-Anamur-Leute tatsächlich wegen »Beihilfe zur illegalen Einwanderung in einem besonders schweren Fall« die nächsten vier Jahre im Gefängnis verbracht.

Doch so richtig freuen konnten sich die beiden nicht. Denn im allgemeinen Jubel ging unter, dass nämlich vor demselben Gericht ein fast gleich gelagerter Fall anhängig war. Und für die beiden Angeklagten, die anders als Bierdel und Schmidt keinen »Prominentenbonus« (Pro Asyl) genossen, sah es schlecht aus. Nur sieben Wochen später fällten die Richter in Agrigento auch in ihrem Fall ein Urteil: Die tunesischen Kapitäne Abdel Basset Zenzeri und Abdelkarim Bayoudh, die 44 Menschen vor dem Tod durch Ertrinken bewahrt hatten, wurden in erster Instanz zu zwei Jahren und sechs Monaten Haft verurteilt.

Es ist nur ein Katzensprung zu den Bettenburgen von Monastir. Doch kaum einer der vielen ausländischen Badegäste, die an Tunesiens Strände kommen, verirrt sich je nach Teboulbah. Das Städtchen an der Ostküste hat nicht ganz das Zeug zum Touristenidyll, vielleicht ist das auch sein Glück. Abdel Basset

Zenzeri jedenfalls will hier bleiben. Neulich wurde seine vierte Tochter geboren, kurz davor hat er sein Haus fertig gebaut und seit sieben Monaten hat der Fischer mit kurzen braunen Locken und einem ordentlich in Form gebrachten Bart auch endlich wieder ein Schiff, die »Habib Allah«, wenngleich er dies noch einige Jahre lang abbezahlen muss. Wenn Zenzeri nicht fürchten müsste, in knapp vier Monaten nach einer Berufungsverhandlung in Palermo erneut zu einer Haftstrafe verurteilt zu werden, dann wäre seine Welt wohl wieder in Ordnung.

Im Mai 2011 sitzt Zenzeri, Ende dreißig, in einer hellbraunen Lederjacke in einem Teehaus an der Hauptstraße von Teboulbah und gibt wieder einmal einer Gruppe von Ausländern Interviews, neugierig beäugt von all den Männern, die rundum in der Nachmittagssonne vor kleinen Teegläsern sitzen oder an kaputten Mofas herumschrauben. Wie Schmidt ist auch Zenzeri Kapitän, genau wie Schmidt hat auch er mit sechs weiteren tunesischen Fischern eine Gruppe schiffbrüchiger Afrikaner auf hoher See gerettet. Und genau wie die Cap-Anamur-Besatzung soll auch Zenzeri dafür bestraft werden.

Am 8. August 2007 waren die Fischer um Zenzeri auf ein kaputtes Schlauchboot mit 44 Insassen aus dem Sudan, Eritrea, Äthiopien, Marokko, Togo und der Elfenbeinküste gestoßen. Das Boot trieb bei schwerer See manövrierunfähig in maltesischen Hoheitsgewässern. Darin saßen auch zwei Kinder, eines von ihnen behindert, und zwei schwangere Frauen. »Sie mussten so schnell wie möglich an Land. Es gab keine andere Möglichkeit«, sagt Zenzeri. Die »Mohamed Ed Hedi« und die »Morthada«, die beiden Boote der Fischer, setzten SOS ab und nahmen Kurs auf das 40 Seemeilen entfernte Lampedusa. »Das war der nächste Hafen, nach Malta oder zurück nach Tunesien zu fahren, das hätte keinen Sinn gemacht.«

Die von den Fischern informierten tunesischen Behörden schickten Faxe nach Rom und Malta. Mit Angaben der Koordinaten wiesen sie darauf hin, dass die zwei Boote 44 Schiffbrüchige gerettet hatten und diese teils ärztliche Hilfe brauchten. Da alle verfügbaren tunesischen Einheiten zu weit entfernt waren, baten sie die Nachbarländer, »geeignete Maßnahmen einzuleiten«.

Die italienische Küstenwache interpretierte dies auf ihre Weise. Sie schickte eine Patrouille. Was dann geschah, schilderte Zenzeri später so: Rund eineinhalb Stunden nach dem Notruf sei die Guardia erschienen. »Sie wollten die Menschen von unseren Booten auf ihr Schiff holen, aber es ging nicht, weil das Meer fürchterlich war.« Der Kommandant habe sie aufgefordert, ihnen zu folgen. Etwa siebzehn Meilen vor Lampedusa sei ein Kriegsschiff erschienen. »Die Besatzung schickte einen Arzt. Ein schwerkrankes, behindertes Baby wurde ihm überreicht, aber er hat es wieder zurückgegeben, schon nach einer Minute, ich konnte es kaum fassen.« Eine hochschwangere Frau, die »fast am Sterben war«, sei unter den Schiffbrüchigen gewesen, doch die hätten die Italiener nicht angenommen. »Ich habe mich noch nie so schlecht gefühlt.« Erneut hätten die Italiener sie aufgefordert, ihnen zu folgen. »Da bekam ich das Gefühl, dass da etwas nicht stimmt, ein ganz komisches Gefühl.« Kurz vor der Zwölf-Seemeilen-Zone vor Lampedusa habe er sein Schiff gestoppt. »Ich sagte, dass da etwas läuft, was ich nicht verstehe.« Dann kamen drei Schnellboote von der italienischen Seite und haben uns die ganze Zeit umkreist. Auf einem stand Ambulance, und man sagte uns, wir sollten Richtung Lampedusa weiterfahren.« Daraufhin habe er die Maschinen wieder angeworfen. »Jetzt hatte ich eine klare Order, jetzt konnte ich fahren.« Kurz vor Lampedusa sagten sie dann zu ihm: »Jetzt haben wir euch.«

Fünf Wochen Gefängnis

Vertreter der italienischen Marine ihrerseits sagten später vor Gericht, dass Zenzeri und Bayoudh »im Zick-Zack-Kurs« gefahren seien, um zu verhindern, dass die Küstenwache bei ihnen an Bord kommen konnte. Sie hätten sich geweigert, dem Befehl zur Umkehr Folge zu leisten. Alle, die Zenzeri in den letzten Jahren besucht und darüber geschrieben haben, berichten das Gleiche: Dass ihn noch mehr als der Verlust seines Schiffes schmerzt, dass man ihn vor Gericht als Lügner bezeichnet hat.

Was an Land geschah, ist unstrittig: Die Tunesier wurden unter dem Vorwurf der »Beihilfe zur illegalen Einreise mit Profitzweck« verhaftet, ihre Boote festgesetzt. Ein »Ärzte ohne Grenzen«-Team untersuchte die geretteten Afrikaner, danach kamen sie in ein Internierungslager. Die zwei Kinder wurden mit der Mutter und einer der schwangeren Frauen zur Behandlung nach Palermo geflogen. Fast fünf Wochen mussten die Fischer im Gefängnis bleiben. Die Behörden suchten nach belastenden Indizien. Auf einem der Boote wurde ein Satellitentelefon gefunden. Die Fischer bestanden darauf, dass die Schlepper es den Afrikanern gegeben haben, bevor sie diese auf dem Schlauchboot allein ließen. Hinzu kam, dass weder auf der »Mohamed Ed Hedi« noch auf der »Morthada« Netze oder Fang zu finden waren. Zeugen erklärten weshalb: Die Boote waren in einer Gruppe unterwegs, die Fischfang »a cianciolo« betrieben. Dabei handelt es sich um eine Art Treibjagd zur See. Mit starken Leuchten scheuchen kleinere Boote Sardinenschwärme auf und treiben sie so den eigentlichen Fangbooten zu. Es nützte nichts. Am 8. September berichtete die Tageszeitung Il Giornale, dass es sich bei den Fischern um »Menschenhändler« handele.

»Zwei Wochen war ich komplett ohne Nachricht, ich wusste nicht, was passiert war«, sagte seine Frau später zu Unterstützern. »Ich war damals schwanger mit meiner dritten Tochter und sehr in Sorge.« Sie habe bei allen nachgefragt, die Fischer am Hafen hätten ihr erzählt, dass ihr Mann in Italien im Gefängnis ist, und dass es »sehr schwer werden wird, da wieder raus zu kommen«. Der Bürgermeister habe gemutmaßt, es könne zehn Jahre dauern.

Er irrte sich. Am 10. September 2007 kamen fünf der Fischer wieder auf freien Fuß. Sie durften nach Teboulbah zurückkehren. Die beiden Kapitäne wurden bei Padres des Combonianer-

Ordens in Liccata auf Sizilien unter Hausarrest gestellt. Erst als eine Gruppe von 111 EU-Parlamentariern eine Petition für ihre Freilassung unterzeichnete, wurden auch sie zwei Wochen später vorerst wieder auf freien Fuß gesetzt. Die Schiffe »Mohamed El Hedi « und »Morthada«, Grundlage der Existenz der Fischer, gaben die Behörden jedoch nicht wieder heraus.

»Ich bin ruiniert, meine Familie ist entehrt«

»Ich wurde beschuldigt, dass ich die Leute aus Libyen geholt und sie die ganze Zeit an Bord gehabt hätte«, erinnerte Zenzeri sich später. Was folgte, war eine jahrelange, zermürbende Auseinandersetzung mit den italienischen Behörden. Auch die Lizenzen zur Hochseefischerei wurden beschlagnahmt und nicht erneuert. Jahrelang waren die sieben arbeitslos. Die Staatsanwaltschaft klagte sie schließlich wegen einfacher »Beihilfe zur illegalen Einreise« an – der Vorwurf der Profitabsicht wurde fallen gelassen. Dennoch forderte die Staatsanwaltschaft drakonische Strafen: drei Jahre Haft und 440 000 Euro Geldstrafe. Im Prozess vertrat der damals diensthabende Kommandant der italienischen Küstenwache die Auffassung, die Migranten seien nicht in Lebensgefahr gewesen. Deshalb habe es sich nicht um eine Rettungsaktion gehandelt. Es sei die Pflicht der Küstenwache gewesen, die Einfahrt in italienische Gewässer zu verhindern. Um die Tunesier zu entlasten, wollten ihre Anwälte die geretteten Afrikaner als Zeugen vorladen lassen. Doch dies gestaltete sich als schwierig, denn die hatten meist keine Aufenthaltserlaubnis. Am Ende durften zwei der 44 Schiffbrüchigen aussagen.

2009, kurz vor dem Ende des ersten Prozesses, hatte ein Reporter der *Zeit* den damals arbeits- und bootslosen Zenzeri besucht. »Ich bin ruiniert, meine Familie ist entehrt«, hatte er gesagt. Einer Vertreterin der Hilfsorganisation borderline-europe vertraute er an, er hätte sich »aufgehängt«, wenn es nicht die

Familie und die Kinder gegeben hätte. Nach seiner Rückkehr nach Tunesien habe man ihn hoch gelobt, doch dann sei das Interesse schnell erloschen. »Die haben nur wissen wollen, was ich in Italien erzählt habe, das war alles.« Alles habe er verkaufen müssen, sogar den Schmuck seiner Frau, um leben zu können. »Ich habe keine Arbeit und kann meine Kinder nicht ernähren. Ich lebe von Krediten und vom Betteln.«

»Widerstand gegen Küstenwache und ein Kriegsschiff«

Der Prozess verlief indes überraschend. In seinem Schlussplädoyer sagte der Staatsanwalt: »Eine Sache ist ganz sicher zu Tage getreten: An einem festgelegten Punkt des Mittelmeers, zwischen der tunesischen und der lampedusanischen Küste, haben zwei Fischerboote eine Gruppe von Migranten gerettet, die aus Libyen kommend versuchten, das Meer zu überqueren und an unsere Küsten zu gelangen. Das, so glaube ich, ist eine Tatsache, die sich durch die Aussage der zwei Migranten im Laufe des Verfahrens klar ergeben hat. Es kann auch kein Zweifel darüber bestehen, dass es sich um ein in Havarie befindliches Schlauchboot handelte.«[1]

Der Vorwurf des Menschenhandels war damit vom Tisch. Dennoch wollte man die Tunesier nicht davonkommen lassen. Denn die Fischer hätten sich den Befehlen, nicht in die nationalen Gewässer einzufahren und ihre Fahrt nicht nach Lampedusa fortzusetzen, widersetzt, sagte der Staatsanwalt. Den Aussagen der Marine zufolge hätten sie »brüske Manöver« gefahren, den Kurs teils »um mehr als zehn Grad geändert« und so die Einheiten der Küstenwache daran gehindert, längsseits zu gehen. Die Marineschiffe seien dadurch ihrerseits gezwungen gewesen, »plötzliche und gefährliche Manöver« zu fahren, um eine Kollision zu vermeiden. All dies stelle »Widerstand gegen Schiffe der Küstenwache, die Kriegsschiffe und die Staatsgewalt« dar. Die Staatsanwaltschaft forderte schließlich auch hierfür eine Bestrafung.

Am 17. November 2009 fällte das Gericht in Agrigento sein Urteil. Die Mannschaft und die zwei Kapitäne wurden von der Beihilfe zur illegalen Einreise freigesprochen. Die Mannschaft wurde von dem Vorwurf freigesprochen, Widerstand gegen ein Kriegsschiff und gegen die Staatsgewalt geleistet zu haben. Nicht so die Kapitäne Zenzeri und Bayoudh. Sie wurden wegen Widerstand und Gewalt gegen ein Kriegsschiff und gegen die Staatsgewalt zu zwei Jahren und sechs Monaten Haft sowie zur Zahlung der Prozesskosten verurteilt. Vier Monate später legten ihre italienischen Verteidiger Berufung ein.

Ein Jahr später, im April 2011, lud die Heinrich-Böll-Stiftung die beiden Kapitäne nach Berlin ein. »Grenzen der EU, Grenzen der Menschenrechte« hieß die Konferenz. Zenzeri kam mit Mohamed Amine Bayoudh, dem Sohn des bereits etwas älteren Abdelkarim Bayoudh. Der Sohn war einer der Besatzungsmitglieder der »Morthada«. Vor Hunderten Gästen schilderten sie ihren Fall. Ihr italienischer Anwalt gab Interviews, im Gegensatz zur Cap Anamur war ihr Fall in Deutschland nur wenigen bekannt. Bayoudh nutzte die Gelegenheit, in Europa zu bleiben. »Am Tag nach der Konferenz wollte er morgens ins Internetcafé. Dann war er weg«, erzählt Zenzeri. Erst am nächsten Morgen kam die SMS: »Ich bin in Paris.« Am Anfang war Zenzeri wütend, heute kann er Bayoudh verstehen. Zenzeri blieb das Problem, das Untertauchen seines Freundes der Stiftung zu erklären. »Die haben okay reagiert. Alle waren ganz froh, dass ihm nichts passiert ist«, sagt er.

Erfolgreich ein Exempel statuiert

Vor seinem Haus in Teboulbah sitzt eine Gruppe von Jugendlichen. Es überrascht sie nicht, dass er Ausländer im Schlepptau hat, jeder hier weiß, was er getan hat. Sein Haus liegt hinter einer weißen Mauer und im Gegensatz zu der engen Gasse ist es recht geräumig. Den Bau hatten er und seine Frau vor der Rettungsaktion begonnen. Die Haft, die lange Arbeitslosigkeit, die Kosten für ein neues Boot haben ihn finanziell fast ruiniert. Doch seitdem er wieder fischen kann, haben sie wieder eine Perspektive. Von umgerechnet 250 Euro im Monat müssen er und seine Familie nach Abzug aller Kosten leben. »Aber das ist okay«, sagt Zenzeri. Im Wohnzimmer steht ein großer Fernseher und etwas Goldnippes, die älteste Tochter spielt mit einem Handy, Zenzeris Frau bringt Birnensaft. Im Gegensatz zu seinem ledigen Kollegen war Europa keine Option für ihn.

Er ist erleichtert, dass mit dem Sturz Ben Alis auch der örtliche Polizeikommandant untergetaucht ist. Als Angeklagten hatte das alte Regime ihn stets im Auge. Nun kann er sich wieder freier bewegen. Ob eine neue Regierung ihn ausliefern würde ist offen, sehr wahrscheinlich ist es nicht.

Ihm sei klar, dass an ihm erfolgreich ein Exempel statuiert wurde. »Alle hier wissen, was mir passiert ist. Natürlich haben die Leute Angst davor, in die Situation zu kommen, Schiffbrüchigen zu begegnen.« Dies gelte auch für ihn. Was dann geschehen würde, sei für ihn klar: »Ich würde es wieder machen. Alles andere könnte ich niemals verantworten.«

6 Ein guter Freund in Tripolis

*Heute Kriegsverbrecher, gestern Partner im Kampf gegen Flücht-
linge – Muammar al-Gaddafi und Europa.*

Von Christian Jakob, Bremen

Anfang März 2011 hielt die britische Küstenwache das Contai-
nerschiff »Sloman Provider« auf. Das Schiff musste in den Hafen von Harwich zurückkehren. Jahrelang hatte die Sloman
Provider unbeanstandet den Nachschub an Geldscheinen für
die libysche Zentralbank geliefert, die zuvor in England gedruckt worden waren. Doch plötzlich wurde die Ladung zum
Politikum. Die Auslieferung der Fracht hätte gegen die UN-Re-
solution 1970 vom 26. Februar 2011 verstoßen. Seither gilt ein
UN-Waffenembargo, ein Reiseverbot für den Gaddafi-Clan, zudem wurde das Vermögen der Familie eingefroren. Einen ähnlichen Beschluss fällte zwei Tage später die EU. Jahrelange Ge-
schäftsbeziehungen wurden suspendiert.

Der altgediente libysche Diktator hatte sich diplomatisch
disqualifiziert, als er sein eigenes Land mit blankem Terror
überzogen hatte, um die Aufständischen zu bekämpfen. Bun-
despräsident Christian Wulff nannte ihn nun einen »Staatster-
roristen« und »Psychopathen«, Angela Merkel bezeichnete ihn
als »Despoten«, »grausam und brutal« befand NATO-General-
sekretär Fogh Rasmussen. EU-weit bemühten sich die politischen Führer, Entsetzen zur Schau zu stellen. Denn bis dahin
galt Gaddafi offiziell zwar als schrill, aber trotzdem als weitgehend geläutert. Jedenfalls sah die EU keinen Grund mehr, eine
Zusammenarbeit mit dem libyschen Staatschef aus Menschenrechtsgesichtspunkten abzulehnen.

Dabei hätte jeder, der bei klarem Verstand ist, sich keine Illusionen über die ethischen Maßstäbe des Regimes in Tripolis machen können und dürfen. Das gilt in besonderer Weise für den Umgang mit Flüchtlingen und Migranten, die in das nordafrikanische Land kamen. Die EU selbst hatte dies in offiziellen Dokumenten festgestellt. In einem Bericht der EU-Kommission vom Dezember 2004 heißt es etwa: MigrantInnen würden »willkürlich« festgenommen und in Internierungslager gesperrt, Kinder von ihren Eltern getrennt, Frauen nicht vor Vergewaltigung geschützt. Oder, etwas aktueller, die Resolution 264 des EU-Parlaments von Juni 2010: Tausende Flüchtlinge aus Ländern wie Irak, Sudan oder Somalia müssten in Libyen »Verfolgung und Tod« fürchten. In den Internierungslagern komme es zu »Misshandlungen, Folter, Ermordungen«, Gaddafi lasse Flüchtlinge mitten in der Wüste an Libyens Südgrenzen aussetzen.

Doch die Botschafter dieser Papiere entfalteten nur begrenzte Wirkung. Tatsächlich ignorierten die Regierungen, die etwas von Gaddafi wollten, sie jahrelang ungerührt – bis zum Schluss. Denn es hatte keineswegs nur Italien mit Tripolis paktiert, sondern die gesamte EU.

Noch am 15. Februar 2011 wurde Gaddafis engster Vertrauter, der damalige libysche Innenminister Abdul Fatah Younis, von der EU-Kommission in Brüssel empfangen. Die Aufstände in Libyen hatten da bereits begonnen, die internationale Presse berichtete aber an diesem Tag noch nicht über die Rebellion. Auch war noch längst nicht absehbar, wer sich letztlich würde durchsetzen können. So sah die EU offenbar keinen Anlass, Younis anders zu behandeln, als bisher: als hohen Gesandten eines geschätzten Partners. Es galt, die letzten Details eines Projekts zu klären, auf das Libyen und die EU sich im Juni 2010 verständigt hatten. In einem »Memorandum of Understanding« hatte Europa Gaddafi »technische Hilfe und Zusammenarbeit« für die Zeit von 2011 bis 2013 angeboten.[1] Dabei sollte es vor allem um die »gemeinsame Verantwortung für die Herausforderungen des Migrationsmanagements« gehen. Mit anderen Worten: Gaddafi bekommt 50 Millionen Euro aus Brüssel, damit er seine Grenzen für afrikanische MigrantInnen noch undurchlässiger macht.

Erst kurz bevor das Memorandum unterzeichnet wurde, hatte Gaddafi den UN-Hochkommissar für Flüchtlinge (UN-HCR) aus seinem Land geworfen, weil der Kritik an den haarsträubenden Zuständen in den libyschen Internierungslagern geäußert hatte. In derselben Woche ließ Gaddafi auch noch achtzehn MigrantInnen aus Nigeria und Tschad hinrichten. Das EU-Parlament kritisierte den Diktator in einer weiteren Resolution dafür scharf: Bei dem »aggressiven« Regime in Libyen seien in Sachen »Menschenrechte, Grundfreiheiten und Demokratie keine Fortschritte zu verzeichnen«. Die Kommission nahm daran keinen Anstoß: Das Memorandum wurde unterzeichnet.

Menschenrechtstraining aus Brüssel

Nicht lange danach, im Oktober 2010, reisten die EU-Innenkommissarin Cecilia Malmström und der EU-Kommissar für Erweiterung und Europäische Nachbarschaftspolitik, Stefan Füle, nach Tripolis. Die Verbindungen nach Tripolis hätten sich in den letzten drei Jahren »gut entwickelt, wir haben gemeinsame Interessen«, sagte Füle. »Eine partnerschaftliche Zusammenarbeit mit Libyen in allen Fragen der Migration hat hohe Priorität für die EU«, ergänzte Malmström. Ihre Reise hatte den Zweck zu sondieren, wie Zahlungen an Gaddafi sich am besten deklarieren ließen, um die kritischen EU-Parlamentarier nicht allzu sehr vor den Kopf zu stoßen. Sie ersannen folgende Lösung für dieses Problem: Die Bediensteten in den libyschen Abschiebelagern sollten »Menschenrechtstrainings« bekommen und in der Registrierung der Flüchtlinge geschult werden – und somit genau die Aufgaben erledigen, die bis zum Sommer der UNHCR übernommen hatte.

Damit hat die EU Gaddafi regelrecht dafür belohnt, dass er die UN rausgeworfen hat, sagt die grüne EU-Abgeordnete Franziska Brantner. »Keinen einzigen Euro« hätte man dafür ausgeben dürfen. Damit das EU-Parlament die Pläne der Kommission nicht vereitelte, wurde die für Libyen bestimmte Summe auf drei Haushaltsposten aufgeteilt – so ließ sich die Schwelle unterschreiten, oberhalb derer EU-Abgeordnete ein Veto gegen Zahlungen einlegen können. Was bei dem Treffen mit Younis im Februar 2011 herauskam, ist unklar. Doch als die Nachrichten über die Kämpfe in dem Wüstenstaat in den Tagen nach seiner Visite immer dramatischer wurden, fror Außenkommissarin Ashton das Geld erst einmal ein.

Die letztlich wohl erfolglosen Verhandlungen um eine überschaubare finanzielle Zuwendung sind jedoch nur ein winziger Baustein der langen Zusammenarbeit zwischen Europa und Libyen in Sachen Migrationsabwehr. Die Bremer Ethnologin Silja Klepp hat die Geschichte dieser Kooperation in jahrelanger Arbeit erforscht. Sie reicht zurück in die Zeit, als Libyen noch offiziell als »Schurkenstaat« galt. Nach den Anschlägen über Lockerbie und auf die Berliner Diskothek La Belle, mit denen Gaddafi in Verbindung gebracht wird, war das Land politisch isoliert. Doch die italienische Regierung schreckte dies nicht. In ihrer immer wieder beschworenen Angst vor einem »Einwanderungs-Tsunami« aus dem Mittelmeer (siehe Kapitel 4) nahm sie schon in den späten neunziger Jahren erste informelle Gespräche mit Gaddafi auf. Im Dezember 2000 konnte in Rom das erste Abkommen unterzeichnet werden; neben Terrorismus- und Kriminalitätsbekämpfung ging es um die Eindämmung irregulärer Migration. In den folgenden Jahren trafen italienische und libysche Spitzenpolitiker häufig zusammen, Rom bereitete so der Rehabilitation Gaddafis langsam den Weg. 2003 schließlich hob die UNO ihre Sanktionen gegen Libyen auf, 2004 zog die EU nach.

Lager in Nordafrika

In jener Zeit schaltete sich auch der damalige sozialdemokratische deutsche Innenminister Otto Schily in die Debatte ein. Er nahm die Cap-Anamur-Affäre zum Anlass für einen politischen Vorstoß, der die europäische Debatte um den Umgang mit afrikanischen Flüchtlingen auf Jahre prägen sollte. Es dürfe nicht der Eindruck entstehen, sich mit einer Flucht über das Mittelmeer Zugang zu EU-Häfen verschaffen zu können, sagte Schily im Juli 2004, kurz nach Freilassung des Cap-Anamur-Chefs Bierdel bei einem Treffen der EU-Innenminister. Man müsse prüfen, ob sich die Asylanträge von Migranten, die aus Seenot gerettet werden, nicht in »Einrichtungen« Nordafrikas bearbeiten ließen. »Die Probleme Afrikas müssen mit Unterstützung Europas in Afrika gelöst werden«, sagte er[2]. Bislang habe er ähnlichen Vorschlägen, die die britische Regierung im Vorjahr formuliert hatte, »mit großer Distanz« gegenübergestanden. Nun sei er aber dafür, solche Konzepte zu prüfen. »Der Cap-Anamur-Fall hat die Debatte nochmal belebt.«

Gut ein Jahr zuvor, kurz nach Beginn des Irak-Kriegs im März 2003, hatte der britische Premierminister Tony Blair seine »New Vision for Refugees« präsentiert. Er wollte schon damals den europäischen Flüchtlingsschutz möglichst weitgehend in die Herkunftsregionen auslagern. Flüchtlinge, denen es gelinge, europäischen Boden zu erreichen, sollten in »Schutzzonen« in ihren Herkunftsregionen zurückgeschafft werden. Die EU sollte möglichst weltweit ein Netz solcher Flüchtlingslager errichten. Dort könne der UNHCR die Schutzbedürftigkeit prüfen. Ein (geringer) Teil der Schutzsuchenden könne von dort in westliche Aufnahmeländer weiterreisen, sofern die sich zur Aufnahme bereiterklärten. Doch Blair kam zu früh, sein Vorschlag fand nicht besonders viel Anklang. Vor allem die Absicht der britischen Regierung, bereits eingereiste Asylbewerber für die Bearbeitung ihres Antrags in solche Lager zu schicken, stieß beim Ministerrat auf große Skepsis. Britische Bemühungen für bilaterale Abkommen zu Schutzzonen, etwa mit Tansania, scheiterten.

Im Wege eines Experiments, erklärte Schily nun ein gutes Jahr später, könne er sich Lager in Nordafrika vorstellen. Ein »europäischer Seenotrettungsdienst« könnte das Mittelmeer überwachen und die Aufgenommenen in das Land zurückbringen, aus dem sie aufgebrochen sind. Zur Prüfung der Asylanträge könnten dort Beamte der EU-Staaten, aber auch der Kern einer eigenen EU-Flüchtlingsbehörde eingesetzt werden, sagte Schily. Falls es keinen Asylgrund gebe, müssten gerettete Flüchtlinge in ihre Herkunftsländer zurückgebracht werden. »Eine gerichtliche Kontrolle muss es nicht zwangsläufig geben«, sagte Schily in einem Interview.[3] Schließlich sei man in Nordafrika »außerhalb des Rechtsgebiets der EU«. Auch bei anerkanntem Fluchtgrund sollten die Menschen in erster Linie in einer heimatnahen Region untergebracht werden.

Vor allem aber sollten die Flüchtlinge in den neuen Aufnahmeeinrichtungen nicht mehr gezielt Asyl in einem bestimmten Land – wie etwa Deutschland – beantragen können. »Das deutsche Grundrecht auf Asyl spielt da gar keine Rolle«, sagte er. Dies gelte schließlich nur, wenn ein Flüchtling den Fuß auf deutschen Boden setze. »Wenn einer ein Schutzbedürfnis hat, heißt das nicht, dass er sich auswählen kann, in welchem Land er sich besonders wohl fühlt und wo die Sozialsysteme am günstigsten sind. Asyl-Shopping sollte unterbleiben.«[4] Es sei »nichts moralisch Anstößiges daran, Menschen an der illegalen Einreise nach Europa zu hindern und in ihr Herkunftsland zurückzuführen. Wir müssen dafür sorgen, dass Menschen sich nicht mutwillig in Gefahr begeben.« Im Gegenzug plädierte Schily dafür, die Hilfen für Afrika aufzustocken, »statt die Sozialausgaben für die hier ankommenden Flüchtlinge weiter zu erhöhen«.

Im Gegensatz zu Blair kam Schilys Vorschlag an. »Kein Ratsmitglied hat meinen Vorstoß kritisiert«, sagte Schily am 19. Juli 2004.[5] Auch der damalige Bundeskanzler Gerhard Schröder sah in Schilys Überlegungen einen »wichtigen Anstoß«.[6] Der innenpolitische Sprecher der CSU-Landesgruppe im Bundestag, Wolfgang Zeitlmann, fand Schilys Vorschläge »zutiefst human«, da er »Leben rette«.[7]

Das sahen nicht alle so. Die Flüchtlingsorganisation Pro Asyl warf Schily vor, mit einer »neokolonialen Attitüde Europa unter Umgehung völkerrechtlicher Verpflichtungen flüchtlingsfrei« machen zu wollen. »Schily hat nichts als die restlose Abschottung Europas gegenüber Flüchtlingen aus aller Welt im Sinn«, sagte auch der menschenrechtspolitische Sprecher der FDP-Bundestagsfraktion, Rainer Funke. Schilys Vorschlag, die Prüfung von Asylanträgen in Nordafrika ohne jeden Rechtsschutz zu organisieren, höhle das Grundgesetz aus. Die Begründung, eine gerichtliche Kontrolle der Entscheidungen in den Lagern sei nicht erforderlich, weil sich die Flüchtlinge außerhalb des europäischen Rechtsraumes aufhielten, erinnere an die Rechtfertigungsversuche der US-amerikanischen Regierung für das Gefangenenlager Guantánamo auf Kuba.

Schließlich kam die Frage auf, wo genau Schilys Lager angesiedelt werden können. Der Minister wusste eine Antwort: Spanien könnte mit Marokko verhandeln – und Malta mit Libyen. Das war damals selbst dem CDU-Fraktionsvorsitzenden Wolfgang Schäuble zu viel. »Das wird ein Internierungslager«, sagte Schäuble. Schily hebele die Genfer Flüchtlingskonvention aus.[8] Auch viele Kommentatoren waren entsetzt. »Nachdem die ›La Belle‹-Entschädigungen perfekt gemacht wurden, ist bei den deutsch-libyschen Beziehungen endgültig der Knoten geplatzt«, schrieb selbst die sonst nicht sonderlich kritische Magdeburger *Volksstimme*. »Nichts scheint dem gedeihlichen Miteinander mehr im Wege zu stehen. Für Gaddafis Wüstenreich wächst die Reputation im Westen durch Fürsprecher in Berlin beträchtlich. Die Deutschen wittern vor allem neue Exportchancen für eine Ölindustrie, die dringend auf modernen Standard gebracht werden muss. Ganz nebenbei hat Bundesinnenminister Schily für seine Asyllager-Pläne in Nordafrika ei-

nen Trumpf in die Hand bekommen. Wenn die tatsächlich errichtet werden, dann wohl zuerst in Libyen. Guten Freunden
schlägt man auch nach arabischer Sitte nichts ab.«[9]

Die *New York Times* warnte, dass den Flüchtlingen in solchen Lagern »ein langer Aufenthalt, der eher einer Festnahme
entspricht, drohe«, und »wahrscheinlich unter üblen Bedingungen«. Insbesondere Libyen habe einen »erschreckenden
Ruf, Asylbewerber gewaltsam in Länder wie Eritrea und Sudan
zurückzuschicken, in denen sie sicher eine Verfolgung erwar-
tet«.[10]

Eine »sofortige Lösung«

Doch die Kritik verhallte ungehört. Vorfälle wie die tagelange
Irrfahrt eines mit Flüchtlingen beladenen und kaum noch
seetüchtigen Holzbootes, bei der am 10. August 2004 27 Emi-
granten aus Westafrika an Entkräftung starben, nutzten die
Innenminister Italiens und Deutschlands, um ihre Pläne voranzutreiben. Erst der deutsche Frachter »Zuiderdiep« hatte
viel zu spät 72 Überlebende südlich von Sizilien aufgefischt.
Viele hätten schon früher helfen können. »Wir haben gerufen,
mit Kleidern gewunken und Gegenstände ins Wasser geworfen«, berichtete ein Überlebender. Einige der Schiffe seien lediglich einige Hundert Meter an dem Flüchtlingsboot vorbei-
gefahren. »Sie haben so getan, als sei nichts passiert.«
Offenbar hatten die Kapitäne Schwierigkeiten bei der Ablie-
ferung der Flüchtlinge befürchtet.

Italien griff daraufhin Schilys Vorschläge öffentlich auf. »Sie
wären eine sofortige Lösung«, sagte Innenminister Giuseppe
Pisanu über die Auffanglager in Nordafrika bei einem Treffen
mit Schily in Lucca. »Wir können die Menschen nicht sterben
lassen«, bekräftigte Schily. Zwei Tage später gab das römische
Innenministerium bekannt, dass Italien und Libyen in einem
ersten Schritt gemeinsame Patrouillen gegen die Zuwande-

rung über das Mittelmeer starten würden. Darauf hätten sich die beiden Länder bei Gesprächen in Tripolis verständigt. Die gemeinsamen Patrouillen sollten zu Wasser, zu Lande und in der Luft verhindern, dass Flüchtlingsboote an der libyschen Küste in Richtung Italien starten. Acht Wochen später, am 30. September 2004, verkündeten die Justiz- und Innenminister der EU bei einem informellen Treffen in Scheveningen, dass die EU die Errichtung von »Aufnahmezentren für Asylbewerber« in Algerien, Tunesien, Marokko, Mauretanien und Libyen anstrebe – aber nicht unter Leitung der EU, sondern der jeweiligen Länder.

Die bilaterale Kooperation zwischen Rom und Tripolis war da schon in vollem Gang: »Abschiebeflüge von Migranten aus Libyen, Haftzentren für Migranten, technische Unterstützung zur besseren Überwachung der libyschen Grenzen und Ausbildungshilfen für Sicherheitsbeamte wurden mit italienischen Geldern in Libyen finanziert«, schreibt die Ethnologin Silja Klepp.[11] Anfang 2005 flog Italien über 4000 Migranten direkt von der Insel Lampedusa nach Libyen zurück.

Die Migranten wurden auf diese Weise gezwungen, unter immer gefährlicheren Bedingungen aufzubrechen. Zwischen 2006 und 2008 stieg die Zahl der dokumentierten Ertrunkenen zwischen Italien und Libyen von 302 auf 642 im Jahr. »Die Dunkelziffer übersteigt diese Zahl um ein Vielfaches«, so Klepp. »UNO-Schätzungen gehen davon aus, dass etwa 60 Prozent der Bootsmigranten aus Afrika Südeuropa erreichen. Die libyschen Autoritäten vermuten, dass nur 40 Prozent der über See von Libyen reisenden Migranten in Europa ankommen.«

Der EU-Vertrag von Dublin und seine Folgen

Rom trägt mitnichten allein die Schuld an dieser Tragödie. »Italien hat nur versucht, den Schwarzen Peter weiterzureichen«, schreibt der Jura-Professor Gregor Noll von der Universität Lund. »Das verwerfliche Geschacher zwischen Berlusconi und Gaddafi ist nichts weiter als die logische Folge des verwerflichen Dublin-II-Abkommens.«[12] Diese EU-Richtlinie aus dem Jahr 2003 legt fest, dass innerhalb des Schengen-Raums immer jenes Land für ein Asylverfahren zuständig ist, das einen illegalen Grenzübertritt nicht verhindert hat (siehe Kapitel 14). Für die zentralen EU-Staaten wie Deutschland ist das eine überaus bequeme Lösung, für die Staaten an der südlichen Peripherie ein Riesenproblem.

Dennoch ist die Praxis der direkten Zurückschiebung, die Italien seither vielfach praktiziert, ein Verstoß gegen die Genfer Flüchtlingskonvention. Die legt fest, dass Abschiebungen nur zulässig sind, wenn Schutzsuchende zuvor die Möglichkeit bekommen haben, einen Asylantrag zu stellen. Italien setzte sich über dieses sogenannte »Non-Refoulement-Gebot« einfach hinweg, während Libyen als einziges nordafrikanisches Land die Genfer Flüchtlingskonvention gar nicht erst unterzeichnet, geschweige denn ein Asylsystem aufgebaut hat.

Doch das regte in Brüssel kaum jemanden auf. Bereits 2005 – noch unterhielt die EU nicht einmal offizielle Beziehungen zu Libyen – hatte der Rat (also die Regierungen der EU-Staaten) beschlossen, dass es für eine Zusammenarbeit genügen würde, wenn Gaddafi den UNHCR ins Land lässt und ein Bekenntnis zu den Menschenrechten ablegt. Ersteres tat er widerwillig und vorübergehend, Letzteres nie. Gestört hat das niemanden. Im September 2006 schob der EU-Kommissar für Justiz und Inneres, Franco Frattini, offiziell die ersten drei Millionen Euro als Beihilfe zur Grenzsicherung nach Tripolis. Bald darauf trat die damals noch junge EU-Grenzschutzagentur Frontex auf den Plan. In einem von Klepp zitierten Brief bat Gil Arias Fernández, der stellvertretende Direktor von Frontex, um die Erlaubnis, in libyschen Gewässern zu patrouillieren und auf dem Wasser aufgegriffene Migranten zurückzuschicken. Bis heute ist das nur italienischen Einheiten gestattet. Arias Bitte wurde abgewiesen.

Offenbar um Tripolis gnädig zu stimmen, setzte Frontex 2007 einen Bericht an die EU auf. »Dieser Bericht machte klar, dass Libyen nicht die Absicht hatte, die Genfer Flüchtlingskonvention zu unterzeichnen. Und anders als in früheren EU-Papieren finden sich auch keine Bemerkungen zur Menschenrechtssituation in Libyen oder inakzeptablen Haftbedingungen für Migranten darin«, sagt Klepp. Dafür legte Frontex einen Wunschzettel Gaddafis bei: Zur Grenzsicherung forderte der aus Brüssel unter anderem zehn Schiffe, zwölf Aufklärungsflugzeuge, 18 Hubschrauber, 22 voll ausgerüstete Kommandozentralen, 28 Patrouillenboote, 80 Pick-ups, 86 Lastwagen, 100 Schnellboote und 240 Geländewagen. In Brüssel entschied man, diese Ansprüche nicht zurückzuweisen, sondern in ein Gesamtpaket einfließen zu lassen. 2008 nahm man Verhandlungen über ein sogenanntes »Rahmenabkommen« auf. Das sollte nicht nur die politischen Beziehungen, sondern auch Fragen der Energiepolitik und des Handels regeln – mittelfristig stand die Errichtung einer Freihandelszone als Ziel im Raum. Vor allem aber ging es um Flüchtlingsabwehr.

Im September 2009 stellte der stellvertretende Direktor des EU-Kommissars für Auswärtige Angelegenheiten, Hugues Mingarelli, einem Ausschuss des EU-Parlaments erstmals den Stand der Verhandlungen vor – unter Ausschluss der Öffentlichkeit. Die grüne Abgeordnete Franziska Brantner war entsetzt: »Die Kommission wollte mit Gaddafi ein Rücknahmeabkommen abschließen, um unerwünschte Flüchtlinge aus ganz Afrika nach Libyen abschieben zu können.« Auf Jahre hinweg hätte sich die EU so das Recht erkauft, massenhaft Flüchtlinge direkt in die finsteren libyschen Internierungslager abschieben zu können. Schon beim EU-Afrika-Gipfel im November 2010 sollte der Deal unterschriftsreif sein. Doch offenbar pokerte Gaddafi zu hoch: Neben Zahlungen in Milliardenhöhe verlangte er anscheinend auch Visafreiheit für die eigenen Landsleute. Die Verhandlungen jedenfalls kamen zu keinem Abschluss.

Im Januar 2011 nannte das EU-Parlament das geplante Rücknahmeabkommen »absolut inakzeptabel«.[13] In einem einstimmig angenommenen Bericht der portugiesischen Abgeordneten Ana Gomes hieß es, ein solches Abkommen widerspreche »den Werten der EU-Grundrechtecharta«. Doch bei einem Hearing vor dem Beginn der Aufstände zeigte die Kommission sich dennoch fest entschlossen: Ein Vertreter verwies auf »massiven politischen Druck« durch den Rat. »Die wollten dieses Abkommen, koste es, was es wolle«, sagte ein Beobachter des Hearings. Brantner ärgern vor allem die »Scheinheiligkeit und Doppelmoral« der EU: »Die hatten vor wenigen Tagen noch vor, das Abkommen glattzuziehen, und jetzt mag plötzlich keiner mehr Herrn Gaddafi.« Ihre Kritik an der Zusammenarbeit habe »niemanden interessiert«, sagte Brantner Ende Februar. Erst nach dem Beginn der Aufstände sperrte die Kommission die Mittel und setzte die Verhandlungen mit Gaddafi aus. Nun rede sich die Kommission dadurch heraus, dass sie einen »politischen Auftrag« von den EU-Mitgliedsstaaten gehabt habe, mit Gaddafi zu verhandeln. Von der Hand zu weisen sei das nicht, glaubt Brantner: »Die Mitgliedsstaaten wollten mit Gaddafi kooperieren und haben dazu Druck aufgebaut. Und dieser Druck war enorm.«

7   Eine griechische Tragödie

Der Massenandrang von Flüchtlingen an der griechisch-türkischen Grenze überfordern die Griechen – die mit dem Bau eines Grenzzauns reagieren.
Von Christian Jakob und Jürgen Gottschlich, Istanbul

Der Raum ist kahl, weiß getüncht und ungefähr 30 Quadratmeter groß. Die einzige Einrichtung ist ein Plastiktisch in der Mitte. Als die schwere Stahltür geöffnet wird, stürzen Dutzende Männer auf die Besucher. Von einem Augenblick auf den anderen herrscht in dem Raum ein wüstes Gerangel. Nahezu jeder der 35 Insassen versucht sich in den Vordergrund zu schieben. Alle sind wütend, wollen unbedingt etwas loswerden. Ein Mann steht im Hintergrund auf einem Stuhl und schreit aus vollen Kräften unverständliche Sätze in den Raum. Willkommen in der Psychiatrie, ist der erste Eindruck, doch der liegt weit neben der Realität. Die Männer, die so ungestüm ihre Geschichten erzählen wollen, sind Flüchtlinge. Flüchtlinge, von denen viele schon seit Wochen eingesperrt sind, ohne jemanden zu Gesicht zu bekommen, der ihnen helfen könnte.

Als die französische EU-Abgeordnete der Grünen-Fraktion, Hélène Flautre, Anfang Mai 2011 bei einem Besuch der türkisch-griechischen Grenze in Edirne durchsetzte, dass sie und die sie begleitenden Journalisten auch mit den festgesetzten Flüchtlingen reden dürfen, war das für die meisten von diesen der erste Hoffnungsschimmer seit Wochen. Araber aus Nordafrika, Kurden aus dem Irak, Männer aus Afghanistan, Bangladesch und Pakistan hocken in einem Raum, von dem drei

Schlafräume mit Doppelstockbetten abgehen. Die meisten sind bei dem Versuch, die Grenze nach Griechenland zu überqueren, vom türkischen Militär festgenommen worden. Andere waren bereits in Griechenland und wurden von der griechischen Grenzpolizei wieder in die Türkei zurückgeschickt. Alle, die jetzt in Sichtweite der Grenze in der Baracke an der Peripherie von Edirne sitzen, sollen wieder in ihre Herkunftsländer zurückgeschickt werden.

Und alle sind wütend über die Bedingungen, unter denen sie festgehalten werden. Einer knallt die Essensreste des Tages auf den Tisch und beschwert sich über den »Fraß«, der ihnen vorgesetzt wird. Andere fragen nach einem Anwalt, suchen Kontakt zu Leuten, die sie vielleicht herausholen können. Ein Vertreter der Nichtregierungsorganisation Helsinki Citizens Assembly – der einzigen NGO, die in Istanbul Rechtsberatung für Flüchtlinge anbietet – macht sich eifrig Notizen und verspricht Hilfe. Einige der eingesperrten Männer sind hingegen schon völlig resigniert, sehnen sich nach ihren Familien und wollen nur noch nach Hause.

Ali aus Bangladesch gehört zu denen, die den Traum vom Leben im Westen aufgegeben haben und zurück wollen. Er war schon in Griechenland und wurde wieder in die Türkei abgeschoben. »Mein Pass ist aber noch in Griechenland. Außerdem ist die griechische Mafia hinter mir her.« Er zeigt auf eine Beule an der Stirn, dort habe man ihn geschlagen. Mit der Mafia meint er offenbar Mitglieder der Schlepperbande, die ihn ursprünglich über die Grenze nach Griechenland gebracht hatte und denen er vermutlich noch Geld schuldet. Seinen Pass hat er wahrscheinlich wie die meisten anderen auch vor seinem Grenzübertritt nach Griechenland vernichtet, und nun macht er sich Sorgen, dass sein Heimatland Bangladesch ihn nicht zurücknimmt. Er ist mit den Nerven völlig am Ende, Tränen laufen ihm über das Gesicht.

Ein junger Mann aus Pakistan versucht, ihm Mut zu machen, das Konsulat von Bangladesch werde bestimmt bald von sich hören lassen. Bei ihm hat sich sein Konsulat einige Tage zuvor gemeldet. Seine Identität wurde bestätigt, seine Familie in Pakistan hat bei den Behörden Druck gemacht. Er wird morgen zurückfliegen. »Sie werden mich nach Istanbul bringen, und dort werde ich in ein Flugzeug nach Hause steigen«, strahlt er. Wer diesen Flug bezahlt, bleibt unklar. Fliegt die Türkei ihn aus? Hat seine Familie das Geld für das Ticket aufgebracht? Zahlt das pakistanische Konsulat? Mohammed weiß es angeblich selbst nicht, es scheint ihm auch egal zu sein, für ihn zählt allein der Gedanke, bald wieder zu Hause zu sein. Auf die Frage, warum er sich denn ursprünglich auf den Weg gemacht habe, zuckt er zunächst mit den Achseln. »Ich wollte nach England. Dort leben Verwandte. Was soll man in Pakistan machen, wovon leben?« Als er losfuhr, hatte er keine Ahnung, wie schwer es werden würde, wieviele Hindernisse man ihm in den Weg stellen würde. Sein Geld ist längst aufgebraucht, seine Hoffnung auch.

Als sich nach einer guten Viertelstunde die große Stahltür der Flüchtlingsbaracke wieder schließt, steht Hélène Flautre zunächst wie betäubt in der Frühlingssonne. Sie will dann vom Vizegouverneur der Provinz Edirne, Ismet Akyol, der uns zu der Baracke begleitet hat, wissen, was er zu tun gedenkt, um die Situation der Flüchtlinge zu verbessern. Doch der zuckt nur mit den Schultern. Was soll man schon machen? Das Essen werde jeden Tag von einer Cateringfirma geliefert und sei viel besser, als die Klagen der Insassen nahelegten, es gäbe doch sogar einen Fernseher im Raum und wenn unbedingt notwendig, käme auch ein Arzt vorbei. Wenn die Leute ihre Pässe vernichten, um ihre Identität zu verschleiern, dauere es eben länger, bis eine Rückführung in ihre Heimatländer organisiert werden könne. So lange müssen sie im Lager bleiben.

Als Hélène Flautre wissen will, ob die Flüchtlinge über die Möglichkeit, einen Asylantrag zu stellen, aufgeklärt werden, schüttelt der Mann nur mit dem Kopf. Es gibt in der Türkei nur ein geographisch eingeschränktes Asylrecht. Nur Europäer können am Bosporus einen Asylantrag stellen, eine Regelung, die noch auf die Zeit des Zweiten Weltkrieges zurückgeht. Allen anderen – also praktisch alle Flüchtlinge, um die es heute geht – haben lediglich die Möglichkeit, sich bei der UN-Flüchtlingsorganisation UNHCR registrieren zu lassen und dann darauf zu warten, dass die Mitarbeiter für sie ein Aufnahmeland in Europa, Kanada, den USA oder Australien finden. Die Chancen sind für die meisten minimal, fast alle scheitern schon bei der Registrierung, weil UNHCR nur politische Flüchtlinge vertritt und die Betroffenen fast immer als Wirtschaftsflüchtlinge eingestuft werden.

Die heißeste Grenze der EU

Nach offiziellen Angaben haben türkische Grenzschutztruppen allein in den ersten vier Monaten dieses Jahres 4327 Flüchtlinge im Grenzgebiet aufgegriffen. Das sei eine Steigerung von fast 200 Prozent gegenüber dem letzten Jahr. Doch angesichts der Tragödien, die sich im Frühjahr 2011 auf dem Meer zwischen Libyen, Tunesien und Italien abspielten, geriet die türkisch-griechische Grenze international aus dem Blickfeld. Das war 2010 noch völlig anders. Damals hatten Hilferufe aus Griechenland Europa aufgeschreckt. Mehr als 60 000 Flüchtlinge sind nach griechischen Angaben 2010 bei dem Versuch, illegal die Grenze zu überqueren, festgenommen worden. Das waren mehr als 80 Prozent aller versuchter illegaler Grenzübertritte in die gesamte EU. Als im Herbst die Zahlen der Flüchtlinge noch weiter stiegen, bat Griechenland als erstes Land der EU überhaupt um den Einsatz der »Rapid Border Intervention Teams« (RABITs), einer schnellen Eingreiftruppe der EU-Grenzschutzagentur Frontex (siehe Kapitel 10), die aus Angehörigen von Polizei- oder Grenzschutzeinheiten verschiedener EU-Länder besteht und in extremen Situationen kurzfristig und vorübergehend an einem EU-Grenzabschnitt aushelfen soll. Von November 2010 bis März 2011 absolvierte RABIT seinen ersten Einsatz in Griechenland.

Die türkischen Behörden gingen bislang davon aus, dass ihr Land für Flüchtlinge lediglich eine Durchgangsstation auf dem Weg in die EU ist. »Wir investieren viel Arbeit und Geld, um die EU vor diesen Flüchtlingen zu schützen«, hatte der Gouverneur der Grenzprovinz, Gökhan Sözer, zuvor schon in einem offiziellen Gespräch mit Hélène Flautre seine Sicht der Dinge dargestellt. »Wir wenden rund tausend Soldaten und Polizisten auf, um die Grenze zu Griechenland zu schützen, dafür erwarten wir von der EU mehr Solidarität.« Schon lange versucht die EU, die Türkei in ihr Grenzschutzregime zu integrieren. Dazu gehört vor allem, dass die Türkei ein Rücknahmeabkommen unterschreiben soll, indem sie sich verpflichtet, alle Flüchtlinge, die über ihr Staatsgebiet illegal nach Griechenland oder Bulgarien eingereist sind, wieder zurückzunehmen.

Ein entsprechender Vertrag ist ausgehandelt, wurde aber bislang noch nicht unterzeichnet. Mit Inkrafttreten des Vertrages würde die EU mehrere Hundert Millionen Euro im Jahr an die Türkei überweisen, doch die Regierung in Ankara hat eine andere Erwartung. Sie will das Abkommen nur in Kraft setzen, wenn die EU im Gegenzug türkischen Staatsbürgern die Einreise in die EU erleichtert. »Wir erwarten«, bestätigt der Gouverneur gegenüber Flautre, »dass die EU die Visapflicht für türkische Staatsbürger abschafft. Schließlich verhandeln wir seit Jahren über einen EU-Beitritt.«

Es sieht jedoch nicht so aus, als wenn die EU (vor allem Deutschland und Frankreich) bereit wären, diesem Wunsch der Türkei nachzukommen. Beide Länder befürchten eine zusätzliche Einwanderung bei Aufhebung des Visazwangs und blocken deshalb alle türkischen Vorstöße ab. »Wir müssen die Flüchtlinge hier an der Grenze nicht aufhalten«, lässt der Gouverneur im Gespräch denn auch anklingen, »wir tun das nur wegen der guten Nachbarschaft zu Griechenland.«

Trotzdem hat die EU schon einmal eine kleinere Summe an die Türkei überwiesen, damit von dem Geld bessere und größere Auffanglager für Flüchtlinge gebaut werden und die Türkei überhaupt in die Lage versetzt wird, Flüchtlinge, die sie dann von Griechenland zurücknehmen würde, unterzubringen. Einer dieser Neubauten entsteht in unmittelbarer Nachbarschaft der Baracke in Edirne, in der die Flüchtlinge jetzt eingesperrt sind, fünf weitere sollen in anderen Städten der Türkei gebaut werden. Insgesamt entsteht so eine zusätzliche Kapazität für 6000 Menschen, die in den neuen Lagern vorläufig untergebracht werden könnten.

Doch solange das Rücknahmeabkommen mit der EU nicht unterschrieben ist, klappen auch die bilateralen Absprachen zwischen der Türkei und Griechenland nur in einem eng begrenzten Umfang. Im Mai 2010 besuchte der türkische Ministerpräsident Recep Tayyip Erdogan Griechenland. Bei dem Gipfeltreffen schloss er mit Griechenlands Ministerpräsident Giorgos Papandreou ein Abkommen zur »Bekämpfung der illegalen Einwanderung«. Darin erklärt die Türkei sich bereit, von Griechenland solche Flüchtlinge zurückzunehmen, die über die Türkei illegal eingewandert sind und aus türkischen Nachbarländern im Osten, also aus dem Irak, dem Iran, Syrien oder Georgien stammen. In der Praxis ist deren Nationalität aber oft strittig, weil griechische Behörden schnell mal jemanden zum Iraker machen, was die türkischen Behörden dann bestreiten. So hat die Türkei 2011 von den 387 Flüchtlingen, die sie von Griechenland wieder zurückgenommen hat, ihrerseits 67 postwendend an die Griechen zurückgeschickt, weil sie angeblich das Kriterium nicht erfüllt haben.

Spätestens seit dem Besuch Erdogans in Athen wird aber an der Grenze zwischen Türken und Griechen enger kooperiert und Schlepper werden auf beiden Seiten verfolgt. Doch den Griechen reicht das nicht.

Grenzzaun à la USA

Die Antwort der griechischen Seite auf das Hin und Her mit der Türkei ist nun ein radikales Projekt: Man werde einen drei Meter hohen Grenzzaun bauen, kündigte der zuständige griechische Minister Christos Papoutsis im Januar 2011 an. »Das Vorbild ist der Zaun, den die USA an der mexikanischen Grenze errichtet haben«, erläuterte er das griechische Vorhaben. Eigentlich hätte der Zaun schon bis Ende April 2011 gebaut werden sollen, doch Anfang Mai ist noch nicht einmal mit den Vorbereitungen begonnen worden. Nach letzten Meldungen haben griechische Firmen jetzt damit begonnen, einen 30 Meter breiten und sieben Meter tiefen Panzergraben entlang der gesamten Grenze anzulegen.

Oberst Öztürk von den türkischen Grenztruppen kann über diese Projekte nur den Kopf schütteln. Von einem Aussichtsturm direkt am Grenzübergang zeigt er auf den Grenzverlauf zwischen der Türkei und Griechenland und erklärt, wo der Zaun in der Praxis gebaut werden könnte. Der Weg, auf dem die türkische Armee patrouilliert, ist die direkte Grenzlinie. »Hier, auf der Null-Linie, können die Griechen natürlich nicht bauen«, meint er. Bauen sie aber hundert Meter weiter auf ihrem Gebiet, entsteht eine Zone, in der sich Flüchtlinge niederlassen könnten, ohne dass die türkischen Truppen noch einen Zugriff hätten. Flüchtlingscamps an der Grenze wären die Folge.

Aber noch aus einem anderen Grund scheint den Türken der Bau des Zauns wenig plausibel. Und der hat mit Geographie zu tun. Die gut 200 Kilometer lange Grenze zwischen beiden Ländern wird auf 190 Kilometern von dem Grenzfluss Meric (auf Griechisch Evros) markiert. Nur auf dreizehn Kilometern führt die Grenze über Felder und Wiesen, hier soll der Zaun gebaut werden. Auf diesen dreizehn Kilometern hat zwar in den letzten zwei Jahren der größte Teil der Flüchtlinge sein Glück versucht, doch würde der Zaun gebaut und tatsächlich funktionieren, würden die Flüchtlinge vermehrt versuchen, den Fluss zu überqueren. »Damit es Sinn macht, müsste die gesamte Grenze eingezäunt werden«, sagt ein anderer Grenzoffizier. Das aber wäre sehr teuer und sähe auch nicht gut aus. Das käme einer symbolischen Abtrennung der Türkei von Europa gleich und würde endgültig anzeigen, dass man die Türken nicht dabei haben will.

Die Konsequenzen für die Flüchtlinge wären allerdings ungleich dramatischer. Zwar führt der Fluss im Hochsommer relativ wenig Wasser und ist dann leicht zu durchqueren, den größten Teil des Jahres sieht das aber ganz anders aus. Im Frühjahr ist der Evros/Meric ein breiter Strom, der ohne Boot nicht zu bewältigen ist. Etliche Flüchtlinge sind bereits bei dem Versuch, den Evros zu überqueren, ertrunken. Allein 2010 gab es nach offiziellen Angaben 52 Tote, die auf beiden Seiten des Flusses geborgen wurden. Doch niemand weiß genau, wie viele es wirklich sind. Im Herbst 2010 wurde auf türkischer Seite ein Massengrab entdeckt, in dem vierzehn Leichen verscharrt waren. Ebenfalls im Herbst 2010 berichtete Pro Asyl, griechische Aktivisten hätten auf ihrer Seite der Grenze ebenfalls Massengräber entdeckt, in denen tote Flüchtlinge unregistriert verscharrt worden seien. In den vergangenen Jahren sollen es 150 bis 200 Tote gewesen sein. Wird die Landgrenze durch einen Zaun dicht gemacht, wird die Zahl der Toten am Evros unweigerlich zunehmen.

»Ich bleibe in der Türkei«

Es gibt allerdings auch eine weitere Möglichkeit. Immer mehr Flüchtlinge könnten auf den Gedanken kommen, die Einreise nach Griechenland erst gar nicht mehr zu versuchen, sondern gleich in der Türkei zu bleiben. Einer von ihnen ist Stephen Kargbo. Er kommt aus Sierra Leone und ist seit zwei Monaten in Istanbul, als er Ende April für eine warme Mahlzeit in die

Aya Triada, eine große orthodoxe Kirche im Zentrum der Stadt, kommt. Stephen Kargbo repräsentiert einen neuen Typ Flüchtling in der Türkei. Er ist nicht mühsam durch die libysche Wüste oder über die iranischen Berge gekommen, sondern mit einem Flugzeug aus Nigeria. Seit die Türkei begonnen hat, ihre Öffnung in Richtung Naher Osten und Afrika durch die Abschaffung des Visazwangs für viele arabische und afrikanische Länder zu unterstreichen, ist das Land für potentielle Flüchtlinge aus dieser Region per Flug leicht zu erreichen. Für drei Monate können die Reisenden sich legal im Land aufhalten, wer länger bleiben will, muss sich eine Aufenthaltsgenehmigung besorgen oder in die Illegalität abtauchen.

Stephen Kargbo hofft, bei einer Musikschule als Student akzeptiert zu werden und damit ein Bleiberecht erwerben zu können. Er ist begeisterter Amateurmusiker und gleichzeitig Geistlicher einer kleinen evangelikalen Kirche. Glaubensbrüder haben ihm eine erste Bleibe in der Stadt besorgt, über Bekannte hat er einen Schwarzmarktjob in einem kleinen Textilkontor gefunden. Zur Sicherheit will er auch einen Antrag beim UNHCR in Ankara stellen, aber er hat wenig Hoffnung, dort akzeptiert zu werden, denn »der Bürgerkrieg in Sierra Leone ist ja schon länger vorbei«. Tatsächlich war er in den neunziger Jahren vor dem Krieg in seiner Heimat nach Nigeria geflohen und hat dort auch fast zehn Jahre gelebt. Dann wollte Nigeria die Flüchtlinge aus Sierra Leone wieder zurückschicken. Zusammen mit anderen Flüchtlingen protestierte er gegen die Zwangsausweisung aus Nigeria – stolz zeigt er den Artikel einer englischsprachigen nigerianischen Zeitung, die über den Protest berichtete und ihn auch namentlich zitierte – doch vergeblich. Bevor man ihn zwangsweise ausweisen konnte, machte er sich von allein auf den Weg. Aber nicht in das vom Bürgerkrieg zerstörte Sierra Leone, sondern nach Istanbul.

Stephen Kargbo ist vielleicht 35 Jahre alt, klein, sehr hager und hat ein kluges Gesicht. Er ist zwar über die Geographie der türkisch-griechischen Grenze noch etwas uninformiert, doch wie man sich in Istanbul durchschlägt, hat er schnell gelernt. Er ist sich unschlüssig, ob er überhaupt versuchen soll, von Istanbul aus weiter in die EU einzuwandern. Ein Schlepper, den er durch Bekannte kennengelernt hat, will 600 Dollar, um ihn nach Griechenland zu bringen. Das Geld hat er im Moment gar nicht, aber das ist nicht der einzige Grund, der ihn zögern lässt. Er hat von Bekannten gehört, dass die Situation in Griechenland »sehr, sehr schlecht sein soll«. »Schlimme Polizei, fürchterliche Lager und gar keine Jobs«, hätten ihm Freunde erzählt. Da versucht er sein Glück doch lieber erst einmal in der Türkei.

Wie Stephen Kargbo gibt es Tausende von Flüchtlingen, die in der 15-Millionen-Stadt Istanbul abgetaucht sind. Christliche Iraker haben bereits einen eigenen kleinen Kiez im Stadtteil Kurtulus gebildet; Iraner, die vor Ahmadinedschad geflohen sind, treffen in Istanbul auf Iraner, die ihren Urlaub in der Türkei verbringen; Afghanen, vor allem ethnische Usbeken aus Afghanistan, haben ihre eigene Infrastruktur in der Altstadt von Istanbul; und zunehmend mehr Araber und Schwarzafrikaner nutzen wie Stephen Kargbo die Gelegenheit, zunächst einmal per Flug visafrei in die Türkei einreisen zu können. Während Flüchtlinge, die sich beim UNHCR registrieren lassen, in verschiedenen Provinzstädten untergebracht werden, sind praktisch alle, die in der Türkei untertauchen, in der Megametropole Istanbul. Die Stadt hat sich in den letzten Jahren zu einem großen informellen Auffanglager vor den Toren der EU entwickelt.

Doch obwohl vor allem die vielen Baustellen und kleinen Textilfabriken durchaus Schwarzarbeitsmöglichkeiten für Flüchtlinge schaffen, haben die meisten ihren Traum von Europa nach wie vor noch nicht aufgegeben. Sie leben zusammengepfercht in Kellerwohnungen oder Abrisshäusern, in armen Stadtteilen wie Zeytinburnu oder Kumkapi und warten darauf, dass Schlepper sie abholen. Wenn es so weit ist, werden sie in einen Kleintransporter gepfercht und in knapp dreistündiger Fahrt über die Autobahn nach Edirne gebracht. Zu

Fuß geht es dann weiter Richtung Grenze. Die Schlepper kennen die Zeiten, in denen die türkischen Patrouillen unterwegs sind; wenn die Luft rein ist, schicken sie die Leute los.

Der erste Ort auf der anderen, griechischen Seite der Grenze ist Nea Vissa. Von einer Anhöhe, unweit des Ortes, zeigt der griechische Grenzschutzbeamte Georgios Tournakis auf die Felder und Wiesen im Tal. Diese fruchtbare Ebene, auf der die türkischen Maisfelder direkt an die griechischen Kornfelder stoßen, war 2010 der Ort, an dem die meisten Menschen aus aller Welt versuchten, das gelobte Land Europa zu erreichen. Der Grenzfluss zwischen der Türkei und Griechenland macht hier einen großen Bogen auf türkischem Territorium. Dadurch entsteht die bereits beschriebene dreizehn Kilometer lange Landgrenze, die man bequem erreichen kann, indem man den Fluss über eine der drei Brücken in der Türkei überquert. Dieses »größte Loch in Europas Außengrenze«, wie Georgis Tournakis und seine griechischen Kollegen es nennen, soll durch den Grenzzaun geschlossen werden. Im Frühjahr 2011 schien das aber nicht mehr ganz so dringlich, weil durch den Einsatz der schnellen Eingreiftruppe von Frontex die Anzahl der versuchten Grenzübertritte nach griechischen Angaben deutlich zurückgegangen ist und gleichzeitig durch die Umwälzungen in Nordafrika sich plötzlich wieder von Libyen und Tunesien aus die Gelegenheit für eine direkte Einreise nach Italien ergeben hat.

Operation Poseidon

Von weitem sieht es aus, als habe eine Naturkatastrophe den Strand heimgesucht. Es sind keine Menschen zu sehen, nur ihre verrottenden Hinterlassenschaften: zerfetzte Schlauchboote, einzelne Paddel, Rettungswesten, Müll, Plastiktüten, Kleidung. Die Ostküste der griechischen Insel Lesbos ist voll von solchen Orten. Kaum eine Bucht, kein Abschnitt der Kie-

selstrände, der frei wäre von den Relikten jener, die hier angekommen sind, ohne eine Erlaubnis dafür gehabt zu haben.

Gegenüber ragen braune Berge aus dem dunkelblauen Wasser. Nur 15 Kilometer ist die Türkei entfernt. Zwei Fährlinien
überqueren die Meerenge, elf Euro kostet die Passage, neunzig
Minuten ist man unterwegs. Europa ist hier zum greifen nah.
Für viele ist dies gleichbedeutend mit einem Neuanfang, mit
der Aussicht auf einige Jahre gut bezahlter Arbeit, auf Asyl
oder auf ein Leben ohne die Fesseln religiöser Tugendwächter.
Doch die wenigsten, die solche Hoffnungen hegen und es bis
an die türkische Küste geschafft haben, werden auf die Fähren
gelassen. Sie bleiben ihnen ebenso verschlossen, wie sie in ihrer Heimat ohne Visum kein Flugzeug nach Europa betreten
durften. So bleibt diesen Menschen nur der Weg an die Strände
von Lesbos.

Seit Mitte der neunziger Jahre kamen immer mehr Menschen
aus dem Nahen und Mittleren Osten, aus Ost- und sogar Westafrika in die Türkei, um weiter nach Europa zu ziehen. Bevor die
Schlepper sich 2010 auf die Landgrenze zwischen der Türkei
und Griechenland konzentrierten, galt die östliche Ägäis lange
als eines der letzten Schlupflöcher in die EU. In manchen Monaten machten sich über 1500 Menschen auf den Weg allein nach
Lesbos – in Schlauchbooten, mit Bojen, manche versuchten es
gar schwimmend. Es gab Nächte, in denen Hunderte Flüchtlinge
auf der Insel an Land gingen. Auf den weiter südlich gelegenen,
der Türkei aber ebenso nahen Inseln Samos, Chios und Kos war
es ähnlich. In dieser Region nahm die Küstenwache 2008 fast
30 000 Menschen fest, die ohne die notwendigen Papiere versuchten, Griechenland zu erreichen. Nach Frontex-Angaben
wurde 2008 die Hälfte aller neu ankommenden Flüchtlinge
ohne Papiere in der EU in Griechenland aufgegriffen.

Seit 2003 macht das von den großen Staaten im Zentrum
der EU durchgesetzte Dublin-II-Abkommen die Länder, über
die Flüchtlinge in das Schengen-Gebiet einreisen, alleine für
diese verantwortlich. Für Griechenland, wo nur rund zwei Pro-

zent aller EU-Bürger leben, bedeutet das: Das kleine Land muss über die Hälfte aller Flüchtlinge, die in der EU ankommen, aufnehmen, ihr Asylverfahren abwickeln und sie gegebenenfalls wieder abschieben. Doch Griechenland war auch 2003 schon pleite. Es gab – und gibt dort bis heute – kein Asylsystem, keine Sachbearbeiter, keine Anwälte. Es gab keine Aufnahmeeinrichtungen und kein Geld, um den Flüchtlingen Sozialleistungen zu zahlen. Griechenland war mit seinem Flüchtlingsproblem allein.

Direkt nach seiner Gründung im Jahr 2005 dichtete Frontex die Passagen zu den Kanarischen Inseln (Operation Hera) und die Routen im zentralen Mittelmeer (Operation Nautilus) immer weiter ab. In der Ägäis war die Sache schwieriger: Im Gegensatz zu den übersichtlichen Seegebieten vor Nordafrika liegt eine Vielzahl griechischer Inseln in Sichtweite der Türkei. Zudem ist der Grenzverlauf zwischen den Inseln und dem türkischen Festland immer noch nicht restlos geklärt. Dennoch startete Frontex 2006 die Operation Poseidon – zunächst nur als zweiwöchiger Testlauf, der sich aber bis heute immer weiter verstetigte.

Die meist osteuropäischen Frontex-Einheiten waren offiziell nur zur Unterstützung der griechischen Küstenwache in der Ägäis im Einsatz. Sie sollten vor allem Flüchtlingsboote aufspüren und den Griechen melden, die wie jedes Land völkerrechtlich verpflichtet sind, Flüchtlinge an Land zu lassen und einen möglichen Asylantrag zu prüfen. Doch das von den großen EU-Staaten übervorteilte Griechenland setzte sich darüber hinweg: »Flüchtlinge werden, obwohl sie sich bereits in griechischen Gewässern befinden oder sogar die Küste erreicht haben, in türkische Gewässer zurückgefahren. Ihre Schlauchboote werden beschädigt, damit sie bestenfalls die türkische Küste erreichen können«, schreibt Pro Asyl nach umfassenden Recherchen in den Jahren 2007 und 2008.[1] Die Küstenwache würde Flüchtlinge auch auf sogenannten »dry islands« – unbewohnten Inseln – aussetzen und Neuankömmlinge mit Foltermethoden wie Scheinhinrichtungen, Elektroschockern oder dem Eintauchen des Kopfes in einen Wassereimer misshandeln. Kleine Flüchtlingsboote würden mit den eigenen Booten umkreist und durch die entstehenden Wellenbewegungen zum Umkehren gedrängt. »Bei diesen Manövern werden Tote in Kauf genommen«, so Pro Asyl. Andere Menschenrechtsorganisationen veröffentlichen ähnliche Schilderungen.

Ein minderjähriger afghanischer Flüchtling berichtete gegenüber Pro Asyl im August 2008 Folgendes: »Wir waren sechs Flüchtlinge in einem Paddelboot. Kurz vor Lesbos stoppte die Küstenwache unser Boot und brachte uns in den Hafen von Mitilini. Dort mussten wir uns bis auf die Unterhosen ausziehen. Sie warfen das Handy über Bord. Dann kamen andere Maskierte und haben uns auf ein anderes Schiff gebracht. Sie fuhren mit uns Richtung Türkei zurück und setzten uns nahe der Küste aus. Wir hatten keine Paddel. Nur mit viel Glück erreichten wir die Küste.« Restlos überfordert hoffte Griechenland, mit solchen gleichermaßen brutalen wie illegalen Methoden eine abschreckende Wirkung zu erzielen.

Arif, Jeelah und Marilah

Oft gelang dies nicht. Unter jenen, die sich nicht abschrecken ließen, waren auch Arif, Jeelah und ihre 2008 geborene Tochter Marilah Meiran. Sie sind Hazara, farsi-sprachige schiitische Muslime aus Afghanistan. Im Oktober 2009 wagten sie die Überfahrt aus der Türkei. »Unsere Freunde holen euch ab, wenn ihr drüben seid«, sagten ihnen die Schlepper. Es war sechs Uhr morgens und noch dunkel, als sie mit 16 anderen Afghanen an einem steinigen Strand das Schlauchboot bestiegen, in dem ein Türke sie hinüberfuhr. An einige von ihnen erinnert heute eine schwarze Metalltafel an einem Leuchtturm über der Küste von Skala Eressos, 30 Kilometer nördlich von Mitilini, der Inselhauptstadt von Lesbos: »Yalda, acht Jahre; Neda, zehn

Jahre; Mehdi, vier Jahre; Sonia, sechs Jahre; Abdulfasi, drei Jahre; Zomaya, Zakia, Tsima«, steht in kyrillischer Schrift darauf. Daneben ist eine weiße Rose.

Die Minderheit der Hazara stellt in Afghanistan zehn Prozent der Bevölkerung. Einst wurden sie von den Paschtunen versklavt, später gab es Kämpfe mit den sunnitischen Taliban. Weit über 100 000 Hazara flüchteten seit den achtziger Jahren in den benachbarten Iran. Auch Arif ging, als er 17 war, aus Kabul dorthin und heiratete seine Frau. »Ich habe die Schule beendet«, sagt Jeelah, »aber auf die Universität durfte ich als Flüchtling im Iran nicht.« Wenn man die Meirans in ein Restaurant einlädt, essen sie gegrillte Schweinerippen und trinken Bier. Arif war seit neun Jahren freitags nicht in der Moschee, während der Gebetszeit hat er heimlich in einer Autowerkstatt weitergearbeitet. »Ich musste eben Geld sparen«, sagt er. In einem Gottesstaat wollten die Meirans nicht leben. 2008 war die Zeit reif: Sie entschieden sich, nach Europa zu gehen.

Sie fragten herum bei anderen Afghanen, die es vor ihnen versucht hatten. »Wenn ihr Asyl beantragt, lassen die euch rein, ihr könnt studieren. Dort ist es gut, da gibt es Menschenrechte«, hätten die gesagt und ihnen auch verraten, von wem man sich helfen lassen könne. Im Sommer 2009 machten sie sich mit ihrem Baby auf den Weg nach Istanbul, in der Tasche die gesamten Ersparnisse der vergangenen Jahre, dazu geliehenes Geld. 6000 Dollar sollte die Passage nach Griechenland kosten. Eigentlich wollten sie nach Nordeuropa, aber das war 4000 Dollar teurer, soviel Geld hatten sie nicht mehr. Also buchten sie erst einmal die Fahrt nach Griechenland.

Die Schlepper brachten sie nach Ayvalik, einen Ort an der türkischen Westküste. Von hier kann man Lesbos sehen, aber die Meirans hatten keine Ahnung, wo sie waren, sie hatten keine Karte, und so warteten sie. »35 Leute, alles Afghanen, waren dort in der Wohnung«, erzählt Arif. »Nie hat uns jemand gesagt, wann oder wie es weitergeht.« Irgendwann kam die Polizei, jemand hatte ihr einen Tipp gegeben. Sie verhaftete die Afghanen, auch die Meirans. Doch die Polizei wusste, dass sich die Flüchtlinge so schnell wie möglich auf den Weg nach Lesbos aufmachen und für den türkischen Staat kein Problem darstellen würden. Nach acht Tagen kamen die Meirans deshalb wieder frei, und auch die Schlepper waren noch da. Also ging es los.

Von der Operation Poseidon wussten die Meirans nichts. Zunächst hatten sie Glück und wurden nicht entdeckt. Doch weil sie ohne Beleuchtung fahren mussten, lief das Boot auf einen Felsen, der es aufschlitzte. »Es war dunkel, der Kapitän hatte keine Erfahrung«, sagt Arif. »Das Meer war unruhig, Jeelah konnte nur das Baby festhalten, sie konnte kaum schwimmen und hielt es über ihren Kopf, immer wieder ging sie unter.« Am Anfang versuchte Arif noch, seine Tasche mit dem Geld festzuhalten, dann ließ er sie untergehen. Um sich herum sahen die Meirans, wie von den 19 Passagieren einer nach dem anderen den Kampf gegen die Fluten verlor. Schließlich retteten Fischer die Überlebenden.

Jeelah und das Baby mussten im Krankenhaus behandelt werden. Arif hingegen kam an einen der Orte, in die die Griechen seit Jahren fast alle irregulären Migranten sperrten: Das »Welcome Center« in Pagani, einem Vorort von Mitilini. Vor allem in den letzten Jahren der Regierung der konservativen Nea Dimokratia, 2007 und 2008, waren mehrere solcher Internierungslager entstanden. Dort wurden ausnahmslos – und teils monatelang – alle neu ankommenden Flüchtlinge eingesperrt. Unter ihnen auch Folteropfer, Opfer von Menschenhandel, Behinderte, schwangere Frauen oder Minderjährige. Offiziell wurde diese »Administrativhaft« damit begründet, dass Griechenland ihnen die Fingerabdrücke zur Registrierung in der EU-Biometriedatenbank EURODAC abnehmen müsse (siehe Kapitel 14). So solle verhindert werden, dass sie in anderen Ländern einen Asylantrag stellen können. Karl Kopp von Pro Asyl beschreibt jedoch den tieferen Sinn dieser Einrichtungen so: »Es soll sich herumsprechen: Wenn Du nach Griechenland kommst, gehst du durch die Hölle.«

»Die Hölle in Griechenland«

Die Zustände in dem Lager waren erst wenige Wochen zuvor, im August 2009, international bekannt geworden. Da waren 600 NoBorder-Aktivisten aus ganz Europa zu einem Protestcamp auf die Insel gekommen, um gegen die griechische Flüchtlingspolitik zu protestieren. Es gelang ihnen, eine kleine Videokamera in das Lager zu schmuggeln, in dem damals 800 Flüchtlinge unter unvorstellbaren Bedingungen eingesperrt waren. Die dabei entstandenen Bilder gingen um die ganze Welt, das ZDF und selbst CNN veröffentlichten das »Voices of Pagani«-Video.

Auch der junge Afghane Aziz Sultani war in einer der sechs vergitterten Fabrikhallen aus grauem Beton eingesperrt. »Wir haben es gezählt: An einem Tag waren 254 Leute hier drin«, sagt er. Für sie gab es 39 Stockbetten aus Metall, darin dünne, zerschlissene Matratzen. In einer Ecke waren zwei mit Seitenblechen verdeckte Löcher im Boden, die Toiletten. Daneben eine kleine Zelle, die einzige Dusche. Jedem Gefangenen standen 2,5 Quadratmeter zur Verfügung – wegen der doppelten Zellengröße haben Häftlinge in Deutschland schon Schmerzensgeld zugesprochen bekommen. »Die Toiletten sind ständig übergelaufen, dann floss das Wasser über den Boden, auf dem die Menschen lagen, für die es keine Betten mehr gab«, erzählt Sultani. »Es war unerträglich heiß, viele wurden krank. Niemand wusste, wie lange wir hier bleiben sollten und was danach mit uns passieren würde.«

Passieren würde Folgendes: Wer aus der griechischen Administrativhaft entlassen wird, bekommt nichts weiter als eine »Abschiebeanordnung«. Damit darf er sich vier Wochen legal in Griechenland aufhalten, danach muss er offiziell ausgereist sein. Immerhin durften die in Pagani Entlassenen mit dem Papier die Fähre nach Athen besteigen. Einen Asylantrag oder gar einen Aufenthaltstitel für Griechenland zu bekommen, ist praktisch aussichtslos. 46 000 Asylanträge sind in Griechenland anhängig, 165 wurden 2009 bewilligt. Dementsprechend können die Migranten nach ihrer Zeit im »Welcome Center« auch keine legale Arbeit annehmen. An Sozialleistungen ist ohnehin nicht zu denken. So enden diejenigen, denen die Weiterreise in andere europäische Länder nicht gelingt, als Obdachlose in Athen oder Thessaloniki.

Im Vergleich zum »Welcome Center« kann diese Aussicht dennoch als Fortschritt gelten. Die Liste der Vorwürfe die Pro Asyl bei Besuchen in den griechischen Internierungslagern gesammelt hat, ist lang: Die Haftdauer sei willkürlich, teils länger als drei Monate. Allein in Pagani zählte Pro Asyl bei einem Besuch über 30 unbegleitete Minderjährige aus Afghanistan, der jüngste war zehn Jahre alt. Als Dolmetscher wurden lediglich Mitgefangene herangezogen, qualifizierten juristischen Beistand gab es kaum. Die Inhaftierten konnten keinen Kontakt zur Außenwelt aufnehmen – es gab kein Telefon, Handys wurden konfisziert. Die Papierlosen wurden nicht über ihren Status und ihre Rechte informiert, rechtliche Handhabe hatten sie faktisch nicht. Die medizinische Versorgung in den Lagern sei völlig unzureichend. Der Hofgang sei nicht geregelt, die Türen blieben häufig tagelang verschlossen. Es gebe massive Probleme mit der Qualität des Trinkwassers und der Verpflegung, die sanitären Anlagen seien erheblich verschmutzt und teilweise defekt. Für die Vielzahl der Insassen seien bei weitem nicht genügend funktionierende Toiletten und Duschen vorhanden, ebenso wenig gebe es ausreichende Hygieneartikel. Die Gefangenen bekamen keine Kleidung, es gab keine Aufenthaltsräume, keinerlei Freizeitaktivitäten und außer (zu wenigen) Betten kein Mobiliar. Keines der Gebäude bot im Sommer Schutz vor Hitze oder im Winter Schutz vor Feuchtigkeit und Kälte. Die Überfüllung mache die unmenschlichen Bedingungen noch unerträglicher. »Die Inhaftierung von Menschen unter diesen Bedingungen stellt eine unmenschliche und erniedrigende Behandlung dar. Sie verletzt fundamentale Menschenrechte«, schloss Pro Asyl seinen Bericht aus 2008.[2]

Doch erst das ein Jahr später entstandene Video baute so viel Druck auf, dass die griechische Sektion des UN-Flüchtlingshochkommissariats (UNHCR) und der Präfekt von Mitilini in Zeitungsanzeigen Besserung versprachen. Der UNHCR-Vertreter in Griechenland, Giorgos Tsarbopoulos, besuchte das Lager zwei Tage, nachdem das Video im Internet stand. »Pagani entspricht keinerlei griechischen und europäischen Standards. Wir haben es hier mit einer Reihe von Rechtsbrüchen zu tun«, so Tsarbopoulos. 240 Flüchtlinge wurden entlassen, darunter eine Leukämiekranke und eine Frau samt ihrem zehn Tage alten Baby. Die UN schaltete sich ein, die EU-Kommission eröffnete ein Vertragsverletzungsverfahren.

Als die Nea Dimokratia kurze Zeit später – just in jenen Wochen, in denen die Meirans Schiffbruch erlitten – die Wahl verlor und die Macht an die sozialdemokratische PASOK abgeben mussten, besuchte Spyros Vouyia, der neue Vizeminister für öffentliche Sicherheit, Pagani. In einem anschließenden Fernsehinterview nannte er das Lager »schlimmer als Dantes Inferno«. Seine Polizei hinderte das allerdings nicht daran, den aus dem Wasser gefischten Arif Meiran wochenlang dort einzusperren und von seiner ins Krankenhaus gebrachten Frau und Tochter zu trennen, ohne ihn über deren Gesundheitszustand aufzuklären. Es waren einige deutsche NoBorder-Aktivisten, die seine Familie im Krankenhaus suchten, Fotos machten und Arif am Zaun des Pagani-Lagers von ihnen berichteten. Wochenlange Hungerstreiks, Revolten, während derer die Gefangenen aus Verzweiflung Brände in ihren Zellen legten, führten schließlich dazu, dass die Regierung das Lager Ende Oktober 2009 schloss.

»Die Situation in Griechenland ist eine humanitäre Krise, die in der Europäischen Union nicht vorkommen sollte«, sagte UN-Flüchtlingskommissar António Guterres. Er forderte Griechenland »eindringlich« dazu auf, seine Asylreform voranzutreiben. Bis dies nicht geschehen sei, sollten Asylsuchende unter der Dublin-II-Verordnung nicht nach Griechenland zurückgeschickt werden. Die EU-Kommission äußerte sich ähnlich. Doch dies hatte mit Menschenfreundlichkeit nur am Rande zu tun: Denn angesichts der immer sichtbarer werdenden, haarsträubenden humanitären Zustände begannen Gerichte aus immer mehr europäischen Ländern, Abschiebungen nach Athen zu verbieten: Die Internierung in den Lagern und die totale Dysfunktionalität des griechischen Asylsystems verstoßen nach Auffassung vieler Gerichte gegen europäisches Recht. »Griechenlands Unfähigkeit, ein funktionierendes Asylsystem zu schaffen, macht das Dublin-II-Abkommen langsam kaputt«, sagt Pro-Asyl-Sprecher Karl Kopp. »Der Druck auf das Land, zumindest auf dem Papier funktionierende Strukturen zur Flüchtlingsaufnahme zu schaffen, ist riesengroß.«

Die Lage ist und bleibt eine Katastrophe

Ende August 2010 legte der griechische Innenminister Giannis Ragousis der EU-Kommission deshalb ein Konzept für ein komplett neues Asylwesen und einen »nationalen Aktionsplan« für Migrationsmanagement vor. Das bis dahin gültige alte Asylsystem aus der Zeit der Nea-Dimokratia-Regierung nannte die PASOK »grausam und ungerecht« und setzte es offiziell aus. Fünf Kommissionen sollen sich sowohl um alle neuen als auch um die 46 000 alten, seit Jahren anhängigen Asylanträge kümmern. Bislang war die Polizei für die Prüfung von Asylgesuchen zuständig. Weil es aber im Polizeiapparat keine qualifizierten Entscheider gibt, soll ihr die Zuständigkeit entzogen werden. Doch noch immer hat das Land nichts, was ein effektiver Flüchtlingsschutz braucht: keine angemessenen, offenen Aufnahmeeinrichtungen, keine soziale Infrastruktur, keine Rechtsberatung. Sein Asylsystem liegt nach wie vor komplett brach.

Als Ragousis in Brüssel seine Pläne präsentiert, leben die Meirans noch immer in der Villa Azadi, einer halbstaatlichen Notunterkunft in einer ehemaligen psychiatrischen Klinik auf Lesbos. In ein anderes Land dürfen sie nicht, wie es weitergeht, wissen sie nicht. Wegen des Dubliner Abkommens darf die Familie nur in Griechenland um Asyl nachsuchen. Das haben sie aber bisher nicht getan, weil sie auch dem neuen System nicht trauen. »Wir haben Leute gefragt, die seit sechs Jahren auf Asyl warten. Keiner hat es gekriegt.« Jeden Morgen um fünf Uhr geht Arif in das nahe gelegene Dorf und hofft, dass irgendein Grieche ihn als Landarbeiter anheuert. So will er Geld sparen, um endlich aus Griechenland wegzukommen. Doch meistens kommt niemand. Der letzte Job auf einer Olivenplantage ist vier Monate her. Auf das Geld – zwanzig Euro pro Tag sollte er bekommen – wartet er heute noch. Den Rest des Tages verbringt er in der Villa Azadi. »Ich pflücke Obst und lerne Englisch. Irgendwann geht es weiter. Und dann kann ich das gut gebrauchen«, sagt er.

Während es im Leben der Meirans kaum voranging, machte die griechische Regierung Fortschritte bei ihren Bemühungen, den großen Nachbarn im Osten zum Verbündeten in Sachen Grenzsicherung zu gewinnen. Nach dem Besuch Erdogans in Athen im Mai 2010 ging die Türkei auf Kooperationskurs. Die beiden Länder verschärften ihre Anti-Schlepper-Gesetze, die türkische Küstenwache intensivierte ihre Kontrollen. Türken können jetzt schon innerhalb der eigenen Hoheitsgewässer wegen Menschenschmuggels belangt werden, wenn sie Papierlose an Bord haben. Griechischen Taxifahrern drohen hohe Strafen, wenn sie Papierlose befördern. Auf Lesbos sind Klagen gegen Türken anhängig, die für Jahrzehnte ins Gefängnis sollen, weil sie Boote mit Flüchtlingen gefahren haben. Im September 2010 begann Griechenland die ersten über die Türkei eingereisten Flüchtlinge wieder in die Türkei abzuschieben. Die begann daraufhin ihrerseits, mit zwei Linienflügen wöchentlich Afghanen nach Kabul abzuschieben. »Für den Flüchtlingsschutz ist diese Zusammenarbeit brandgefährlich,« sagt der Pro-Asyl-Referent Karl Kopp. »Das potenziert die Gefahr, dass Schutzbedürftige keine Zuflucht erhalten.«

Flüchtlinge berichten, dass sich die Preise für die Seepassage zwischen 2009 und 2010 versechsfacht haben. Die Schleuser gehen zunehmend dazu über, es den Flüchtlingen selbst zu überlassen, die Boote zu steuern, was das Risiko eines Schiffbruchs drastisch erhöht. In der Ägäis blieb all dies nicht ohne Wirkung: Während 2009 etwa 10 000 Papierlose alleine nach Lesbos kamen, gingen die Zahlen hier nun stark zurück. Im dritten Quartal 2010 fiel die Zahl der Frontex-Aufgriffe an der griechisch-türkischen Seegrenze auf rund 2000. Doch gleichzeitig explodierten sie an der Landgrenze der beiden Länder, am Evros-Fluß: Dort griffen Grenzschützer allein im September und Oktober 2010 mehr als 27 000 Flüchtlinge auf. »Dieser beispiellose Anstieg ist ein Ergebnis der Verlagerung illegaler Migration von der See- zur Landgrenze«, schreibt Frontex in seinem letzten Quartalsbericht für 2010.

Das hat natürlich Auswirkungen auf die Flüchtlingslager an diesem nördlichen Abschnitt der griechischen Grenze. Das größte ist in Filakio, einem kleinen Ort rund dreißig Kilometer hinter der Grenze. Was Pro Asyl 2008 über das Flüchtlingslager auf Lesbos schrieb, berichtet nun die Menschenrechtsorganisation Human Rights Watch über Filakio. Nachdem Vertreter der Organisation im Dezember 2010 das Lager besucht hatten, berichteten sie von Überfüllung und katastrophalen sanitären Bedingungen. Die Atmosphäre im Lager sei gekennzeichnet durch andauernde Spannungen. Sowohl Flüchtlinge wie auch Polizisten berichteten, dass es häufig zu Gewaltausbrüchen komme. Human Rights Watch beklagt vor allem, dass die griechischen Behörden sich nicht um Kinder und Jugendliche kümmern, die ohne Begleitung an der Grenze aufgegriffen wurden. »Von den 490 Insassen Anfang Dezember waren 120 Minderjährige, darunter neun Mädchen. Ein 14-jähriger Junge berichtete, dass er bereits seit 43 Tagen festgehalten werde.«[3] Human Rights Watch fordert, zumindest für die Minderjährigen angemessene Unterkünfte und soziale Betreuung bereitzustellen.

An die Adresse von Frontex richtet sich die Aufforderung, entweder mit dafür zu sorgen, dass die Flüchtlinge unter humanen Bedingungen untergebracht werden, oder aber ihren Einsatz in Griechenland zu beenden. »Die Frontex Mission kann nicht einfach die Augen vor der humanitären Krise in den griechischen Flüchtlingslagern in der Evros Grenzregion schließen. Die Menschenrechtscharta und die fundamentalen Werte der EU verpflichten sie dazu, alles dafür zu tun, dass die Flüchtlinge korrekt behandelt werden«, schreibt Human Rights Watch.[4]

Davon ist die Situation an der türkisch-griechischen Grenze aber weit entfernt. Der Sprecher von Pro Asyl, Karl Kopp, drückt es etwas drastischer aus: »Nach Lesbos ist nun am Evros die Hölle los.«

8 Der Pufferstaat im Osten

*Die Ukraine wird von der EU als Abladeplatz für Flüchtlinge miss-
braucht.*

Von Barbara Oertel, Berlin

Am 26. Mai dieses Jahres berichtet das ukrainische Nachrich-
tenportal ua-reporter.com/novosti über die Festnahme von sieben illegalen Migranten – sechs Somaliern und eines Tschetschenen – durch slowakische Grenzbeamte in der Nähe des
Dorfes Sobrance an der Grenze zur Ukraine. Jetzt sei die Frage
zu lösen, wie die Betreffenden so schnell wie möglich der ukrainischen Seite übergeben werden könnten. Zweieinhalb Wochen später ist derselben Quelle zu entnehmen, dass ukrainische Grenzposten in Mukatschewo den Versuch von fünf
Pakistanern, mit Hilfe zweier ukrainischer Schlepper nach Ungarn zu gelangen, vereiteln konnten. Da die Männer keine gültigen Ausweispapiere bei sich gehabt hätten, würden sie derzeit in einem Auffanglager festgehalten und Möglichkeiten
geprüft, ein Strafverfahren einzuleiten.

Derartige Vorkommnisse sind – angesichts der erschüttern-
den Bilder arabischer und afrikanischer Flüchtlinge, die bei ihrem Versuch, die EU zu erreichen, zu Hunderten im Mittelmeer
ertrinken – heutzutage allenfalls eine Randnotiz wert. Das ändert jedoch nichts an der Tatsache, dass die Jagd auf unerwünschte Eindringlinge auch an den östlichen Außengrenzen
der EU Alltag ist. »Schotten dicht um jeden Preis« heißt die Devise, und das nicht erst seit dem Beitritt von Polen, Ungarn und
der Slowakei zur Europäischen Union am 1. Januar 2004 beziehungsweise zum Schengen-Raum drei Jahre später. So

schlug der damalige britische Premierminister Tony Blair in einem Brief vom 10. März 2003 an seinen griechischen Amtskollegen und Präsidenten des Europäischen Rates, Kostas Simitis, allen Ernstes vor, Asylverfahren von Flüchtlingen unter anderem in die Ukraine auszulagern.

Die Aufrüstung an der östlichen Flanke des exklusiven Clubs verfolgt im wesentlichen zwei Ziele: Zum einen setzt die EU alles daran, Flüchtlinge von anderen Kontinenten fernzuhalten beziehungsweise sich ihrer so schnell wie möglich wieder zu entledigen. Zum anderen geht es bislang auch darum, für Ukrainer (ebenso wie für Russen, Moldauer und Weißrussen) die Grenzen dicht zu machen. Das hatten sich die Menschen in dem zweitgrößten europäischen Flächenstaat 2004 noch etwas anders vorgestellt. Wochenlang hatten Zehntausende im Herbst und Winter bei eisigen Temperaturen in Kiew gegen den gefälschten Wahlsieg von Staatschef Wiktor Janukowitsch demonstriert und schließlich eine Wiederholung des Urnenganges erzwungen. Den Sieg von Janukowitschs Widersacher Wiktor Juschtschenko interpretierte die Mehrheit der Ukrainer als legitimen Anspruch auf eine baldige Rückkehr nach Europa.

Ein folgenschwerer Irrtum. In den folgenden Jahren glänzte die EU durch Konzept- und Ratlosigkeit und speiste die Ukraine wie auch andere östliche Anrainerstaaten mit so wohlklingenden Programmen wie »Europäische Nachbarschaftspolitik« und »Östliche Partnerschaft« ab. Diese eröffnen zwar keine Beitrittsperspektive, verlangen dafür aber, im Austausch gegen Visa- und Handelserleichterungen, eine bedingungslose Kooperation in Fragen der Grenzsicherung sowie bei der Rücknahme von Flüchtlingen und Migranten.

Mitte Juni 2011 verlieh der ukrainische Staatschef Wiktor Janukowitsch – der mittlerweile seinen europäisch gesinnten Widersacher Juschtschenko wieder abgelöst hat – bei einer Pressekonferenz mit seinem slowakischen Amtskollegen Ivan Gasparovic in Bratislawa der Hoffnung Ausdruck, dass es noch vor dem Beginn der Fußballeuropameisterschaft im Juni 2012 in der Ukraine und Polen zu einer Liberalisierung der Visabe-stimmungen für ukrainische Staatsbürger kommen werde. Ganz unbegründet sind die Hoffnungen von Janukowitsch nicht. Nach derzeitigem Stand könnte die Ukraine noch in diesem Jahr mit der EU ein Assoziierungsabkommen unterzeichnen, das unter anderem die Schaffung einer Freihandelszone vorsieht und das Land näher an Europa heranführen soll. Damit stellt sich dann auch die Frage nach Visaerleichterungen dringlicher als vorher. Dennoch ist fraglich, ob es bald dazu kommt. Aufschlussreich ist in diesem Zusammenhang die sogenannte jährliche Risikoanalyse für 2011 der europäischen Grenzschutzagentur Frontex.[1] Darin heißt es: »In den kommenden Jahren ist zu erwarten, dass der irreguläre Zustrom von Reisenden über die Außengrenzen anwachsen wird. Dieser Umstand verdankt sich einer wachsenden globalen Mobilität sowie der Möglichkeit von Visaerleichterungen für die östlichen Partner der EU und neuen Vereinbarungen über den kleinen Grenzverkehr entlang der östlichen Grenzen. Diese Entwicklungen werden die Arbeitsbelastung des Grenzschutzes der EU-Mitgliedsstaaten erhöhen, um die Nutzung legaler Kanäle für einen Aufenthalt über die Gültigkeitsdauer der Visa hinaus zu verhindern.« Diese Einschätzung legt doch eher den Schluss nahe, dass etwaige Visaerleichterungen für Ukrainer eher als Bedrohung gesehen werden und einem etwaigen Missbrauch mit entsprechend verstärkten Kontrollen zu begegnen ist.

Abschottung nach Osten

Bereits in den neunziger Jahren und damit nur kurze Zeit nach Erlangung ihrer Unabhängigkeit 1991, war die Ukraine eine der Hauptrouten für Migranten und Flüchtlinge auf deren Weg in die EU. Bei dem Bestreben, die Migration effektiv zu bekämpfen, tat sich am Anfang mit besonderem Eifer die IOM

(International Organization for Migration) hervor. 1951 gegründet, ist die zwischenstaatliche Organisation weltweit führend bei der Durchführung von Migrationsprogrammen. Dabei geht es jedoch weniger darum, humanitäre Hilfe zu gewähren, sondern die IOM profiliert sich vor allem als »Dienstleister« im staatlichen Auftrag bei der Migrationskontrolle. So auch in der Ukraine. Ein erstes Treffen zwischen IOM-Experten und ukrainischen Regierungsbeamten 1998 in Kiew war der Startschuss für ein »Migrationsmanagement-Programm«. Das Programm sah unter anderem die Erfassung und Dokumentation von Flüchtlingen vor, die Einrichtung eines ersten Abschiebegefängnisses in Pawschino, Schulungen für ukrainische Grenzschutzbeamte an der Grenze USA-Mexiko sowie die Ausrüstung eines Pilotprojektes in der ostukrainischen Stadt Charkow an der Grenze zu Russland mit Funk- und Infrarottechnik. Das Lager Pawschino musste übrigens im Dezember 2008 nach lautstarken Protesten – so nahmen zum Beispiel im Sommer 2007 mehrere Hundert Aktivisten aus West- und Osteuropa an einem »nobordercamp« in der Ukraine teil – wegen unhaltbarer Zustände geschlossen werden.

Als die IOM-Fachleute bei ihrer Arbeit in Charkow feststellten, dass 70 Prozent der Migranten legal in die Ukraine einreisen, unterbreiteten sie der Regierung in Kiew konkrete Vorschläge, um die Gesetzeslage entsprechend anzupassen. Die Umsetzung dieser Empfehlungen hätte dazu geführt, »den Zustrom illegaler Migranten in die Ukraine bedeutend zu verringern«, wie der IOM-Vertreter in Kiew, Steve Cook, in einem Interview vom Oktober 2002 feststellte.[2] Das IOM ist bis heute in der Ukraine tätig – vor allem bei der Einrichtung von Internierungslagern für Migranten in Zhuravychi/Volyn und Rozsudiw/Tschernigow, die mit EU-Mitteln errichtet wurden.

Die federführende Rolle beim Auf- und Ausbau der Ukraine zu einem perfekten Pufferstaat spielt jedoch mittlerweile die EU. Allein von 2000 bis 2006 flossen im Rahmen des TACIS-Programmes (Technical Aid to the Commonwealth of Independent States) mehr als 35 Millionen Euro für Migrations- und Grenzschutzprojekte in die Ukraine. Davon gingen rund drei Viertel für die Verschärfung von Grenzkontrollen, Überwachungsanlagen und Ausbildungskurse an private Sicherheitsunternehmen. ICM erhielt mehr als acht Millionen Euro aus dem TACIS-Topf. 7,2 Millionen Euro dienten zur Finanzierung eines Migrationsprojektes (Capacity Building for Migration Management, CBMM), das unter anderem die Ausstattung von zwei Erstaufnahmelagern sowie fünf zeitweiligen Unterkünften für Flüchtlinge und Migranten vorsah.

Demgegenüber musste sich die UN-Flüchtlingsorganisation UNHCR im gleichen Zeitraum mit nur 1,7 Millionen Euro TACIS-Geldern zufrieden geben. Drei Viertel dieser Summe wurden für den Aufbau von zeitweiligen Flüchtlingsunterkünften in Odessa und Mukatschewo ausgegeben. Auch die Verwendung von Mitteln aus dem EU-Programm Aeneas (2004 bis 2006), mit dem Drittstaaten in den Bereichen Migration und Asyl unterstützt werden sollen, folgte dem erklärten Ziel einer rigorosen Abschottungspolitik: Insgesamt 2,3 Millionen Euro erhielten die ukrainischen Behörden für eine moderne technische Ausrüstung, um die Grenzen effizienter kontrollieren zu können, sowie für den Bau (von fünf) und die Ausrüstung (von acht) zeitweiligen Unterkünften für Migranten.

Nachbarschaftshilfe

Mit dem Beitritt von zehn Staaten zur EU 2004 vollzog sich die größte Erweiterung des Bündnisses in seiner jüngeren Geschichte. Damit stellte sich auch die Frage nach einer Aufrüstung der EU-Außengrenzen in verschärfter Form. Eine Antwort auf die neuen Herausforderungen war die »Europäische Nachbarschaftspolitik« (ENP). Mit diesem Instrument wollte und will Brüssel die EU-Anrainerstaaten an demokratische und wirtschaftslibertäre Standards der Gemeinschaft heranführen. Für jeden teilnehmenden Staat wird dabei ein individueller Aktionsplan aufgestellt. Auf der Website der Europäischen Kommission heißt es euphemistisch: »Das Ziel der ENP besteht darin, die Entstehung neuer Trennlinien zwischen der erweiterten EU und unseren Nachbarn zu verhindern und stattdessen Wohlstand, Stabilität und Sicherheit aller Beteiligten zu stärken.« Brüsseler Diplomaten bezeichnen die ENP in inoffiziellen Gesprächen allerdings eher als »Beitrittsverhinderungspolitik«. Im ENP-Programm für die Ukraine waren für den Zeitraum 2007 bis 2010 Fördergelder in Höhe von 494 Millionen Euro vorgesehen. Davon wurden im Sinne der Schaffung von Stabilität (was nichts anderes bedeutet als »Ruhe im Hinterhof vor unerwünschten Personen«) unter anderem 35 Millionen Euro an den ukrainischen Grenzschutz und das ukrainische Innenministerium überwiesen – als Unterstützung im Kampf gegen illegale Migration sowie den Ausbau vorhandener Kapazitäten zur Unterbringung von Flüchtlingen und Migranten.

Auch alte und neue Mitglieder der EU stehen der Ukraine bei der Bewältigung des »Flüchtlingsproblems« an der Ostflanke bilateral gerne hilfreich zur Seite. Im Rahmen des GDISC (General Directors Immigration Services Conference), eines 2004 gegründeten EU-Netzwerkes in Sachen Migrationsmanagement, übernehmen EU-Länder Patenschaften. So unterstützt Ungarn Kiew zum Beispiel an der Ostgrenze zu Russland bei der Etablierung von acht Screening-Centern, die eine Unterscheidung zwischen »Schutzbedürftigen« und »illegalen Migranten« mittels Erstbefragungen ermöglichen sollen. Darüber hinaus ist die Einrichtung von Internierungslagern für eine Dauer von bis zu zehn Tagen geplant. Polnische Behörden wiederum helfen bei der Durchführung von Asylverfahren, die Slowakei liefert Informationen über die Herkunftsstaaten der Betroffenen. Großbritannien lässt die Ukraine an seinen Erfahrungen bei der Rückführung teilhaben, die Niederländer unterstützen das Land beim Ausbau des Visaregimes. Tschechische Verbindungsbeamte schließlich kümmern sich um die langfristige Internierung »illegaler Migranten«.

Gegenüber NGOs zeigte sich Brüssel übrigens weitaus weniger spendabel: Sie erhielten lediglich rund 1,5 Millionen Euro für spezielle Programme zum Sozial- und Rechtsschutz von Asylsuchenden und Flüchtlingskindern in der Ukraine sowie zum Kampf gegen Kinderhandel.

Rückführung als Mittel der Wahl

Die möglichst hermetische Abriegelung der Außengrenze zur Ukraine ist das eine, die Möglichkeit, Migranten und Flüchtlinge so schnell wie möglich dorthin wieder loszuwerden das andere. Die Weichen dafür wurden bereits 1994 gestellt, als Rückführungsabkommen der Ukraine mit Ungarn, Polen sowie der Slowakei in Kraft traten. Am 18. Juli 2007 zog die EU nach vierjähriger Verhandlungsdauer mit der Unterzeichnung eines entsprechenden Dokuments nach. Dieses wurde für ukrainische Staatsbürger zum 1. Januar 2009, für Angehörige anderer Staaten ein Jahr später wirksam. Ein Großteil der bereits erwähnten 35 Millionen Euro schweren EU-Nachbarschaftshilfe für die Ukraine in den Jahren 2007 bis 2010 diente folglich auch in erster Linie dazu, das Land in die Lage zu versetzen, aus EU-Staaten abgeschobene Flüchtlinge bei sich aufzunehmen.

Auch die 2005 gegründete EU-Grenzschutzagentur Frontex war bereits mehrfach an der EU Außengrenze zur Ukraine aktiv. Die Grundlage dafür war ein erstes Abkommen vom 11. Juni 2007, das noch unter der deutschen EU-Ratspräsidentschaft in Luxemburg besiegelt wurde mit der Absicht, »auf illegale Migration und organisiertes Verbrechen gemeinsam reagieren zu können«, wie der bei dem Treffen anwesende damalige Bundesinnenminister Wolfgang Schäuble zitiert wurde. Ein erstes Pilotprojekt unter dem Namen »Five Borders«, das 2007 bis 2008 lief und insgesamt 800 000 Euro kostete, sollte die Zusammenarbeit der Grenzschutzeinheiten an der slowakischen, polnischen, rumänischen sowie der ungarischen Grenze zur Ukraine verbessern. Weitere Frontex-Operationen unter Einbeziehung der Ukraine folgten: Jupiter (knapp eine Million Euro) zur Kontrolle der östlichen Landesgrenzen, bei dem es vor allem darum ging, in Fahrzeugen versteckte Migranten an den Grenzposten der Ukraine und der Nachbarstaaten aufzuspüren; Lynx (200 000 Euro) zwecks Verschärfung der Kontrollen an der slowakisch-ukrainischen Grenze; sowie Ariadne (150 000 Euro) mit dem Ziel, die illegale Migration aus der Ukraine und Weißrussland durch Ermittlung gefälschter Dokumente und Vereitelung illegaler Übertritte in der Nähe von Grenzposten zu verringern.

Flüchtlinge als Risiko: Die Frontex-Analyse

Wenn man den statistischen Daten der EU-Grenzschutzagentur Frontex in ihrer Risikoanalyse für 2011 Glauben schenken darf, so spielen die östlichen EU-Außengrenzen als Einfallstor für Flüchtlinge nach Europa eher eine untergeordnete Rolle. 2009 wurden hier 1335 illegale Grenzübertritte registriert, was einem Anteil von 1,3 Prozent entspricht. 2010 war mit 1043 illegalen Grenzübertritten (ein Prozent) ein Rückgang von 22 Prozent zu verzeichnen – ein Hinweis darauf, dass die Abschottungspolitik »erste Erfolge« verbuchen kann. Die größte Gruppe der gestrandeten Flüchtlinge waren Staatsbürger der Republik Moldau, gefolgt von Georgiern, Afghanen, Russen und Ukrainern. Die meisten illegalen Übertritte fanden an der 97 Kilometer langen und mittlerweile mit einem elektronischen Überwachungssystem ausgerüsteten Grenze zwischen der Ukraine und der Slowakei statt. Die Mehrheit versuchte nachts und in kleinen Gruppen die Grenze zu überqueren, wobei Migranten von anderen Kontinenten in der Regel keine Ausweispapiere bei sich hatten. Außerdem verweist Frontex auf die steigende Anzahl minderjähriger Migranten: 20 bis 30 Prozent der aufgegriffenen Personen.[3]

Bei der Ablehnung einer Einreise in die EU – in der Mehrzahl der Fälle an der ukrainisch-polnischen Grenze – sind die Ukrainer übrigens Spitzenreiter. 2010 wurde 18 743 Personen dieses Ansinnen verwehrt, meist wegen unrichtiger Angaben, gefälschter Ausweispapiere oder weil die Aufenthaltsdauer auf EU-Territorium überschritten war.

One-Way-Ticket in den Osten

Das Dublin-II-Abkommen von 2003 sieht vor, dass derjenige EU-Staat, den ein Flüchtling als ersten erreicht, auch für dessen Asylverfahren zuständig ist. Deshalb schicken zentraleuropäische Länder wie Deutschland und Frankreich Flüchtlinge, die es bis dahin geschafft haben, postwendend in EU-Länder an den Außengrenzen zurück. Da überrascht es nicht, dass Staaten wie die Slowakei oder Ungarn nichts unversucht lassen, um sich dieser »Last« zu entledigen – auch um den Preis schwerster Verletzungen der Genfer Flüchtlingskonvention und der Konvention der Rechte von Kindern. Abschiebung statt Schutz, lautet die Devise. Zu diesem Ergebnis kommt jedenfalls das Border Monitoring Project Ukraine (BMPU), eine Arbeitsgruppe, die mit Unterstützung von Pro Asyl seit 2008 die Situation von Flüchtlingen an den EU-Außengrenzen zur Ukraine beobachtet. In einem Bericht aus dem Jahr 2010 schreiben sie: »Abschiebung ist an den Außengrenzen der östlichen EU-Mitgliedsstaaten eine gängige Praxis. Das kann nicht als eine Ausnahmeerscheinung bezeichnet werden oder als Nebenprodukt eines Systems, das noch dabei ist, sich zu konstituieren. Vielmehr muss diese Praxis als eine systematische Verletzung internationaler Gesetze betrachtet werden.«[4]

In Ungarn wurden 2008 beispielsweise 978 Migranten festgenommen und 691 davon in die Ukraine abgeschoben. 2009 ereilte dieses Schicksal 425 von 563 Flüchtlingen, und in den ersten acht Monaten des Jahres 2010 hieß es für 140 von 203 Flüchtlingen »back to Ukraine«. In ihrem Report *Eingeklemmt im Grenzland* von 2010 zitiert die US-Menschenrechtsorganisation Human Rights Watch (HRW) den Fall eines 24-jährigen Somaliers, der im Februar 2010 in Ungarn festgenommen wurde: »Sie brachten uns zu einer Polizeistation in Ungarn, jeden von uns in einen abgetrennten Raum. Sie stellten uns Fragen – wo ich herkomme, wie ich angekommen bin. Ich sagte, ich komme aus Russland, dass ich Somalier bin und wir um Asyl bitten wollen. Sie sagten, sie würden mich aufnehmen und in ein Lager bringen. Sie nahmen Fingerabdrücke und machten Fotos. Wir unterschrieben Papiere. Sie sagten, wenn wir unterschreiben, würden sie uns in ein Lager bringen. Sie waren nett. Wir mussten uns ausziehen, und sie untersuchten uns. Sie registrierten unser Gepäck. Es gab keinen Übersetzer. Ich wurde um drei Uhr nachmittags festgenommen. Sie brachten uns um Mitternacht weg. Sie gaben uns etwas Brot und Wasser. Dann sagten sie: ›Lasst uns gehen‹, und dass sie uns mit einem Auto zum Lager bringen würden. Ich nahm meine Tasche. Als ich die Tür schloss, sagten sie: ›Wir bringen euch in die Ukraine, und ihr könnt drei Jahre lang nicht hierher zurückkommen.‹ Ich begann zu weinen und bat sie, uns nicht zurückzuschicken.«[5]

Diese Art von Umgang mit Flüchtlingen ist laut dem ungarischen Helsinki-Komitee für Menschenrechte kein Einzelfall, sondern hat Methode. So werden Asylbegehren von Migranten häufig nicht angenommen. Sie müssen Papiere unterschreiben, die sie nicht verstehen, auch ein Übersetzer ist meist nicht anwesend. Überdies werden sie über die Absicht, sie zu deportieren, im Unklaren gelassen, und haben keine Möglichkeit, Kontakt zu einem Anwalt, einer Nichtregierungsorganisation oder dem UNHCR aufzunehmen. Entgegen dem Artikel 31 der Genfer Flüchtlingskonvention, der eine Strafverfolgung im Falle von gefälschten Reisedokumenten verbietet, wird in derartigen Fällen gegen Flüchtlinge in der Regel ein Verfahren eingeleitet – selbst wenn sie sofort um Asyl nachsuchen wollen.

Auch das Alter der Betroffenen wird bei Abschiebungen in die Ukraine häufig ignoriert. Human Rights Watch zitiert in diesem Kontext eine Mitarbeiterin der ungarischen Fremdenpolizei. Kinder beziehungsweise Minderjährige würden genauso wie Erwachsene behandelt, gibt diese freimütig zu. Sie müssten das Wort »Asyl« sagen, um ihre Abschiebung zu verhindern. Täten sie das nicht und bestünde Klarheit darüber, dass sie aus der Ukraine kommen, würden sie abgeschoben – egal, wie alt sie seien.[6] Die Entscheidung, einen Angehörigen eines Drittstaates zurückzuschicken, wird in Ungarn von der Fremdenpolizei und dem Amt für Immigration und Staatsbürgerschaft (OIN) gemeinsam getroffen. Die Fremdenpolizei führt eine Erstbefragung des festgenommenen Flüchtlings durch und lässt dann das OIN überprüfen, ob eine Rückführung nicht gegen das Abschiebungsverbot gemäß der Flüchtlingskonvention und der Europäischen Menschenrechtskonvention verstößt. Die Meinung des OIN ist für die Polizei bindend. Nach Angaben besagter Mitarbeiterin der Fremdenpolizei habe das OIN bislang immer grünes Licht für eine Abschiebung gegeben, denn »aufgrund der Informationen, die dem OIN zur Verfügung stehen, ist die Ukraine ein sicheres Drittland«.

Etwas weiter nördlich, in der Slowakei, sieht es nicht viel anders aus. Die Anzahl der an der slowakisch-ukrainischen Grenze festgenommenen und abgeschobenen Flüchtlinge sinkt seit 2008 beständig. Von 978 Personen wurden in dem Jahr 691 in die Ukraine zurückgeschickt. Für 2009 weisen die Statistiken 563 Personen aus, von denen 425 abgeschoben wurden. In den ersten sechs Monaten des Jahres 2010 gerieten 185 Menschen in die Fänge des slowakischen Grenzschutzes – 164 davon fanden sich innerhalb kürzester Zeit auf der ukrainischen Seite wieder.

Auf den ersten Blick steht die geltende Gesetzeslage in der Slowakei mit internationalen Normen in Einklang. Im Falle der

Festnahme eines Flüchtlings ohne Reisedokumente, Visum oder einer gültigen Aufenthaltsgenehmigung wird dieser den Grenzschutztruppen übergeben und kann bei einer ersten Anhörung ein Asylbegehren formulieren. Tut er das, wird er in das Aufnahmelager Humenné gebracht, wo dann die Möglichkeit besteht, einen offiziellen Asylantrag zu stellen. Niemand darf abgeschoben werden, dem in seinem Heimatland Verfolgung, Folter oder sogar die Todesstrafe drohen. Das Gleiche gilt für Minderjährige, die der Grenzschutz unverzüglich speziellen Kinderschutzeinrichtungen übergeben muss. Die Schnellabschiebung greift nur bei Migranten, die innerhalb von 48 Stunden nach dem Grenzübertritt in einem Radius von 30 Kilometern entlang der Grenze aufgegriffen werden. Flüchtlinge können gegen einen Ausweisungsbeschluss, der ein fünfjähriges Einreiseverbot bedeutet, innerhalb von fünfzehn Tagen Widerspruch einlegen. Die Fremdenpolizei entscheidet dann über das weitere Procedere.

Das alles klingt gut, doch die Realität sieht anders aus. Das kam nicht zuletzt durch die Arbeit der Menschenrechtsliga (HRL) ans Licht. 2007 verständigte sich diese slowakische NGO mit dem UNHCR und der Fremden- und Grenzpolizei unter Federführung des slowakischen Innenministeriums auf ein Memorandum für ein Monitoring an der Grenze zur Ukraine sowie in Flüchtlingsunterkünften. 2009 lief diese Übereinkunft aus und wird derzeit unter der Ägide des UNHCR neu ausgehandelt. Nichtsdestotrotz haben HRL-Anwälte bislang zumindest immer noch Zugang zu Flüchtlingen, die nicht sofort abgeschoben wurden und in Internierungslagern einsitzen. Die Beschwerden der Flüchtlinge gleichen denen ihrer Leidesgenossen an der ungarisch-ukrainischen Grenze. Vielfach werden Asylbegehren schlicht und einfach nicht zur Kenntnis genommen. Flüchtlinge müssen Dokumente unterschreiben, deren Inhalt sich ihnen nicht erschließt, da kein Übersetzer zugegen ist. Human Rights Watch dokumentiert in seinem bereits zitierten Bericht Fälle von Misshandlungen von

Flüchtlingen und Verbalinjurien ihnen gegenüber. Auch wurde Flüchtlingen medizinische Hilfe verweigert.

Entgegen anders lautender Bestimmungen greift die »Ad-hoc-Abschiebung« auch bei Personen, die im Landesinneren festgenommen werden. Das Widerspruchsrecht gegen einen Ausweisungsbeschluss schiebt diesen auch nicht auf, da die Fremdenpolizei nach Gutdünken entscheiden kann, den Betroffenen abzuschieben, selbst wenn das Verfahren noch anhängig ist. Auch vor Minderjährigen machen die Grenzschützer nicht halt. Eine 16-jährige Somalierin, die mit ihrem Mann am 17. Mai 2010 in der Slowakei festgenommen und einen Tag später abgeschoben worden war, berichtete HRW, dass die slowakischen Beamten ihr Geburtsdatum verändert hätten – von 1994 hin zu 1984: »Wir sagten ihnen, dass dieses Datum falsch sei. Ich brach vor ihnen in Tränen aus, aber sie hörten mir nicht zu. Ich sagte ›bitte lasst mich bleiben'. Wir sagten, wir seien Flüchtlinge aus Somalia. Sie nahmen unsere Fingerabdrücke und brachten uns am nächsten Morgen zur Grenze.«

Asyl bleibt Wunschdenken

In der Ukraine beginnt für einen Teil der Flüchtlinge nach ihrer Rückführung ein regelrechtes Martyrium. Um an Informationen über die Identität von Schleppern sowie deren Schmuggelrouten zu gelangen, spulen ukrainische Grenzbeamte, aber auch Mitarbeiter des Inlandsgeheimdienstes SBU unter Umgehung geltender Gesetze offenbar das ganze bekannte Programm der Demütigung und Misshandlung von Festgenommenen ab, das diese Organe auch schon zu sowjetischen Zeiten auszeichnete. So berichteten Betroffene in Interviews mit HRW von einer menschenunwürdigen und erniedrigenden Behandlung bei sogenannten Befragungen – sei es unmittelbar nach ihrer Abschiebung in die Ukraine, ihrer Festnahme vor einem Grenzübertritt in einen EU-Staat oder im Inneren des Landes.

Die Vorwürfe reichen von schweren Misshandlungen wie stundenlanges Schlagen mit der Hand, Stöcken und Elektrokabeln, der Fixierung mit Handschellen an Heizkörpern und Schlafentzug bis hin zu Folter mit Elektroschocks und der Bedrohung mit Schusswaffen. Zwar könne man nicht von einer systematischen Anwendung von Folter gegen Migranten sprechen, merkt HRW an: »Dennoch tritt sie auf, auch wenn die ukrainischen Behörden dieses leugnen und die Verantwortlichen straffrei ausgehen.«[7] Mit diesem Befund dürfte die Annahme, die Ukraine sei ein sicheres Drittland, zumindest bis zum Beweis des Gegenteils ad absurdum geführt sein.

Wer in der Ukraine um Asyl nachzusuchen versucht oder sogar auf einen positiven Bescheid hofft, steht auf verlorenem Posten. Zu diesem Schluss kommt die Menschenrechtsorganisation Amnesty International in ihrem Jahresbericht 2011. »In der Ukraine existiert kein adäquates Asylsystem, dieses schützt die Asylsuchenden nicht. Migranten, Flüchtlinge und Asylsuchende laufen ständig Gefahr, willkürlich abgeschoben zu werden und in Länder zurückgeschoben zu werden, wo sie schwersten Menschenrechtsverletzungen ausgesetzt sind«, schreibt die Menschenrechtsorganisation Amnesty International.[8] Einer der Gründe dafür waren in der jüngsten Vergangenheit unklare und ungeklärte Zuständigkeiten sowie mehrfache Umstrukturierungen der an Asylverfahren beteiligten Behörden, die auf einen andauernden Machtkampf zwischen Exekutive und Legislative zurückgehen. So war das staatliche Komitee für Nationalitäten und Religion, das eigentlich über den Asylstatus entscheidet, von August 2009 bis August 2010 quasi arbeitsunfähig, da ihm diese Kompetenz von der Regierung entzogen worden war. Abgesehen von dieser Blockade werden Asylsuchende in der Ukraine aber auch vielfach Opfer von Gesetzesverstößen sowie illegaler Praktiken durch die Behörden: Sie werden nicht hinreichend über ihren Status oder die Möglichkeit, einen Asylantrag zu stellen, informiert, oder ihre Anträge werden von den Grenzschutzbeamten nicht an die zuständigen Stellen weitergeleitet. Ein Indikator für diese Praxis ist der starke Rückgang registrierter Asylanträge zwischen 2008 und 2009: von 1114 auf 202.

Erstinterviews von Flüchtlingen durch Mitarbeiter des regionalen Migrationsdienstes zeichnen sich vielfach durch eine komplette Inkompetenz der Fragenden und einen Mangel an qualifizierten Übersetzern aus, da der Staat sie nicht bezahlen kann. Oft trauen sich die Migranten nicht, in dieser feindlichen Gesprächsatmosphäre die wahren Beweggründe für ihre Flucht zu erläutern. Häufig pressen Übersetzer den Flüchtlingen für ihre Dienste noch Schmiergeld ab. Ohnehin sind finanzielle Motivationshilfen bis zu einer Höhe von 1000 US-Dollar in den unterschiedlichen Phasen des Asylverfahrens gang und gäbe: um überhaupt einen Antrag stellen zu können, der seinen Empfänger auch erreicht, um für die Dauer des Verfahrens wieder auf freien Fuß gesetzt zu werden und nicht zuletzt in der Hoffnung, die Entscheidung positiv zu beeinflussen.

Besonders prekär ist die Situation von Flüchtlingen, die vor bürgerkriegsähnlichen Zuständen aus ihrer Heimat geflohen sind oder aus anderen Gründen ein humanitäres Bleiberecht geltend machen könnten. Zum Schutze dieser Gruppen gibt es in der Ukraine derzeit noch keine gesetzlichen Vorschriften. Auch Migranten, denen im Falle einer Abschiebung in ihre Heimat aus religiösen, ethnischen oder politischen Gründen ein Strafverfahren, Folter oder die Todesstrafe drohen, sind in der Ukraine nicht sicher. Dieses Problem wird immer dann akut, wenn es zwischen der Ukraine und anderen Staaten der ehemaligen Sowjetunion (wie zum Beispiel Russland oder Usbekistan) ein bilaterales Auslieferungsabkommen gibt und diese Länder einen entsprechenden Antrag stellen. Human Rights Watch führt als Beispiel den Fall des russischen Staatsbürgers und anerkannten Flüchtlings Oleg Kuznetzow an. Obwohl ein Kiewer Verwaltungsgericht dessen Status bestätigt hatte, wurde er auf Anordnung der Generalstaatsanwaltschaft vom 28. Juli 2008 an Russland ausgeliefert. Ob ein Gesetz vom 21.

Mai 2010, das den bis dato allmächtigen Generalstaatsanwalt in seiner Kompetenz beschneidet, ansonsten aber eher vage formuliert ist, hier Abhilfe schafft, ist fraglich.

Die Hölle von Chop

In der Ukraine gibt es verschiedene Kategorien von Internierungslagern für Migranten beziehungsweise »Flüchtlingsknästen«, in denen die Betroffenen von wenigen Stunden über mehrere Tage und Wochen bis hin zu sechs Monaten festgehalten werden. Länger darf die sogenannte Administrativhaft laut Gesetz nicht dauern. In der Praxis werden Flüchtlinge des Öfteren aber mehrfach verhaftet, da Bescheinigungen über ihre Freilassung juristisch keine bindende Wirkung haben. Auch die Vorschrift, wonach die Internierung vor einem Berufungsgericht angefochten werden kann, ist das Papier nicht wert, auf dem sie notiert ist. Qualifizierte Übersetzer sind Mangelware und die wenigen kompetenten Anwälte mit der Masse von Fällen heillos überfordert. Auch ist es kein Einzelfall, dass Betroffene genötigt werden, ein ihnen unverständliches Dokument zu unterschreiben, womit sie darauf verzichten, vor Gericht zu erscheinen.

Ein somalischer Flüchtling, der 2009 und 2010 in dem Lager Chop, der größten derartigen Einrichtung im Westen der Ukraine, interniert war, beschreibt laut Human Rights Watch seine Erfahrungen dort wie folgt: »Sie steckten elf Personen in eine zwölf Quadratmeter große Zelle mit sechs Betten. Die Toilette im Raum stank erbärmlich. Jeden Tag inspizierten sie die Zelle, schlugen und beschimpften uns alle. Einmal benutzten sie Tränengas in dem Raum, wo wir schliefen. Jeder sackte zusammen. Sie nahmen mich beiseite und verlangten Geld für meine Freilassung, 400, 500 US-Dollar.«[9] Schläge, Beschimpfungen und das Erpressen von Schmiergeld durch korrupte Vollzugsbeamte – das Sündenregister ist noch um einiges länger. So ist in einigen

Knästen der Zugang zu Duschen, Toiletten, Trinkwasser und Telefonen beschränkt, Hygieneartikel wie Monatsschutz für Frauen sind offenbar unbekannt. Aufenthalte an frischer Luft sind extrem begrenzt, Ventilatoren vielfach nicht vorhanden, die Menge und Qualität der Nahrungsmittel absolut unzureichend.

Ärzte ohne Grenzen stellte im vergangenen Jahr gravierende Mängel bei der medizinischen Versorgung der Flüchtlinge fest. Dazu zählen fehlende Möglichkeiten, ärztlich behandelt zu werden, unzureichende Diagnosen und Therapien, das Nicht-Ergreifen entsprechender Maßnahmen beim Ausbruch ansteckender Krankheiten, ein stark eingeschränkter Zugang zu stationärer Versorgung sowie eine quasi inexistente psychologische Betreuung [10] Besonders Afrikaner, Afghanen und Menschen aus Zentralasien werden oft Opfer rassistisch motivierter Beschimpfungen sowie diskriminierender und entwürdigender Behandlung. Das verwundert kaum, liest man jüngste Umfragen, die die Friedrich-Ebert-Stiftung im Mai 2011 veröffentlichte.[11] Demnach waren 30 Prozent der Befragten der Meinung, Menschen aus dem Kaukasus sollten nicht in die Ukraine kommen, in Bezug auf Afghanen meinten das 29 Prozent. Mehr als die Hälfte der Befragten ist Migranten gegenüber generell feindlich und ablehnend eingestellt, was einem Xenophobie-Index von 4,46 auf einer Sieben-Punkte-Skala entspricht. Angeheizt wird diese Stimmung von einigen Politikern, die sich zu solch abstrusen Thesen versteigen, dass Migranten Krankheiten ins Land bringen, Ukrainern die Jobs wegnehmen oder ihr Einkommen ins Ausland transferieren würden.

Minderjährige Migranten als Freiwild

Unter fehlenden Gesetzen, deren mangelhafter Umsetzung sowie bereits geschilderten Verstößen gegen geltendes Recht haben auch Flüchtlinge unter achtzehn Jahren zu leiden. Minderjährige, die einen Asylantrag stellen wollen, können dies nur mit Hilfe eines staatlichen Vormundes, der ihre Interessen wahrnehmen soll. Allein, in vielen Regionen der Ukraine sind solche Personen schlichtweg nicht aufzutreiben. Die Folge davon ist, dass die Betroffenen keinen »legalen Status« vorweisen können und nicht unter einem besonderen Schutz stehen, der ihnen als Minderjährigen eigentlich zustünde. Dieser fehlende Status versperrt den Jugendlichen den Weg zu speziellen Unterkünften und Schulbesuch und birgt gleichzeitig die Gefahr von Internierung und Abschiebung. Im »Knast« sind Minderjährige oftmals zusätzlichen Härten ausgesetzt, etwa auf engstem Raum mit Erwachsenen zusammengepfercht, wodurch sie Opfer von Übergriffen werden.

Bei der Altersfrage wird manipuliert ohne Ende – sowohl von Seiten der Flüchtlinge als auch der Behörden. Letztere frisieren, nicht selten gegen eine angemessene »Entlohnung«, bedenkenlos Geburtsdaten nach oben oder unten. So werden aus Minderjährigen Erwachsene, die dann leichter und schneller abzuschieben sind. Flüchtlinge machen sich jünger, um in bestimmte Unterkünfte zu kommen oder älter, um einen Asylantrag ohne Vormund stellen zu können. Auch jugendlichen Opfern von Menschenhandel gewährt der ukrainische Staat keinen besonderen Schutz: Zu einem Bleiberecht aus humanitären Gründen schweigt das Asylgesetz derzeit noch.

Abschottung um jeden Preis

Europa macht dicht, auch im Osten – und das mit Erfolg, wie die Lektüre der einschlägigen Statistiken belegt. Um Menschen auf der Suche nach Schutz vor Krieg und Verfolgung oder einfach nur nach einem besseren Leben daran zu hindern, in die EU zu gelangen beziehungsweise sie so schnell wie möglich wieder los zu werden, ist Brüssel zu allem bereit. Auch dazu, Flüchtlinge schwersten Menschenrechtsverletzungen auszusetzen und das auch hinzunehmen. Diese passieren – wie am Beispiel Slowakei und Ungarn gezeigt – in der EU selbst, was die Frage aufwirft, ob Europa seine eigenen Werte noch ernst nimmt oder nicht vielmehr akzeptiert, diese im Sinne einer »Logik der Abschottung um jeden Preis« rigoros zu opfern. Und sie passieren in der Ukraine – einem postsowjetischen Land im Übergang, das noch seinen Weg sucht, im Moment aber von Demokratie und Rechtsstaatlichkeit Lichtjahre entfernt ist. Schon malt die EU-Grenzschutzagentur Frontex ein Gespenst an die Wand: was wohl auf Europa zukommen werde, sollten die Ukrainer, die nicht erst seit heute unter Generalverdacht stehen, kriminell zu sein, in den Genuss von Visaerleichterungen kommen. Um ihre Präsenz zu legitimieren, hätte es dieser Warnung nicht bedurft. Die nächste Ostmission von Frontex kommt – so oder so.

9 Welcome to Europe

Ein antirassistisches Netzwerk arbeitet als informeller Fluchthelfer.
Von Christian Jakob, Bremen

Der junge Mann aus Mazar-i-Scharif ist verzweifelt. »Mein Leben hier besteht aus Schrecken und Angst«, steht in seiner in blumigem Englisch verfassten E-Mail. Seine Familie werde von den Islamisten bedroht: Sie solle ihren Sohn – also ihn – mit den Taliban in den Kampf gegen die amerikanischen Besatzer und die Karzai-Regierung schicken. »Mein Bruder wurde schon getötet. Aber ich will niemanden töten, und ich will auch nicht von den Taliban ermordet werden.« Aus Angst halte er sich nun versteckt. Für ihn gebe es nur eine Lösung: »Ich muss dieses Land verlassen.« Doch da liege das nächste Problem: »Ich weiß nicht wohin und ich weiß nicht, was ich dafür tun muss.« Ein Freund, der Afghanistan bereits verlassen habe, »hat mir von Ihrer Organisation und Ihrer Arbeit erzählt«. Nun bitte er tief und aufrichtig um Hilfe. Der junge Mann hatte große Hoffnung in das Schreiben gesetzt. Schließlich hieß das Netzwerk, auf das seine Freunde ihn aufmerksam gemacht hatten, »Welcome to Europe« – kurz W2EU.

Frankfurt, Dezember 2010: Das gerade ein Jahr alte W2EU-Netzwerk ist eingeladen, sich auf einer Konferenz in der Frankfurter Universität vorzustellen. Die Aktivisten von W2EU nutzen die knappe Zeit nicht, um von Dublin II, von Lampedusa oder von Frontex zu erzählen. Sie projizieren Bilder der geflohenen afroamerikanischen Sklavin Harriet Tubman an die Wand und erzählen die Geschichte der Underground Railroad. Die Underground Railroad war ein Netz geheimer Routen,

Schutzhäuser, unzähliger FluchthelferInnen mit einem dichten Kommunikationsnetz – lange vor Erfindung des Telefons. Gegner der Sklaverei, Weiße und Schwarze, Südstaatler und Nordstaatler hatten es gemeinsam aufgebaut. Zwischen 1810 und 1850 sollen etwa 100 000 Sklaven die Underground Railroad zur Flucht genutzt haben. Eine der bekanntesten und erfolgreichsten »Conductors« (Schaffner) der Underground Railroad war Harriet Tubman. Im Alter von 29 Jahren floh sie selbst aus der Sklaverei, danach kehrte sie viele Male zurück, um anderen bei der Flucht zu helfen. Doch ohne die Hilfe weißer Quäker aus den Nordstaaten wäre ihr dies niemals möglich gewesen. »Es war mehr ein informelles militantes Netzwerk als eine Organisation im engeren Sinne«, sagt W2EU-Aktivistin Aida Ibrahim.

So will W2EU auch sein.

Das alternative »Welcome Center«

Mitilini, August 2009: Der kleine Hafen der Inselhauptstadt von Lesbos sieht aus, als hätte der griechische Fremdenverkehrsverband ihn entwerfen lassen. Weißgetünchte Cafés und Fischrestaurants reihen sich um die hufeisenförmige Promenade, das Meer ist blau und so klar, dass man Fische darin sehen kann. An der Seite ragt eine imposante Kathedrale hervor, über allem thront ein kleiner Berg mit einer bestens erhaltenen römischen Festung. Von früh bis spät bevölkern Einheimische und Touristen die Flaniermeile. Selbst das tagsüber am Kai liegende, marinegraue Frontex-Schiff vermag die Urlaubsatmosphäre kaum zu trüben.

Nur eine kleine Grünfläche am Ende der Promenade, direkt neben dem Präfekturgebäude, ist nicht für die Flaneure vorgesehen. Hier steht seit dem Wochenende ein kleines, gelb-rotes Zirkuszelt. Draußen hängen Transparente gegen Frontex, drinnen sitzen somalische Familien mit ihren Tüten und Reisetaschen und erholen sich von den Strapazen der vergangenen Nacht, in der sie als Flüchtlinge mit vollbesetzten kleinen Booten aus der Türkei übergesetzt waren. Hunderte von ihnen kommen in diesen Nächten auf Lesbos an. Sie stammen aus Eritrea, Somalia, Äthiopien, Afghanistan, Iran oder dem Irak. Bis zu 500 Euro bezahlen sie für die Passage, und wer auf Lesbos von der Polizei aufgegriffen wird, der landet normalerweise im völlig überfüllten Internierungslager Pagani, ein zum Migrantengefängnis umfunktioniertes ehemaliges Warenlager in einem Vorort von Mitilini, das der Staat »Welcome Center« nennt (siehe Kapitel 7).

Doch jetzt ist das anders. Hunderte AktivistInnen aus ganz Europa sind zu einem NoBorder-Camp nach Lesbos gekommen. Sie wollen dagegen protestieren, dass »Frontex auf dem Meer Jagd auf die Flüchtlinge macht und sie in Richtung Türkei zurücktreibt«, sagt Anne Morell aus Köln. In Deutschland ist sie beim »Kein Mensch ist illegal«-Netzwerk aktiv. Hier versucht sie als Sprecherin des Camps Journalisten zu erklären, was man am Vorgehen gegen die Bootsflüchtlinge auszusetzen hat. Und warum es eine Menschenrechtsverletzung ist, dass die griechische Polizei jene Migranten, die Frontex nicht aufgebracht hat, in Pagani einsperrt, »obwohl sie überhaupt kein Verbrechen begangen haben«. Tatsächlich kommen viele Anfragen von der Presse: Nach der ersten Demonstration der Frontex-Gegner vor dem Lager haben die über 800 Gefangenen eine Revolte gestartet und sind in einen Hungerstreik getreten.

Das Zirkuszelt im Hafen haben die Aktivisten gemeinsam mit griechischen Hausbesetzern aufgebaut. Es soll »unser ›Welcome Center‹ sein«, sagen sie. Seit Tagen beäugt sie rund um die Uhr eine im nahen Schatten stehende Polizeieinheit in voller Montur. Sie fürchtet, die Camper könnten versuchen, das Präfekturgebäude zu besetzen. Die Flüchtlinge, die normalerweise verhaftet werden, lassen die Polizisten unbehelligt. Sie bekommen im Zelt Essen, Wasser und Kleiderspenden. Es ist heiß, die Erwachsenen dösen, die Kinder spielen. Immer, wenn es im Zelt zu voll wird, wird eine Gruppe in das Camp der AktivistInnen ausquartiert.

»Nach und nach wurde uns klar, was für die Leute das Wichtigste war: Informationen«, sagt Marion Bayer, eine deutsche Aktivistin von W2EU.

Denn viele wissen nicht einmal, wo sie sind. Oft ist ihnen unbekannt, dass sie sich auf einer Insel befinden, von der es keinen Landweg »nach Europa« gibt. Nicht alle wissen, dass sie offiziell eine Registrierungskarte von der Polizei brauchen, um an Bord der Fähren nach Athen gelassen zu werden. Manchen ist auch nicht bewusst, dass es diese Registrierungskarte normalerweise nur dann gibt, wenn man vorher wochenlang in der »Administrativhaft« von Pagani gesessen hat. Oder dass ihnen dort die Fingerabdrücke abgenommen und in die EU-Biometriedatenbank EURODAC eingespeist werden. Kaum einer hat davon gehört, dass es eine europäische Richtlinie namens Dublin II gibt, wegen der sie nach dieser biometrischen Registrierung in kein anderes europäisches Land mehr reisen dürfen – es sei denn, sie werden als Flüchtlinge anerkannt. Doch dieses Glück haben nur wenige: Im Vorjahr hat Griechenland nur 0,04 Prozent aller gestellten Asylanträge anerkannt.

Menschen aus Ländern wie Afghanistan, Iran, Irak, Somalia oder Eritrea haben unter Umständen in Zentral- und Nordeuropa Aussicht auf sogenannten »subsidiären« Schutz, eine Art humanitäres, befristetes Bleiberecht. Doch nur wer weiß, wie man sich auf dem Weg dahin verhalten muss, kann dies auch in Anspruch nehmen. Je mehr die AktivistInnen im Zirkuszelt mit den Ankömmlingen sprechen, desto eindeutiger ist für sie: Mit rechtlicher Aufklärung, und sei sie noch so kursorisch, können sie ihnen am besten helfen. »Zugleich haben wir selbst viel gelernt. In diesem Zirkuszelt auf Lesbos haben wir einen Stein ins Wasser geworfen, der bis heute Kreise zieht. Die Neuankömmlinge sind mittlerweile in den verschiedensten europäischen Ländern angekommen. Mit vielen sind wir seitdem in Kontakt geblieben und ihr Wissen fließt nun in unser Netzwerk zurück. Wir haben versucht aufzuklären, aber zugleich nicht zu verschweigen, dass die Leute noch einen langen und schwierigen Weg vor sich haben«, sagt Bayer. Unter den Frontex-Gegnern sind Anwälte aus Deutschland und Griechenland. »Wir haben damals in aller Eile Flugblätter zusammengeschustert«, sagt Bayer. Die knappe Fibel übersetzen sie auf Englisch, Französisch, Farsi und Arabisch und vervielfältigen sie im örtlichen Copyshop. Die Überschrift: »Welcome to Europe.«

Vernetzung im Netz

Hamburg, Dezember 2009: Nach der Veröffentlichung des Enthüllungsvideos aus Pagani (siehe Kapitel 7) und dem von außen unterstützten Hungerstreik der Insassen waren die internationalen Proteste so stark geworden, dass die griechische Regierung das Internierungslager auf Lesbos im Oktober 2009 geschlossen hatte. Einige der Migranten, die während des Camps im Zirkuszelt angekommen waren, haben es auf meist verschlungenen Wegen weiter nach Norden geschafft und sich bei den deutschen Aktivisten, die sie auf Lesbos kennengelernt hatten, über Facebook, E-Mail oder Telefon gemeldet. »Nach dieser Erfahrung dachten wir: Da steckt politisch noch viel mehr drin«, sagt Aida Ibrahim. »Wir mussten dranbleiben und etwas daraus machen.«

Die Frage war nur, wie. Um darüber zu debattieren, trafen sich rund fünfzig der damaligen Teilnehmer des alternativen Welcome Centers im Hamburger Stadtteilzentrum Kölibri in St. Pauli. Allen war noch gegenwärtig, welche politische Dynamik an den EU-Außengrenzen herrscht – und wie nützlich ihre hastig produzierten Flugblätter dort waren. Unter ihnen waren Flüchtlinge und Studierende, aber auch Rechtsanwälte, Hochschullehrer, Bundestagsmitarbeiter, Migrationsforscher und Mitarbeiter von Flüchtlingsräten. Viele waren seit Jahren in verschiedenen antirassistischen Initiativen aktiv. Einer von ihnen war Hagen Kopp aus Hanau. Er gründete in den neunziger Jahren das »Kein Mensch ist illegal«-Netzwerk mit und hatte auch das NoBorder-Camp mit vorbereitet.

Die Debatte lief auf eine Doppelstrategie hinaus. »Wir wollten an den Hotspots des Grenzregimes die kritische Öffentlichkeit stärken«, sagt Kopp. Doch das reichte ihnen nicht. Die Erfolge von Lesbos seien durch die »Parallelität von öffentlicher Kampagne und direkter Unterstützung« zustandegekommen. »An dieser Kombination wollten wir festhalten.« Und so wurde beschlossen, dass eine »Unterstützungsstruktur für MigrantInnen, die auf dem Weg sind«, die künftigen Kampagnen gegen Dublin II und Frontex ergänzen solle.

Wie sich in Mitilini gezeigt hatte, bestand die wertvollste Unterstützung für die Flüchtlinge darin, ihnen aufbereitete Rechtsinfos zu geben und Anlaufstellen bekannt zu machen. Man entschied, ein Infoportal im Internet aufzubauen. Anfang 2010 ging die Homepage w2eu.info online. Zu fast 25 Ländern finden sich dort mittlerweile Infos, fast alle EU-Staaten sind darunter, außerdem die Transitländer Marokko, Türkei und Ukraine. Alle Informationen gibt es auf Englisch, Französisch, Farsi und Arabisch, übersetzt von Freiwilligen. Partnerorganisationen in ganz Europa steuern die Infos bei und verzahnen gleichzeitig ihre Arbeit. Vergleichbares gab es zuvor maximal auf regionaler Ebene.

»Wir konnten dabei auf Verbindungen zurückgreifen, die sich in 15 Jahren der Vernetzung gebildet haben«, sagt Kopp. Vom ukrainischen Uzhgorod bis zum marokkanischen Oujda habe man so das »informelle militante Netzwerk« knüpfen können. Doch dies sei nur wenig Wert, ohne die Mitarbeit der migrantischen Communities. »Das geht in zwei Richtungen«, so Kopp. Mit Flüchtlingen, vor allem aus Eritrea und Afghanistan, die in Europa unterwegs seien, gebe es beständige Kontakte und Austausch. Ihre Erfahrungen, vor allem mit Dublin II, flössen stetig in das Infoportal ein. »Das trägt einen weiteren

Transnationalisierungsaspekt in sich«, sagt Kopp. So gleiche W2EU keiner NGO, sondern versuche, »assoziativ« Basisbewegungen zusammenzubringen.

Das Ergebnis ist, dass man auf der Homepage nicht nur erfahren kann, wo es in Rom Essen und Kleidung gibt, ohne dass jemand Geld oder einen Ausweis sehen will. Oder welche Anwälte in München papierlosen Flüchtlingen Rechtsbeistand leisten. Auch, wenn etwa die Niederlande Abschiebungen nach Griechenland stoppen, ist das auf der Seite zu lesen. »Natürlich können wir nicht die ganze Fülle der Gesetze darstellen«, sagt der Münchner Ethnologe Bernd Kasparek. Dennoch bilde die Seite »die Heterogenität des europäischen Asylrechts ab«. In ihrer Lückenhaftigkeit sei sie ein »Spiegel der gescheiterten Schaffung eines europäischen Asylsystems«. Immer stärker verknüpfen die Aktivisten die Seite in sozialen Netzwerken. Denn dort, das haben sie immer wieder erfahren, halten auch die vielen MigrantInnen, die sich unterwegs begegnen, Kontakt zueinander.

Kein Mensch ist illegal

Bei der Website blieb es nicht. 2010 verschoben sich die Fluchtrouten von der Ägäis zur Landgrenze am Evros. Immer mehr Flüchtlinge kamen dort an, doch jede institutionelle Hilfe für sie fehlte. Die Aktivisten beschafften sich einen kleinen Bus, das »W2EU-Infomobil«. Ausgestattet mit Informationsmaterial fährt es seither durch Griechenland. In Hafenstädten wie Patras oder Igoumenitsa, wo viele Migranten unter meist elenden Bedingungen auf der Straße leben und darauf hoffen, sich auf eine der Fähren nach Italien schmuggeln zu können, bieten die Freiwilligen Infos an und dokumentieren die Lebenssituation der Flüchtlinge.

Parallel startete W2EU politische Kampagnen. Die wichtigste davon richtete sich gegen das Dublin-II-Abkommen und begleitete die Klage eines Irakers, der gegen seine Abschiebung nach Griechenland das Bundesverfassungsgericht angerufen hatte. »Wir wollen dort sein, wo sich Bewegung und Revolte treffen«, sagt Marion Bayer. Doch da die meisten der Aktiven Europäer seien, bewege man sich »auf einem schmalen Grat zwischen Paternalismus und direkter Unterstützung«. Die Analogie zu den Abolitionisten liegt für sie nahe: »Die Forderung, das Töten an den Grenzen Europas zu beenden und das Elend der Illegalität abzuschaffen – das mag heute genauso utopisch klingen wie damals die Abschaffung der Sklaverei«, sagt sie. Doch heute schaffe die »Selektion an den Grenzen, die manchen etwas mehr und den meisten gar keine Rechte einräumt, im großen Maßstab Formen von Apartheid«. Das Streben nach Freiheit habe einst den Abolitionismus und die Anti-Apartheidskämpfe in Südafrika hervorgebracht. Darin sieht Bayer eine innere Verwandtschaft zum politischen Programm von W2EU. Dessen Grundformel beschreibt sie so: »Alle haben das gleiche Recht auf ihre Reise. Migration kann kein Verbrechen sein, denn kein Mensch ist illegal.«

Diesen sattsam bekannten Slogan aufzugreifen ist keine politische Anleihe. Es ist eine Fortschreibung. W2EU ist, wenn man so will, eine Art transnationales Folgeprojekt des »Kein Mensch ist illegal«-Netzwerks. Dessen Wurzeln gehen zurück in das Jahr 1997. Es war die Zeit der militanten Kämpfe der »sans papiers«, der papierlosen Einwanderer in Frankreich, die genug hatten vom Leben im Schatten der Gesellschaft, in ständiger Angst vor Gefängnis, Lohnbetrug, Gewalt und Abschiebung. Sie besetzten Kirchen und marschierten über das Land, um zu signalisieren: Wir sind hier und wir haben Rechte. Sie konnten Teilerfolge verbuchen: Frankreich legalisierte den Aufenthalt vieler von ihnen. Die politische Dynamik, die von ihrer Bewegung ausging, strahlte auf ganz Europa aus. Überall kam es zu offensiven Kämpfen von Migranten. Auch in Deutschland fanden die »sans papiers« politische Resonanz: Auf der Documenta X in Kassel veröffentlichten Antirassisten im Juni 1997 den Appell »Kein Mensch ist illegal«. Überschrieben war er mit einem Zitat des Holocaust-Überlebenden Eli Wiesel: »Ihr sollt wissen, dass kein Mensch illegal ist. Das ist ein Widerspruch in sich. Menschen können schön sein oder noch schöner. Sie können gerecht sein oder ungerecht. Aber illegal? Wie kann ein Mensch illegal sein?«

Hunderte Gruppen und Organisationen sowie Tausende Einzelpersonen schlossen sich dem Appell an. Sie forderten, Flüchtlingen und Migranten unabhängig von ihrem Aufenthaltsstatus medizinische Versorgung, Ausbildung und materielles Überleben zu gewährleisten. Schon bald war »KMII« die neue Klammer der antirassistischen Linken. »Es bildeten sich Bündnisse von kirchlichen und antirassistischen Gruppen, die bisher ein distanziertes Verhältnis zueinander hatten«, schrieb der nordrhein-westfälische Verfassungsschutz. »Der Appell hat über einige Jahre eine enorme Dynamik entfaltet«, erinnert sich Hagen Kopp.

Diese Dynamik wurde unter anderem durch den Tod des Sudanesen Aamir Ageeb befeuert. Der wurde im Mai 1999 an Bord einer Lufthansa-Maschine während seiner Abschiebung von zwei Beamten des Bundesgrenzschutzes erstickt. »KMII« startete daraufhin die »deportation.class«-Kampagne. Sie wollte Fluggesellschaften drängen, auf das Geschäft mit Abschiebungen zu verzichten. Während der Lufthansa-Aktionärsversammlung im Juni 2001 legten rund 13 000 Internetnutzer die Homepage der Airline mit einer Protest-Software lahm. Es war eine der ersten Online-Demos in Deutschland. Die Lufthansa stellte Strafantrag gegen die Aktivisten, es gab Hausdurchsuchungen und Verurteilungen. Doch viele Fluggesellschaften entschieden, künftig keine Passagiere mehr gegen ihren Willen zu befördern.

Das zweite große Projekt von »KMII« waren die sogenannten NoBorder-Camps. Die Aktivisten kampierten an Orten, an denen sie institutionellen Rassismus sichtbar machen wollten: am Frankfurter Flughafen mit seinem geschlossenen Asylbewerber-Lager für das »Flughafenverfahren« – eine besondere Form des beschleunigten Asylverfahrens, bei dem die Asylbewerber bis zu einer Entscheidung einen speziellen Transitbereich des Flughafens nicht verlassen dürfen – etwa oder in Straßburg als Sitz der Europäischen Biometriedatenbank EU-RODAC. Begonnen hatten die Camps an der deutschen Ostgrenze, der damals vom Bundesgrenzschutz abgeschirmten EU-Außengrenze. Dort starben in den neunziger Jahren Dutzende Menschen bei dem Versuch, Oder und Neiße zu durchqueren. 1998 in Görlitz und 1999 in Zittau demonstrierten Hunderte Antirassisten mit »Keine Schleuserhatz«-Transparenten, im Sommer 2000 errichteten die Grenzcamper in der Lausitz symbolisch eine »BGS-freie Zone«.

»Schnell wurde uns klar, dass wir den Blick weit über die eigenen Grenzen richten müssen, um auf die weitere Vorverlagerung des Grenzregimes zu reagieren«, sagt Kopp. »Dazu haben wir zunächst Kontakte zu polnischen Gruppen entwickelt, die die EU-finanzierte Aufrüstung an ihrer Ostgrenze thematisiert haben.« Auch in Slowenien und Rumänien gab es erste Protestcamps gegen die Einrichtung von Internierungs- und Abschiebelagern. Doch gleichzeitig gab es wachsende interne Streitigkeiten in der Szene. Als die EU 2005 Frontex gründete, war »Kein Mensch ist illegal« zwar als Slogan noch präsent, als Bewegungsnetzwerk aber weitgehend erlahmt. »Doch der Ansatz und die Richtung blieben dieselbe: Wir haben weiter versucht, der Externalisierung des Grenzregimes nach Osten und Süden zu folgen«, so Kopp. Zu den Kontakten in Polen kam die immer engere Vernetzung mit Gruppen aus Ländern wie der Ukraine, Ungarn, Italien, Marokko und schließlich Griechenland – die Idee zum NoBorder-Camp auf Lesbos entstand.

Der EU-Expansion immer weiter, teils Tausende Kilometer hinterherzuziehen – dieses Konzept war in der antirassistischen Bewegung nicht unumstritten. Viele Gruppen, etwa aus Flüchtlingsräten oder dem kirchlichen Spektrum, fürchteten, dass dies dringend benötigte Ressourcen von den Projekten im Inneren abziehen werde: den Rechtsberatungsstellen, der Einzelfallhilfe oder den Auseinandersetzungen um die Residenzpflicht, also der behördlichen Auflage, sich nur in einem bestimmten Bereich aufzuhalten. »Das ist ein schwieriger Spagat«, sagt Kopp. »Man entkommt der doppelten Notwendigkeit aber nicht. Nur nach innen zu schauen, würde den transnationalen Realitäten nicht gerecht.«

Die Arbeit an den Außengrenzen habe eine zusätzliche Öffentlichkeit geschaffen. »Wir wollen darauf hinweisen, wer für das Sterben verantwortlich ist und was die deutsche Politik damit zu tun hat.« Ein lokaler Brückenschlag sei dabei gefragt: »Wenn Hunderte Papierlose in Athen wochenlang im Hungerstreik sind, um ihre Legalisierung durchzusetzen, dann können wir in Berlin eine Demo vor der griechischen Botschaft machen. So wird es für die Leute möglich, daran anzuknüpfen und sich dazu ins Verhältnis zu setzen.«

Für die klassischen antirassistischen Tätigkeitsfelder waren die Forderungen klar: Abschiebestopp, Aufhebung der Residenzpflicht oder der Arbeitsverbote für Flüchtlinge. Auch die Adressaten lagen auf der Hand: Ausländerbehörden, Innenministerien, Parlamente. Doch angesichts eines amorphen europäischen Grenzregimes mit diffusen Akteuren wurde vielen zunehmend schleierhaft, was eine antirassistische Organisation eigentlich noch genau von wem fordern könne, ohne sich durch totale Abstraktionen selbst überflüssig zu machen.

»Frontex ist der Inbegriff der militarisierten Migrationskontrolle«, sagt Kopp dazu. Dem setze W2EU die Forderung nach globaler Bewegungsfreiheit entgegen. Ziel sei es, »die Fluchtwege wieder zu öffnen, die Europa geschlossen hat«. Deshalb fordere W2EU auch ein Ende des Dublin-II-Abkommens: »Die Menschen sollen die Wahl haben, in welches Land sie gehen wollen.« Schließlich kämen viele nach Europa, die irgendwo Verwandte, Freunde oder Bekannte hätten, andere bevorzugen bestimmte Länder wegen der Sprache.

Rhetorische Allianz mit der EU-Kommission

Man habe gar nichts gegen Europa, sagt der Ethnologe Kaspa-rek. »Im Grunde ist es linke Europapolitik, die wir machen.« Das Schengener Prinzip der Personenfreizügigkeit – »dafür muss man sehr entschieden eintreten«. Jetzt, da verschiedene Mitgliedsstaaten angesichts der Bootsflüchtlinge auf Lam-pedusa die Grenzkontrollen wieder einführen wollen, befinde man sich »in einer merkwürdigen rhetorischen Allianz mit der EU-Kommission«. Doch die sei nicht der schlechteste Bündnis-partner: »Angesichts der rechtspopulistischen Bewegungen in vielen Ländern ist die Idee der Einigung positiv zu sehen.« Die Schließung nach außen sei dem europäischen Projekt »auch nicht per se eingeschrieben«, glaubt Kasparek, der das Migrati-onsforschernetzwerk kritnet mitbegründet hat. Allerdings sei »das Recht auf Bewegungsfreiheit sehr abstrakt formuliert«. Dieses Recht einzufordern, das sei »die Arbeit einer europäi-schen Bürgerrechtsbewegung«.

Die EU habe seit Jahren »vorgegaukelt, sie werde einen ho-mogenen europäischen Rechtsstatus für Migranten schaffen und somit ihre Grundrechte garantieren«. Doch davon könne keine Rede sein. Tatsächlich gebe es eine kaum zu überbli-ckende Fülle von Rechtssubjekten und Aufenthaltstiteln, ver-bunden mit höchst unterschiedlichen Rechten. »Wir wollen da-gegen durchsetzen, dass alle die gleichen Rechte haben.«

Dass die Debatten auf der politischen Bühne gerade in die entgegengesetzte Richtung weisen, ist auch Kasparek klar. Dennoch glaubt er nicht, dass eine Organisation wie W2EU mit ihren Anliegen auf verlorenem Posten steht: »Die Metapher der ›Festung Europa‹ suggeriert, es gibt einen großen Plan und nach dem wird etwas gebaut.« Das stimme aber nicht, sagt er: »Alles was es gibt, ist ein großes Reagieren.« Dublin II sei eine Reaktion darauf, dass Flüchtlinge sich das Recht genommen haben, öfter einen Asylantrag zu stellen. Dies gelte für alle Maßnahmen des Grenzregimes. »Die freie Bewegung der Migranten geht den Bemühungen um ihre Kontrolle immer voraus. Die Abwehrkämpfe führen nicht wir. Nur so kann man die Entwicklung verstehen«, sagt er.

Der junge Afghane aus Mazar-i-Sharif hat derweil einige Mails mit Infos über die Anerkennungschancen für Afghanen aus seiner Region in den verschiedenen EU-Ländern erhalten. »In seiner letzten Mail schrieb er, dass seine Gedanken nun klarer seien«, sagt Marion Bayer. Seine Mail endete mit »See you!«.

10 Frontex –
»Wir koordinieren nur!«

Frontex, die erfolgreichste EU-Agentur des letzten Jahrzehnts, hat die Abschottung Europas perfektioniert.

Von Jürgen Gottschlich, Istanbul

Stephan Marchl ist ein bayerischer Grenzschutzbeamter, der sich normalerweise jeden Morgen in sein Auto setzt und zum Dienst am Flughafen München fährt. Dort kontrolliert er Pässe und lässt dabei gelegentlich Passagiere, die ihm verdächtig erscheinen, von seinen Kollegen genauer untersuchen. Tägliche Routine eben, auf die Dauer auch ein bisschen langweilig. Stephan Marchl hat deshalb zugegriffen, als Grenzschutzbeamte gesucht wurden, die nach einer Zusatzausbildung einem Pool zugeordnet werden sollen, aus dem bei Bedarf Grenzschützer für internationale Einsätze ausgesucht werden. Wenn die Anfrage kommt, muss es schnell gehen. In wenigen Tagen sollen die Grenzer vor Ort sein; nicht nur als Person, sondern mit ihrer gesamten Ausrüstung, also Fahrzeugen, Funkgeräten, Wärmebildkameras und ihren Waffen. Stephan Marchl gehört damit zu einer kleinen Elite europäischer Grenzschützer: Er ist Mitglied eines »Rapid Border Intervention Teams« (RABIT), also einer schnellen Eingreiftruppe, die in besonders schwierigen Situationen in wenigen Tagen an einer beliebigen Stelle einer europäischen Außengrenze einsetzbar sein soll. RABITs bestehen aus Mitgliedern europäischer Grenzpolizeien oder paramilitärischen Grenztruppen aus allen EU-Ländern. Sie sind internationale europäische Teams, gemeinsam trainiert und auf Abruf bereit loszustarten.

Ihr erster echter Einsatz überhaupt fand im Winter 2010/2011 an der griechischen Grenze zur Türkei statt. Stephan Marchl patrouilliert gemeinsam mit einem griechischen Kollegen in einem deutschen Polizeiwagen an einem Grenzabschnitt im Dreieck Griechenland, Türkei, Bulgarien, einem Grenzabschnitt, der als das »größte Loch« in der Außengrenze der EU bezeichnet wird. Es geht um 13 Kilometer Grenze, ein flaches Stück Land, auf dem Weizen und Mais angebaut wird. Marchl deutet auf eine imaginäre Linie in den Stoppelfeldern. Dort ungefähr sei die Grenze. Es ist ruhig heute, die Sicht ist klar und deshalb ist es unwahrscheinlich, dass Flüchtlinge am helllichten Tag versuchen werden, die Grenze zu überqueren. »Doch man weiß es nie«, erzählt der Beamte aus München, »gestern kam eine ganze Gruppe auch bei schönstem Sonnenschein in die Felder gerannt. Wir mussten allerdings nicht aktiv werden, türkische Soldaten haben die Leute geschnappt, bevor sie zu uns rüberkamen.«

Stephan Marchl ist mit seinem Einsatz zufrieden. Es sei nicht nur eine willkommene Abwechslung zur Routine auf dem Flughafen, es »ist auch ein echtes Erlebnis«. Fast 200 Grenzschützer aus ganz Europa sind zur Verstärkung der griechischen Kollegen gekommen, in der Truppe herrsche ein »echter europäischer Geist«, sagt Marchl. Auch andere Teilnehmer des RABIT-Einsatzes in Griechenland bestätigen, dass Solidarität und Zusammenhalt über alle nationalen Grenzen hinweg sehr gut gewesen seien. »Ein voller Erfolg des Konzepts «, wird der Chef des Einsatzes später sagen.[1] An seinem »Arbeitsplatz« in Griechenland hat Marchl nicht nur den Einsatzort gewechselt, sondern auch seine dienstliche Identität. Er ist vorübergehend zu einem »Frontex-Mann« geworden. Frontex steht für »frontières extérieures« und ist eine europäische Grenzschutzagentur. Die geheimnisvolle Truppe ist eine der am schnellsten wachsenden EU-Institutionen, die ihr Licht – zumindest nach außen – gerne unter den Scheffel stellt und so tut, als sei sie nichts anderes als eine Dienstleistungsagentur neben vielen anderen. Kritiker sehen in Frontex dagegen das wichtigste Instrument der EU, um ihre Außengrenzen abzuschotten und

Flüchtlingen aus aller Welt den Zutritt zu Europa zu verwehren. Eine Abwehr, die häufig dramatische Folgen hat, wie nicht zuletzt an den fast 2000 toten Flüchtlingen zu sehen ist, die in diesem Frühjahr und Sommer bei dem Versuch ums Leben kamen, von Tunesien und Libyen aus die rettenden Ufer Europas zu erreichen.

Der Mann, der die Einsätze der europäischen Grenzschützer leitet, will davon jedoch nichts wissen. Klaus Rösler, ehemaliger deutscher Beamter des Bundesgrenzschutzes, ist heute Chef der Frontex-Abteilung »Operations Division« und damit so etwas wie der dritte Mann in der Hierarchie der Organisation. »Frontex«, beteuert er in einem Gespräch Ende Mai in Warschau, »koordiniert ja nur; Frontex hat ja nichts Eigenes. Frontex hat keine Truppen, keine eigene Flotte und keine Hubschrauber. Frontex koordiniert nur, was die Mitgliedsstaaten zur Verfügung stellen.« Klaus Rösler, ein energischer Mann in den Fünfzigern, war wie Stephan Marchl auch einmal am Münchner Flughafen, zuletzt als Chef des dortigen Grenzschutzes. Danach diente er in europäischen Polizeimissionen auf dem Balkan und kam 2008 dann zu Frontex nach Warschau.

Da war Frontex bereits aus der experimentellen Anfangsphase heraus und hatte seit gut zwei Jahren schon sein Hauptquartier in Warschau bezogen. Nicht gerade heimlich, immerhin weht vor dem Gebäude eine Frontex-Fahne, aber doch ziemlich unauffällig residiert die Grenzschutzagentur an einem zentralen Platz mitten im Warschauer Geschäftsviertel im 22. und 23. Stock eines Glaspalastes, der internationale Bankfilialen, die Unternehmensberatung Ernst & Young, Büros von VW, Hochtief und anderen internationalen Konzernen beherbergt. Die Lobby des Gebäudes ist ein kleines Shopping Center und deshalb frei zugänglich, erst hinter einer Kette von Drehkreuzen beginnt vor den Aufzügen der Sicherheitsbereich.

Die Anfänge von Frontex reichen bald zehn Jahre zurück. Bereits 2002 wurde innerhalb der EU-Kommission über die

Gründung einer europäischen Grenzschutztruppe diskutiert. Heraus kamen mehrere Lagezentren in verschiedenen Ländern, die für die Sammlung von Informationen über die Land-, See- und Luftgrenzen zuständig waren. Das Wichtigste war allerdings das Risikoanalysezentrum in Helsinki, in dem alle Informationen über Migrationsbewegungen gesammelt und analysiert wurden, um Schwachstellen in der Abwehr von vorhersehbaren »Migrationsströmen« festzustellen und an die betroffenen Mitgliedsländer weiterzugeben. Das Risikoanalysezentrum arbeitete schon damals – wie Frontex heute – mit dem Datenpool von Europol und dem beim Außenbeauftragten der EU angesiedelten Joint Situation Center, dem EU-Geheimdienst, zusammen. Auch andere Geheimdienste sind in den Informationsverbund mit eingeschlossen. Mit dem Start von Frontex entstand CIRAM, ein gemeinsames integriertes Risikoanalysemodell. Im Arbeitsbericht von Frontex 2005 heißt es, CIRAM sei das Herz der nachrichtendienstlich gesteuerten Tätigkeit von Frontex. Chef des Risikoanalysezentrums war der finnische Brigadegeneral Ilkka Laitinen, der dann folgerichtig auch zum Executive Director von Frontex berufen wurde und 2010 bereits seine zweite Amtszeit antrat. Offiziell gegründet wurde Frontex im Herbst 2004 auf Beschluss des Europäischen Rates, also der Regierungen der Mitgliedsländer, und nahm 2005 seine Arbeit auf.

Rechtlich bewegt Frontex sich in einem komplizierten Geflecht EU-assoziierter Institutionen, ohne selbst der EU-Kommission zu unterstehen. Formal ist Frontex eine von 35 EU-Agenturen, die zwar ihr Geld von der EU bekommen, unmittelbar verantwortlich aber nur ihrem jeweils eigenen Verwaltungsrat sind. Das bedeutet: Der Europäische Rat bestimmt den groben Rahmen, also das Mandat der Frontex-Arbeit, das Budget beschließt auf Vorschlag der Kommission das Europäische Parlament, aber die direkte Aufsicht hat der Frontex-Verwaltungsrat, in den die Kommission zwei Mitglieder entsendet, der Rest aber aus Vertretern der Schengen-Staaten und assoziierter Länder besteht. Diese Leute sind in der Regel hohe Grenzschutzbeamte oder Vertreter aus den jeweiligen Innenministerien, sodass die Grenzschutzagentur nicht von der EU-Kommission, sondern von den obersten Grenzschützern der Mitgliedsländer kontrolliert wird.

Zu Beginn, 2005, startete Frontex mit einem Budget von sechs Millionen Euro und einem Team von zwanzig Agenten. 2009 waren es schon 88 Millionen und 226 Mitarbeiter, 2010 dann bereits knapp 300 Frontex-Agenten. Die Kurve für Frontex zeigt weiterhin steil nach oben, alle Zeichen stehen auf Ausbau. Schon als im Frühjahr die ersten Flüchtlingsboote aus Tunesien auf Lampedusa und Malta landeten, erklärte EU-Kommissionspräsident Barroso, als Reaktion darauf müsse Frontex zügig ausgebaut werden. Nur so, dass ist der Subtext, der in den politischen Äußerungen der letzten Monate immer mitschwingt, kann verhindert werden, dass Europa zukünftig von afrikanischen und asiatischen Hungerleidern überschwemmt wird.

Operation Frontex

Nach außen sichtbar wurde und wird Frontex vor allem durch seine »Joint Operations« an den südlichen und südöstlichen Seegrenzen Europas. Seit 2006 koordiniert Frontex »Sea Border Joint Operations« gemeinsam mit Spanien, Italien, Malta und Griechenland. Die Operationen tragen so klangvolle Namen wie Hera, Agios, Minerva, Nautilus, Hermes oder Poseidon und dienen dazu, den jeweils betroffenen Mitgliedsländern andere europäische Grenzschützer an die Seite zu stellen, Expertise anzubieten, Daten über Migrationsrouten zu übermitteln und durch Luftaufklärung oder Satellitenüberwachung frühzeitig auf Flüchtlingsboote hinzuweisen.

Diese Einsätze waren während der letzten fünf Jahre unterschiedlich erfolgreich. Zunächst hatte Spanien mit europäischer technischer Unterstützung den Seeweg von Marokko nach Gibraltar nahezu gesperrt (siehe Kapitel 2). Das schien »erfolgreich«, doch Erfolg bedeutete in diesem Fall im Wesentlichen, dass Flüchtlinge von einer Route auf eine andere verdrängt wurden – ein Muster, das sich später bei Frontex-Operationen ständig wiederholte. Von Gibraltar wanderte die Fluchtroute zu den spanischen Enklaven in Marokko, Ceuta und Mellila, und als die Zäune dort immer höher wurden, starteten die Menschen in Fischerbooten von der afrikanischen Atlantikküste aus zu den Kanarischen Inseln. Hier startete Frontex zur Unterstützung von Spanien seinen ersten großen Einsatz auf hoher See. Je effektiver Spanien mit Frontex-Hilfe gegen die Flüchtlinge anging, umso länger wurden die Seerouten und umso mehr Flüchtlinge starben bei dem Versuch, die spanischen Inseln im Atlantik zu erreichen (siehe Kapitel 2). Danach rückte die Flucht von der tunesischen und später libyschen Küste nach Malta beziehungsweise Italien in den Fokus. Ab 2009 versuchten es dann die meisten Flüchtlinge auf dem Weg von der türkischen Küste zu den griechischen Ägäisinseln, als auch diese Route abgeschottet wurde, entstand auf einmal ein großer Druck auf die türkisch-griechische Landgrenze (siehe Kapitel 7).

Im Herbst 2010 versuchten laut Frontex 80 Prozent aller Flüchtlinge, die ohne Papiere in die EU einwandern wollten, ihr Glück an einem kleinen Grenzabschnitt im Länderdreieck Türkei-Griechenland-Bulgarien. Das war der Grund, warum der deutsche Grenzschützer Stephan Marchl im November 2010 seinen Platz im Münchener Flughafen verließ und als Frontex-Mann an der griechischen Grenze wieder auftauchte. Griechenland hatte Alarm geschlagen und Frontex schickte seine schnelle Eingreiftruppe. Innerhalb von fünf Monaten wurden die sogenannten »illegalen Grenzübertritte« auf ein Drittel reduziert.

Nach der Logik der Entwicklung der letzten fünf Jahre hätten sich die Fluchtrouten jetzt weiter nach Osten verschieben müssen. Über das Schwarze Meer von der Türkei aus nach Bulgarien und Rumänien, zum Beispiel. Doch diese Logik wurde durchbrochen durch ein weltpolitisches Ereignis, das auch die Risikoanalysten von Frontex nicht vorhergesehen hatten: der Aufstand der arabischen Völker gegen ihre Diktatoren im Frühjahr 2011. Wie unter einem Brennglas zeigte sich plötzlich, dass Grenzkontrolle nur dann wirklich effektiv ist, wenn die Herrschenden auf beiden Seiten der Grenze an einem Strang ziehen.

In den Worten von Klaus Rösler heißt das: »Wir müssen die Anrainerstaaten in die Migrationskontrolle mit einbeziehen. Migrationskontrolle kann nicht auf Grenzschutz oder Grenzkontrolle verengt werden.« Frontex spricht in diesem Zusammenhang von einem Grenzmanagement, das neben der eigentlichen Grenze auch die Kontrolle des Hinterlandes vorsieht – beispielsweise Flüchtlinge, die mit einem Touristenvisum eingereist sind und nach Ablauf des Visums nicht wieder ausreisen, im Blick zu haben –, vor allem aber eine wirksame Vorverlagerung der Grenze beinhalten muss. Der weniger sichtbare Teil der Frontex-Arbeit besteht deshalb darin, gemeinsam mit den nationalen Vertretern einzelner EU-Staaten in den Ländern, über die die Flüchtlinge in die EU kommen, Kontakte zu den dortigen Polizeistellen aufzubauen, um Flüchtlinge bereits daran zu hindern, den Weg zur Grenze anzutreten.

Politische Grenzverteidigung

Im besten Fall wird diese Arbeit durch politische Abkommen mit den jeweiligen Ländern unterstützt, die vorsehen, dass die Anrainerstaaten alle Flüchtlinge zurücknehmen, die über ihr Territorium gekommen sind und in der EU kein Asyl bekommen konnten. Diese sogenannten Rücknahmeabkommen werden von der EU zumeist mit großem politischen Druck und dem Einsatz von viel Geld erreicht. Das spektakulärste, weil unter Menschenrechtsgesichtspunkten skandalöseste Abkommen dieser Art bestand bis zum Ausbruch des Krieges mit Libyens selbsternanntem Revolutionsführer Gaddafi. Mit dem stillschweigenden Beifall Brüssels unterschrieb Italiens Ministerpräsident Berlusconi einen Vertrag mit Gaddafi, der diesem bis zu fünf Milliarden Euro zusicherte, wenn die libysche Polizei und Küstenwache verhindert, dass afrikanische Flüchtlinge von Libyen aus mit Fischerbooten nach Italien oder Malta übersetzen. Zusätzlich erhielt das Gaddafi-Regime große Beträge, um in Lagern in der libyschen Wüste Flüchtlinge festzuhalten, damit diese erst gar nicht die Küste erreichen (siehe Kapitel 6).

Ein ähnliches Abkommen existierte mit dem tunesischen Autokraten Ben Ali. Erst mit Hilfe dieser Diktatoren in Nordafrika gelang es, die Seegrenze im westlichen Mittelmeer für Flüchtlinge weitgehend zu schließen. Es ist deshalb jetzt schon klar, dass die Fluchtroute über das Mittelmeer so lange offen bleiben wird, bis die EU mit neuen, stabilen Regierungen in Tunesien und Libyen neue Abkommen zur »Abwehr von Flüchtlingen« geschlossen hat. Im Mai und Juni 2011 soll Gaddafi nach Informationen von Frontex Flüchtlinge sogar als »Waffe« gegen die Nato genutzt haben.[2] Als Antwort auf die Luftangriffe hätte das Gaddafi-Regime Flüchtlinge nicht nur nicht daran gehindert, in Richtung Italien aufzubrechen, sondern libysche Behörden sollen überladene Flüchtlingsboote geradezu gezwungen haben, in See zu stechen, um Italien und der EU möglichst viele Probleme zu bereiten.

Schon vor dem Deal mit Gaddafi hatte Italien ein ähnliches Rücküberbernahmeabkommen mit Albanien abgeschlossen. Polen hat eines mit der Ukraine, Spanien hat weitgehende Vereinbarungen mit Marokko, Mauretanien und dem Senegal. Größtes Problem der EU bei der »politischen Verteidigung« der Grenze war bis zu den Aufständen in Nordafrika die Türkei. Zwar gibt es einige Absprachen zwischen Griechenland und der Türkei, ein echtes Rücküberbernahmeabkommen hat die türkische Regierung aber bislang nicht unterschrieben, weil sie im

Gegenzug die visafreie Einreise für türkische Staatsbürger in die EU fordert. Die aber wollen insbesondere Deutschland, Frankreich und Österreich der Türkei nicht gewähren.

Frontex kann diese politischen Vereinbarungen zwar nicht ersetzen, aber Frontex sorgt für die praktische Zusammenarbeit mit der für den Grenzschutz zuständigen Polizei oder den entsprechenden Militärs in den Drittstaaten. Die EU-Grenzschutzagentur arbeitet offiziell mit allen Balkanstaaten (Albanien, Kroatien, Mazedonien, Bosnien, Montenegro und Serbien) zusammen, außerdem mit den osteuropäischen Staaten Russland, Weißrussland, Ukraine, Moldawien und Georgien sowie darüber hinaus mit den USA. Zusammenarbeit bedeutet in diesem Fall den Austausch von Informationen, die Entsendung von Beratern an Flughäfen und Grenzen und die technische Unterstützung durch Frontex. Diese Zusammenarbeit mit Drittländern soll weiter ausgebaut werden. Eine im Juni 2011 zwischen dem Rat der EU, der Kommission und dem EU-Parlament im Grundsatz vereinbarte neue Frontex-Verordnung, also ein neues, erweitertes Mandat, sieht vor, dass Frontex zukünftig nach eigenem Gutdünken Grenzschutzverbindungsbeamte in Drittländer schicken kann. Gedacht ist dabei an die westafrikanischen Länder Marokko, Mauretanien, Senegal, Kap Verde sowie Tunesien, Libyen und Ägypten. Wichtiger Wunschpartner ist und bleibt die Türkei. Zur Zeit betreiben die Finnen als bilaterales Projekt Grenzschutzberatung in Ankara, quasi als Türöffner.

Die Zusammenarbeit mit Drittstaaten, so erklärte Frontex-Direktor Ilkka Laitinen während eines Kongresses europäischer Grenzschützer in Warschau im Mai 2011, sei der Schlüssel zum Erfolg eines effektiven Grenzmanagements. Doch auch das beste Grenzmanagement – das weiß natürlich auch Frontex – kann Migration und sogenannte »illegale Einwanderung« nicht verhindern. Operations-Chef Klaus Rösler sagte dazu: »Migrationspolitik und Migrationskontrolle lässt sich nicht mit Grenzschutz lösen. Ich muss zur Kenntnis nehmen, dass ich als

Grenzschutzkoordinator die Migration, die es in der Mensch-
heitsgeschichte immer gegeben hat, nicht stoppen kann. In bestimmten Hauptrouten kann ich etwas tun, damit diese Routen
nicht missbraucht werden, aber ich kann Migration damit
nicht aufhalten.«

Abschieben und abschieben lassen

Eine der umstrittensten Aufgaben von Frontex sind Abschiebungen von Flüchtlingen in ihre tatsächlichen (oder vermeint-
lichen) Herkunftsländer. Vordergründig ist diese Tätigkeit einer pragmatischen Effizienz geschuldet. Statt dass jedes
EU-Land seine abgewiesenen Flüchtlinge für sich ausweist, er-
ledigt Frontex das für alle gemeinsam. Die Idee dafür stammt
von mehreren EU-Innenministern, unter anderem dem deutschen, und geht auf das Jahr 2006 zurück. In immer größerem
Umfang organisiert Frontex seitdem Sammelabschiebungen,
bei denen Flüchtlinge aus verschiedenen EU-Ländern zu einem
bestimmten Flughafen transportiert werden – teilweise unter
Vorspiegelung falscher Tatsachen – und dann nach Westafrika,
Südamerika, Pakistan oder in einen anderen Brennpunkt, aus
dem viele Flüchtlinge stammen, zurückgeflogen werden. Diese
Sammelabschiebungen senken nicht nur die Kosten, sie haben
auch den großen Vorteil, dass es in extra für Flüchtlingstransporte gecharterten Maschinen nicht zu Zwischenfällen kommen kann, bei denen andere Fluggäste protestieren oder Crews
sich weigern, unter Drogen gesetzte und gefesselte Flüchtlinge
zu transportieren.

Doch die Sammelabschiebungen haben nicht nur diese
»praktische« Seite. Letztlich stellen sie nur das letzte Glied einer Kette dar, mit der der Flüchtling seit seiner Festnahme an
einer EU-Außengrenze an Frontex gekettet ist. Im »Idealfall«
werden die Informationen über alle »illegalen Einwanderer«
im Schengen- Informationssystem und im EURODAC-System

gespeichert. Frontex kann auf diese Daten zugreifen und ersehen, wer einen legalen Status bekommen hat oder eben wieder abgeschoben werden soll.

Ein Teil der Daten stammt auch von Frontex selbst. Frontex hat sogenannte Erfassungsteams, die jeden Flüchtling interviewen und seine Daten abspeichern, sobald er in ein Auffanglager hinter der Grenze eingeliefert wurde. Bei diesen Interviews geht es einmal darum festzustellen, über welche Route ein Flüchtling gekommen ist, wer ihm bei seiner Flucht geholfen hat, ob er professionelle Schlepper in Anspruch genommen hat und aus welchem Grund er überhaupt geflohen ist. Die Frontex-Beamten wollen aber auch erfahren, wer genau ihnen eigentlich gegenübersitzt. Die meisten Flüchtlinge versuchen ihre Herkunft nämlich zu verschleiern, weil es dann schwieriger ist, sie wieder abzuschieben. Sie wissen, dass die EU Schutz gewährt, wenn jemand aus einem Bürgerkriegsland wie Somalia geflohen ist und auch Palästinenser beispielsweise nicht zurückgeschickt werden. Viele afrikanische Flüchtlinge behaupten daher, sie kämen aus Somalia, Araber sind dann eben in der Regel Palästinenser. Die Frontex-Experten sollen genau diesen Schleier lüften und haben deshalb Leute, die sich mit den Flüchtlingen in ihren Herkunftssprachen unterhalten können, die diverse Dialekte kennen und auch über die Geographie und soziale Situation vor Ort informiert sind. Am Ende des Interviews stellt Frontex eine Identität fest – auch auf die Gefahr hin, dass sie womöglich doch falsch ist.

Pro Aysl hat beispielsweise darauf hingewiesen, dass Flüchtlinge in griechischen Auffanglagern von Frontex-Experten gern zu Irakern oder Iranern erklärt werden. Das hat damit zu tun, dass in den bilateralen Vereinbarungen zwischen Griechenland und der Türkei festgelegt ist, dass die Türkei solche Flüchtlinge zurücknimmt, die aus einem ihrer südöstlichen Nachbarstaaten stammen. Sie werden dann von der Türkei an die irakische oder iranische Grenze transportiert und dort gezwungen zurückzulaufen. Für die Rückgabe der Flüchtlinge an die Türkei sind dann allerdings nicht Frontex-Leute zuständig, sondern die griechischen Behörden. Deshalb kann Frontex auch behaupten, keine Flüchtlinge direkt aus den Flüchtlingslagern wieder abzuschieben. Es gehe ihnen vielmehr darum, die Leute zu registrieren, damit sie wenigstens irgendwo als offiziell existent gelten. Das sei quasi auch ein Schutz, gegen Mädchenhändler beispielsweise.

Eine europäische Grenzpolizei?

Die Einsicht, dass Migration letztlich polizeilich nicht zu stoppen ist, hindert die Grenzschützer von Frontex nicht daran, den vergeblichen Versuch der Migrationskontrolle weiter zu perfektionieren. Das spektakulärste Instrument sind die »Rapid Border Intervention Teams« (RABITs), zu denen europaweit Grenzschützer wie Stephan Marchl gehören. Auf dem Kongress der europäischen Grenzschützer in Warschau im Mai 2011 wurde der erste echte Einsatz eines RABIT an der griechisch-türkischen Grenze ausführlich diskutiert und gewürdigt. Für Frontex war der Einsatz ein voller Erfolg, hauptsächlich deshalb, weil der gesamte Ablauf des Einsatzes so gelaufen ist wie geplant. Dazu gehörte, dass alle 26 EU-Staaten Personal und Material (Fahrzeuge, Wärmebildkameras, Hubschrauber) in der vorgesehenen Frist von wenigen Tagen zur Verfügung stellten und der Einsatz deshalb nur eine Woche, nachdem die politische Entscheidung gefallen war, tatsächlich auch beginnen konnte. Frontex ist stolz, dass sie dafür mit einem erheblichen logistischen Aufwand »Mann und Material« nahezu störungsfrei an die griechische Grenze bringen konnten. Etliche Frontex-Leute mussten dazu bewaffnet durch mehrere europäische Staaten reisen, bevor sie nach Griechenland kamen.

Auch die Zusammenarbeit mit den griechischen Kollegen vor Ort lief nach offiziellen Aussagen aller Beteiligten reibungslos. Rechtlich unterstanden die Frontex-Grenzer zwar den griechischen Behörden, Grenzstreifen bestanden deshalb immer aus gemischten Teams von griechischer Grenzpolizei und Frontex-Beamten, aber mit rund 200 Mann an einem relativ kurzen Grenzabschnitt hatte Frontex doch erheblichen Einfluss auf das Geschehen. Und schließlich war der Einsatz auch erfolgreich, da die Anzahl der »illegalen Grenzübertritte« nach Angaben der griechischen Behörden »signifikant gesenkt werden« konnte.

Angesichts des Aufwandes, den Frontex mit seinen mobilen Teams treibt, stellt sich natürlich die Frage, ob die Rapid Border Intervention Teams so etwas wie der Kern einer neuen, zukünftigen europäischen Grenzpolizei sein sollen. Operations-Chef Klaus Rösler verneint das. Eine europäische Grenzpolizei sei – zumindest in absehbarer Zeit – nicht durchsetzbar, weil das bedeuten würde, dass nationale Kompetenzen und Eingriffsrechte an Europa abgetreten werden müssten. »Die Wahrung der territorialen Integrität und die Wahrnehmung der nationalen Rechtsordnung durch Grenzkontrollen« sei aber ein wichtiger Bestandteil der nationalen Souveränität, weshalb die Mitgliedsstaaten sie »nicht an Europa abgeben wollen«. Das ist formal sicher richtig, doch unterhalb dieser Ebene von offiziellem Souveränitätsverzicht geht die Tendenz eindeutig in Richtung eines Ausbaus von Frontex und einer Angleichung und Harmonisierung des europäischen Grenzschutzes, der ebenfalls von Frontex betrieben wird.

In der bereits erwähnten (und zur Zeit dem Europäischen Rat und somit den Innenministern der EU-Länder vorliegenden) neuen Frontex-Verordnung wird zudem die Zuständigkeit von Frontex in Bezug auf eigene Kontakte zu Drittstaaten erweitert. Außerdem wird darin auch festgelegt, dass Frontex zukünftig nicht mehr nur Einsatzmittel von Mitgliedsstaaten koordinieren, sondern selbst »Einsatzmittel«, also Schiffe, Hubschrauber und Fahrzeuge bekommen soll, um noch flexibler auf »Notsituationen« an den Grenzen reagieren zu können. Schon jetzt »koordiniert« Frontex 26 Hubschrauber, 22 Leichtflugzeuge und 113 Schiffe. In dem Pool technischer Geräte, die die Mitgliedsstaaten Frontex zur Verfügung stellen, sind außerdem 476 technische Geräte registriert, von mobilen Radargeräten über Wärmekameras, Sonden zur Messung des Kohlendioxidausstoßes bis hin zu Herzschlagdetektoren. Die Mittel, die Frontex bereits jetzt für die Koordination von Einsätzen mobilisieren kann, sind beträchtlich. So wurden allein 2009 für die Operation Poseidon in der Ägäis zusätzlich zu den griechischen Patrouillenbooten 23 Schiffe aus anderen Mitgliedsstaaten herbeigeschafft, außerdem sechs Flugzeuge und vier Hubschrauber.

Grundlage des erweiterten zukünftigen Frontex-Mandates ist es, dass der allergrößte Teil der Innenminister und Regierungen der EU insgesamt die Arbeit von Frontex sehr positiv beurteilen. Auch die Mehrheit im Europäischen Parlament ist für einen zügigen Ausbau von Frontex. Rösler sagt dazu nicht ohne stolz: »Auf europäischer Ebene nehme ich mit einem gewissen Selbstbewusstsein zur Kenntnis, dass Frontex sich in den sechs Jahren seiner Existenz zu einer operativen Koordinationsbehörde entwickelt hat, die offensichtlich auch ziemlich zügig einsetzbar ist. Das ist der Grund, warum Frontex immer häufiger genannt wird, wenn es um die Lösung eines Problems an den Außengrenzen geht.«

Ist die neue Frontex-Verordnung im Herbst 2011 endgültig verabschiedet, wird Frontex als Apparat erheblich zulegen, wird mit eigenen Leuten bald weltweit vertreten sein, über eigene Einsatzmittel verfügen und auf einen immer größer werdenden Pool von Grenzschützern aus allen EU-Staaten zurückgreifen können; 2010 waren es 700, die von Frontex geschult und ausgebildet wurden. Außerdem liefert Frontex den Mitgliedsstaaten die Risikoanalysen, auf deren Grundlage diese ihre Grenzschutzaktivitäten koordinieren. Das ist dann zwar formal noch keine europäische Grenzschutzpolizei – aber unterhalb dieser Ebene ist es ein mächtiger Apparat, der fast unbemerkt von der europäischen Öffentlichkeit entsteht.

Frontex und die Menschenrechte

»Am 18. Juni 2009 konnte erstmals in der Geschichte eines Frontex-Einsatzes festgestellt werden, wie Flüchtlinge auf hoher See im zentralen Mittelmeer abgefangen und direkt nach Libyen zurückgeschickt wurden. Ein deutscher Puma-Hubschrauber, der Teil der Joint Operation Nautilus war, gab die Koordinaten eines Flüchtlingsbootes, auf dem sich 75 Migranten befanden, 29 Meilen südlich von Lampedusa an die italienische Küstenwache weiter. Die italienische Küstenwache übergab die Migranten direkt an ein libysches Patrouillenboot, das die Flüchtlinge wieder nach Tripolis brachte. Dort wurden sie einer libyschen Militäreinheit übergeben.«[3]

Das Zitat stammt aus einem Bericht von Human Rights Watch und beschreibt einen Vorfall, der so nie hätte passieren dürfen, denn er ist ein klarer Verstoß gegen die Genfer Flüchtlingskonvention und die europäische Grundrechte-Charta. Nach beiden Konventionen dürfen schutzbedürftige Flüchtlinge nicht zurückgewiesen werden, und im Vertrag von Lissabon wurde die Charta der Grundrechte für die EU und ihre Organisationen, also auch für Frontex, für bindend erklärt. Zu dem konkreten Vorfall erklärte damals der stellvertretende Direktor Gil Arias Fernández, Frontex habe nicht die Möglichkeit zu überprüfen, ob Flüchtlinge in Libyen Asyl beantragen können und ihre Menschenrechte respektiert werden.[4]

Mittlerweile gibt es eine ganze Reihe weiterer Berichte, die an der Einhaltung menschenrechtlicher Grundsätze bei von Frontex koordinierten Einsätzen starke Zweifel aufkommen lassen. So berichtete Pro Asyl mehrfach von grob gesetzwidrigem Verhalten griechischer Marinepatrouillen im Rahmen der Frontex-Operation Poseidon in der Ägäis: »Flüchtlinge werden, obwohl sie sich bereits in griechischen Gewässern befinden oder sogar die Küste erreicht haben, in türkische Gewässer zurückgefahren. Ihre Schlauchboote werden beschädigt, damit sie bestenfalls die türkische Küste erreichen können«, schreibt Pro Asyl nach umfassenden Recherchen in den Jahren 2007 und 2008.[5] Die Küstenwache würde Flüchtlinge auch auf sogenannten »dry islands« – unbewohnten Inseln – aussetzen und Neuankömmlinge mit Foltermethoden wie Scheinhinrichtungen, Elektroschockern oder dem Eintauchen des Kopfes in einen Wassereimer misshandeln. Kleine Flüchtlingsboote würden mit den eigenen Booten umkreist und durch die entstehenden Wellenbewegungen zum Umkehren gedrängt. »Bei diesen Manövern werden Tote in Kauf genommen«, so Pro Asyl. Auch von der griechisch-türkischen Landgrenze gab es Berichte, nach denen Flüchtlinge von griechischen Grenzern über die Demarkationslinie zurückgetrieben wurden – selbst auf die Gefahr hin, in vermintes Gelände abgedrängt zu werden.[6] Zu allen diesen Berichten nimmt Frontex bislang entweder gar nicht oder nur ausweichend Stellung. Das sei »Zuständigkeit der Mitgliedsländer«. Klaus Rösler sagte dazu im Mai 2011: »In von Frontex koordinierten Einsätzen muss darauf geachtet werden, dass Schutzersuchen von Flüchtlingen als solche erkannt, aufgenommen und an die zuständigen nationalen Behörden weitergeleitet werden. Wenn an der Grenze ›Asyl‹ gesagt wird und Frontex bekommt davon Kenntnis, dann muss dafür gesorgt werden, dass dieses Verlangen auch ernst genommen wird. Alles andere liegt aber in der jeweiligen nationalen Verantwortung. Wir können Verbesserungen vorschlagen, aber irgendwo ist das Mandat von Frontex dann auch begrenzt.«

Das hört sich erst einmal gut an, der Alltag sieht aber doch ganz anders aus. Für Griechenland, Italien oder Spanien geht es nicht darum, an der Grenze mögliche schutzbedürftige Flüchtlinge unter den sogenannten »illegalen Migranten« zu erkennen und auszusondern. Es geht schlicht darum, möglichst viele Flüchtlinge daran zu hindern, griechischen, italienischen oder spanischen Boden zu betreten. Dass dabei oft jenseits der Gesetze oder der Genfer Flüchtlingskonvention gehandelt wird, hat auch damit zu tun, dass die europäische

Solidarität zwar ausreicht, um über Frontex zusätzliche Grenz-schützer zur Verfügung zu stellen, aber nicht so weit geht, Ländern wie Griechenland oder Italien eine angemessene Zahl an Flüchtlingen abzunehmen. Im Gegenteil: Dublin II benachteiligt diese EU-Grenzstaaten zusätzlich und bevorzugt mitteleuropäische Länder wie Deutschland, Frankreich, Holland und die Beneluxländer, die überhaupt keine europäische Außengrenze mehr haben. In Deutschland können Flüchtlinge praktisch nur noch auf dem Flughafen ankommen, ohne vorher ein anderes EU-Land durchquert zu haben. Da die zentralen EU-Länder sich so weitgehend perfekt abgeschottet haben, wäre es deshalb schon arg heuchlerisch, Frontex nun dazu anzuhalten, menschenrechtlich einwandfreie Verfahren in den südlichen EU-Staaten durchzusetzen. Tatsächlich wird Frontex von allen EU-Staaten bezahlt, um die von Flüchtlingen am meisten betroffenen Mitgliedsstaaten zu entlasten.

Das wird an der Art, wie Frontex seine Aufgaben wahrnimmt, auch deutlich. Expertenteams befragen die Flüchtlinge in den Lagern in Griechenland, Italien oder Spanien nach Fluchtrouten und Schlepperorganisationen, außerdem ist es ihre Aufgabe, die tatsächlichen Identitäten der Flüchtlinge aufzudecken, um sie gegebenenfalls zurückschicken zu können. Für die Art der Unterbringung der Flüchtlinge in den Lagern ist Frontex aber nicht zuständig. Egal, ob die Scheiße im wahrsten Sinne des Wortes knöchelhoch in den unzulänglichen Sanitäranlagen steht oder ob Minderjährige, die ohne Begleitung von Erwachsenen unterwegs sind, genauso rücksichtslos behandelt werden wie alle anderen – es ist nicht Sache von Frontex, sich darum zu kümmern. »Wir weisen die Verantwortlichen der Mitgliedsstaaten auf solche Missstände hin«, sagt Klaus Rösler, »wir haben aber keine rechtliche Handhabe, daran etwas zu ändern.«

Die Rechtslage ist überhaupt eine der undurchsichtigsten Seiten von Frontex. In einer Studie der NGO migreurop, die von drei grünen Europaabgeordneten – darunter Barbara Lochbihler, vormals Generalsekretärin der deutschen Sektion von Amnesty International – herausgegeben wurde, werden verschiedene Fälle aufgezählt, die eine völlig unklare Rechtsgrundlage für Frontex-Grenzschützer offenlegt.[7]

So ist zum Beispiel völlig unklar was passiert, wenn ein Frontex-Beamter bei einem Einsatz in internationalen Gewässern auf einen Migranten schießt. Ist in einem solchen Fall der Beamte den Rechtsorganen seines Heimatlandes verantwortlich (beispielsweise Deutschland), der Staatsanwaltschaft des Einsatzlandes (beispielsweise Griechenland) oder den Direktoren von Frontex? Wer nimmt ihm die Waffe ab und wer ist sein Richter? In der migreurop-Studie wird das Dilemma wie folgt beschrieben: »Mal agiert Frontex als Kooperationsorgan, bei dem die Verantwortung für die Überwachung der Grenzen bei den Mitgliedsstaaten liegt, mal als Integrationsorgan. Mit Rechtspersönlichkeit ausgestattet, selbstständig gegenüber EU und den Mitgliedsstaaten, ist sie gleichzeitig an die Institutionen der EU gebunden und steht unter ihrer Kontrolle. Die bestehende Unklarheit zwischen Unabhängigkeit und Kontrolle führt zu einer Durchmischung der Verantwortlichkeiten. Eine politische Entscheidung erweist sich als unumgänglich: Entweder ist Frontex ein zwischenstaatliches Instrument und die Staaten sind für ihre Handlungen verantwortlich, oder es handelt sich um eine internationale Agentur, die unabhängig von den Staaten für sich selbst Rechnung trägt.«

Die ständige Ausweitung der Frontex-Befugnisse, der immer größer werdende Etat und die faktische Macht dieser Agentur legt nahe, dass Frontex de facto längst eine unabhängige internationale Agentur ist, deren Kontrolle jedoch unzureichend und deren rechtsstaatliche Anbindung unklar ist. Diese Situation hat dazu geführt, dass die menschenrechtliche Kritik an Frontex zu zwei jeweils ganz unterschiedlichen Forderungen geführt hat. Tom Koenigs, grüner Abgeordneter im Bundestag und Vorsitzender des Menschenrechtsausschusses des Parlaments, ist der Meinung, dass das Mandat von Frontex so ausgeweitet werden muss, dass die Agentur auch für die

Konsequenzen ihrer Arbeit verantwortlich ist. Frontex sollte sich bei der Frage, wie Flüchtlinge nach ihrer Festnahme an der Grenze behandelt werden, nicht auf die Zuständigkeit der nationalen Behörden zurückziehen können. Vielmehr sollte Frontex europäische Standards setzen und insgesamt dafür sorgen, dass Grundrechte und Menschenrechtskonventionen durchgesetzt werden. Um das zu erreichen, schreiben die Autoren der migreurop-Studie, reiche es aber nicht, dass in der jetzt diskutierten neuen Frontex-Verordnung stehen soll, dass Frontex immer und an jedem Ort an die Grundrechte gebunden ist. »Es muss auch über gesetzliche Mittel und demokratische Garantien verfügt werden.« Als wichtigste Forderungen werden genannt:

- Eine klare Verteilung der Verantwortung zwischen Frontex und den Mitgliedsstaaten. Frontex muss die volle Verantwortung für alle Handlungen während der von ihr koordinierten Aktionen übernehmen.
- Alle Frontex-Aktionen müssen in voller Übereinstimmung mit der EU-Richtlinie im Bereich Asyl stattfinden.
- Es muss unabhängige Überwachungsverfahren während der durch Frontex koordinierten Aktionen geben.
- Frontex muss verpflichtet werden, vor jeder Verhandlungseröffnung mit einem Drittstaat das Europäische Parlament zu konsultieren.

Die Vorschläge, die die EU-Kommission für die neue Frontex-Verordnung bislang gemacht hat, erfüllen diese Anforderungen nicht. »Ohne erneute Hinterfragung der Ziele der Agentur und der Sicht dieser Ziele im Verhältnis zu der Gefahr, die die Agentur für Rechtsverletzungen darstellt, muss man sich fragen, ob die Agentur selbst mit den Menschenrechten vereinbar ist«, ist das Fazit der Studie der Grünen im Europaparlament.

Genau diese Frage stellen sich Kritiker aus dem außerparlamentarischen Raum und kommen dabei zu einem ganz anderen Ergebnis: Frontex sei unter Menschenrechtsgesichtspunkten nicht reformierbar, sondern gehöre abgeschafft. Frontex, so formulieren es Kritiker von frontexwatch, »erweckt ja kein Unbehagen wegen juristischer Feinheiten. Die Agentur provoziert Ablehnung, weil sie die militärische Abschirmung der Grenzen perfektioniert und so noch mehr Menschen in den Tod treibt; weil sie ins Geschäft mit gewaltsamen Abschiebungen eingestiegen ist und weil sie mitbaut am supranationalen Überwachungsstaat. Selbst wenn Frontex die Genfer Konvention achten würde und parlamentarisch kontrolliert wäre, solange die Agentur immer noch ihre Aufgabe erfüllt, wäre sie wie ein umweltfreundlicher Panzer: schön, dass er weniger Abgase ausstößt, aber immer noch für den Krieg und das Morden zu gebrauchen.«[8]

11 Überwachung aus dem All

Mit Millionenaufwand rüstet die EU Frontex auch im Weltraum auf.

Von Christian Jakob, Bremen

Manfred Fuchs ist ein erfolgreicher Mann. Multimillionär, Honorarkonsul, mehrfacher Honorarprofessor, international dekorierter Wissenschaftler. Sein Weg an die Spitze startete spät, aber dafür umso schneller. 1985, Fuchs war da schon 47, übernahmen der Raumfahrtingenieur und seine Frau eine kleine, weitgehend unbekannte Firma für Hydraulikgeräte in Bremen. Bis zur Jahrtausendwende hatten sie daraus einen der weltweit führenden Satellitenbauer gemacht. Fuchs' Radarsatelliten blicken durch geschlossene Wolkendecken, sie machen in tiefer Nacht scharfe Bilder von Orten am anderen Ende der Welt. Die Innovationskraft der OHB AG war für die Bundeswehr ein entscheidender Schritt auf dem Weg dahin, eigenständig Kriege führen zu können, ohne – wie noch im Kosovokrieg – auf die Aufklärung der USA angewiesen zu sein.

Im Juni 2009 gab Herr Fuchs der taz ein Interview. Seit Jahren hatten da schon Friedensgruppen in der Stadt gegen die Geschäfte der OHG AG mit dem Militär protestiert. Nun erhoben sie zusätzlich den Vorwurf, dass auch Frontex künftig von den superschlauen Kameras profitieren wollte, mit denen die OHB-Satelliten die Welt ausspähen. »Das tut niemand, glaube ich«, sagte Fuchs auf die Frage, ob Aufklärungssatelliten auch zur Abwehr von Flüchtlingen benutzt werden sollen. Die Interviewerin wies ihn darauf hin, dass schon vor einem guten Jahrzehnt ein eigenes, millionenschweres EU-Projekt namens

GMES zur Vorbereitung unter anderem dieser Form der Satellitennutzung aufgelegt wurde. Und dass Frontex vielerorts vor allem dafür bekannt war, Flüchtlingsboote zu jagen und zurückzudrängen. »Das fände ich unmoralisch«, sagte Fuchs. »Da bin ich dagegen. Ich verstehe auch nicht, dass Leute, die nach Europa wollen, abgewehrt werden – wir brauchen doch Leute. Wir sollten eher einladen, statt uns abzuschotten. Ich persönlich würde die Satelliten zum Retten einsetzen und die Boote alle einsammeln.«[1]

Zwei Jahre später, im Mai 2011, strahlte Radio Bremen eine »Tatort«-Folge namens »Der illegale Tod« aus. Der Drehbuchautor mochte Frontex nicht besonders, die Kommissarin ließ er sagen, dass der Name der Agentur »wie ein Insektenvernichtungsmittel« klinge. Sein Krimi handelte von einer jungen afrikanischen Frau, die an die Weser gekommen war, um sich an drei Wasserschutzpolizisten zu rächen, die bei einem Frontex-Einsatz vor Lampedusa ihr Kind ertrinken ließen. Nur schwach verfremdet kam auch Fuchs' Unternehmen in dem Streifen vor: In einer mafiösen Intrige mit finsteren Gestalten aus der Frontex-Zentrale richteten die Satellitenbauer ihre Weltraumaugen, die gerade noch im Mittelmeer nach einzelnen Schlauchbooten gesucht hatten, mal eben auf einen Hafenschuppen an der Weser, wo die Afrikanerin vermutet wurde – und konnten sie dort unter einer Plane entdecken. Mit der Wirklichkeit hatte dies genauso wenig zu tun wie die Vision von Manfred Fuchs, Europa solle »einladen statt sich abzuschotten«. »Das war maßlos übertrieben«, sagt Malte Lühmann von der Informationsstelle Militarisierung (IMI) in Tübingen, die sich seit Jahren mit der Aufrüstung im All befasst. »Dass da jemand an einer Bodenstation sitzt und direkt zuschaut, was gerade so auf der Erde passiert, ist Science-Fiction.« Derzeit laufe die Zusammenarbeit in der Regel so, dass Frontex sich bei Bedarf an das EU-Satellitenzentrum (EUSC) in Torrejón bei Madrid wende. Das beschaffe dann die gewünschten Bilder – entweder bei öffentlichen Stellen wie der Europäischen Raumfahrtagentur

ESA oder bei verschiedenen privaten Satellitenbetreibern wie dem Raumfahrtkonzern EADS. Aus den übermittelten Daten erstelle das EUSC dann Karten für Frontex. »Es ist schwierig einzuschätzen, wie schnell die dabei sind«, sagt Lühmann, vermutlich liege die Reaktionszeit bei zehn bis 24 Stunden. »Es geht dabei weniger darum, dass man einzelne Boote finden will.« Hierfür gebe es Drohnen und Aufklärungsflugzeuge. »Aber für die strategische Planung der Einsätze machen solche Daten Sinn«, glaubt Lühmann.

Bereits 2006 hatte das EUSC nach eigenen Angaben Frontex erstmals »gebrieft«, um an Westafrikas Küste Orte zu identifizieren, an denen Schiffe gebaut wurden. Damals starteten von dort Boote zu den Kanarischen Inseln. So sollte »Infrastruktur erkannt werden, die mit illegaler Einwanderung verbunden ist«, so die EUSC. Weil dies offenbar zur Zufriedenheit beider Seiten verlief, demonstrierte die EUSC Frontex auch gleich noch ihre Fähigkeiten bei der »Schiff-Erkennung mit Hilfe der optischen Satelliten und Bildern von großen Flächen auf dem Meer«.[2]

Bei EUSC handelt es sich – ebenso wie bei Frontex selbst – um eine Agentur der EU. Doch auch die Privatwirtschaft diente sich den Grenzschützern in Sachen Weltraumaufklärung an. 2008 hatte Telespazio, der Satellitenableger des italienischen Finmeccanica-Konzerns, in einem Feldversuch 34 Tage lang Aufklärungsdaten für die Frontex-Operation Nautilus im Mittelmeer geliefert. Im Rahmen des von der EU geförderten LIMES-Programms wurde an jedem dieser 34 Tage mit zwei Stunden Verzögerung ein Lagebild erstellt, das rund 290 000 Quadratkilometer abdeckte. 642 Schiffe wurden »geortet«. Seither gilt das System als geeignet, sowohl Schifffahrtswege zu protokollieren als auch bewohnte und unbewohnte Gebiete zu scannen und »Aufklärungsmissionen« zu planen.

Tatsächlich gibt es bereits eine Vielzahl von Satelliten, auf die die EU bei ihren Bemühungen um eine bessere »Erdfernerkundung« zurückgreifen kann. Doch diese sind teils in privater, teils in öffentlicher Hand, teils militärisch, teils zivil – und technologisch auf sehr unterschiedlichem Niveau. Ebenso unterschiedlich sind die Bedürfnisse und Begehrlichkeiten: Neben Militärs, Geheimdiensten und Grenzschützern wollen auch Wetterforscher, Meeresbiologen, Reeder, Spediteure und viele mehr immer bessere Bilder aus dem All. Um möglichst allen gerecht zu werden, rief die EU schon Ende der neunziger Jahre ein ambitioniertes Projekt ins Leben: das »Global Monitoring for Environment and Safety«, kurz GMES. Frontex ist seit einigen Jahren an dem Projekt beteiligt.

Europa als Weltraummacht

Das Ziel von GMES ist es, nach einer Bedarfs- und Bestandsaufnahme alle europäischen Kapazitäten unter eine zentrale Koordination zu stellen und die verbliebenen Lücken durch den Bau neuer Satelliten zu schließen. Neben Landüberwachung, Katastrophen- und Krisenmanagement, Sicherheit, Überwachung der Meeresumwelt oder der Anpassung an den Klimawandel und Abschwächung seiner Folgen soll es dabei auch um Migrationskontrolle gehen. Unter den »Sicherheitsanwendungen« ist die Grenzüberwachung ein »Schwerpunktbereich«, heißt es in der Selbstdarstellung des Projekts.[3] Wichtigstes Ziel dabei sei, »die Zahl der illegalen Einwanderer, die unentdeckt in die EU einreisen, zu reduzieren«. So soll auch die »Todesrate illegaler Einwanderer« gesenkt werden, weil sich »mehr Menschenleben auf See retten« lassen. Das angestrebte »Migration and Border Monitoring« verfolge dabei einen »integrierten Ansatz«: Herkunfts- und Zielländer, Langstrecken und Charakterisierung der Bevölkerungsbewegungen (Flüchtlinge, Terroristen oder Milizen, Bewegungen, Schmuggel, militärisch bedeutsame Frachten oder Waffen) – all dies soll dabei ausgespäht werden. Besonderes Augenmerk soll auf »Grenzübergangsaktivitäten« und auf »militärische Aktivitäten in angrenzenden Gebieten« gerichtet werden.

Im vergangenen Jahrzehnt hat GMES definiert, welche Art von Satelliten noch fehlt, um möglichst alle europäischen Anforderungen erfüllen zu können. Das Ergebnis: In den nächsten Jahren werden mindestens sechs neue Satelliten der »Sentinel«-Reihe (zu Deutsch: Wache) ins All geschossen. Die Radarsatelliten, an deren Bau neben EADS-Astrium auch OHB beteiligt ist, sollen der ESA unterstehen und die schon im Orbit befindlichen europäischen Satelliten ergänzen. Auf diese Weise will GMES ab 2014 aus einer Hand vor allem staatlichen, aber auch privaten Akteuren Erdfernerkundungsdaten anbieten.

Am Boden ist derweil ein Wettbewerb darüber im Gang, wo die GMES-Infrastruktur angesiedelt werden soll. In Bremen etwa haben sich die lokalen Rüstungs- und Raumfahrtindustrie zusammengeschlossen, um die Stadt als »Kompetenzcluster für Maritime Sicherheit und Überwachung« zu etablieren. Mit dabei sind neben OHB auch die Rüstungskonzerne EADS-Astrium, Rheinmetall Defence Electronic und STN Atlas. Die Sicherheit der Meere sei Zukunftsthema und Bremen »dabei eins der Zentren«, sagt Wirtschaftsstaatsrat Heiner Heseler. Die vereinbarte Zusammenarbeit soll Synergien bringen – und Subventionen. Schließlich ist GMES nicht nur ein Vernetzungsprojekt, sondern »auch eine industriepolitische Initiative mit dem Ziel, die eigene Raumfahrtindustrie durch staatliche Investitionen zu stärken«, so der Mitarbeiter der Informationsstelle Militarisierung, Malte Lühmann.[4] Der frühere EU-Kommissar Günter Verheugen drückte es so aus: »Mit diesem Projekt meldet sich Europa als Weltraummacht an.«

EUROSUR – sammeln und auswerten

»Die Hauptfrage war: Wie kommen wir an Geld aus Brüssel und Berlin?«, sagt denn auch der Projektleiter Kai Stührenberg. Schließlich waren Bremer Firmen am Aufbau von GMES maßgeblich beteiligt. »Wir wollen eine Zentrale des GMES-Betriebs werden«, sagt Heseler. Seit langem verhandle man mit der EU, der Kompetenzcluster soll neue Argumente liefern. Seit Jahren wurden mit öffentlichen Geldern im Umfeld der Bremer Universität und Hochschule gleich mehrere Firmen gegründet, die das kleine Bundesland zum GMES-Standort machen sollen.

Das blieb nicht ohne Widerspruch. Aus den Reihen Bremer Wissenschaftler bildete sich eine »Initiative Ziviles Bremen«, die einen Appell gegen die Verquickung von Sicherheits- und Umweltthemen formulierte: »Es gibt viele gute Gründe für satellitengestützte Forschung. Wir brauchen Erdbeobachtungsdaten, um den Klimawandel zu begreifen, vor Unwettern zu warnen, oder zum Beispiel zur Aufdeckung der illegalen Verklappung von Öl und anderen Giftstoffen auf hoher See, und in vielen anderen Bereichen. Kurz: Wir begrüßen die Beobachtung der Erde zur Rettung der Erde, die Beobachtung der Meere zur Rettung der Meere. Aber: Wir lehnen die Beobachtung der Erde und der Meere ab, wenn sie der Abwehr von Menschen dient, die sich retten wollen – und zwar gerade auch zunehmend vor eben diesen Umweltkatastrophen, Folgen des Klimawandels sowie Ressourcenkriegen.«

Hunderte Unterzeichner fanden sich – die EU zeigte sich allerdings unbeeindruckt. 2014 soll GMES seine volle Kapazität erreichen. Das wäre eine Punktlandung, denn in genau jenem Jahr soll auch das European Border Surveillance System, kurz EUROSUR starten. Laut einem Beschluss der EU-Kommission soll dies die bestehenden Grenzüberwachungstechnologien vernetzen. Zentrale von EUROSUR soll das Frontex-Hauptquartier in Warschau werden – letztlich dürfte es sich um die Vorstufe einer vollständig multinationalen EU-Grenzschutzbehörde handeln.

Vor allem soll EUROSUR Technologien wie Satelliten, Drohnen und Radar bündeln. GMES geht davon aus, dass es mit der »Überwachung und Kartierung der Grenzgebiete« in EURO-

SUR integriert wird. Die Bundeswehr-Universität in München hat bereits erforscht, wie sich dafür die schon bestehenden, nationalen Überwachungssysteme mit Frontex harmonisieren lassen.

In der zweiten Phase sollen nicht nur alle Ein- und Ausreisen zentral erfasst werden. Nach dem Willen der EU-Kommission sollen sich die Aufklärungsaktivitäten von EUROSUR zusätzlich auf die sogenannte »Fre-Frontier-Area« erstrecken. Unter anderem auf Basis der GMES-Dienste sollen dann standardmäßig auch Gebiete außerhalb Europas überwacht werden. Das dabei entstehende Lagebild hat die EU-Kommission CPIP getauft: »common pre-frontier intelligence picture«. Selbst aus weit entfernten Transitstaaten, »durch welche Immigrationsrouten führen«, sollen alle verfügbaren Daten gesammelt werden. »Bilder, Signale, mündliche Informationen und Sensormessungen der Mitgliedsstaaten« sollen EUROSUR und Frontex dann in Warschau computergestützt auswerten und »in einer einheitlichen und verständlichen Weise« aufbereiten, so ein Beschluss der EU-Kommission.[5] Im Fall plötzlich ausbrechender Bürgerkriege hofft man so gewarnt zu sein, um frühzeitig Abwehrmaßnahmen gegen Flüchtlinge ergreifen zu können.

Die Moralvorstellungen des Satellitenbauers Manfred Fuchs werden von der EU-Kommission offensichtlich nicht geteilt.

12 Frontex abschaffen!

Ein Plädoyer für das Ende einer militarisierten Grenzüberwachung.

Von Bernd Kasparek, München

Die Geschichte der europäischen Grenzschutzagentur ist die eines Erfolges, den es fortzusetzen gilt. So sehen es zumindest Europäische Kommission, Rat, Parlament und auch die Mitgliedsstaaten. Im Juni 2011 verständigten sie sich auf ein erweitertes Mandat für die Agentur. Nun wird Frontex nebenbei zu einer EU-Abschiebeagentur ausgebaut, die in eigens angeschafften Flugzeugen Massenabschiebungen durchführen wird. Schwerer wiegt jedoch, dass die Agentur nach der Verabschiedung des neuen Mandats eine ungleich zentralere Rolle im europäischen Grenzschutz einnehmen soll. Sie wird über eigene Ausrüstung verfügen, einen privilegierten Zugriff auf Kontingente von Grenzschützern aus den Mitgliedsstaaten haben, einen verstärkten Einfluss auf die konkrete Ausgestaltung von Grenzschutz-Operationen ausüben und im Rahmen der eigenen Risikoanalyse zusätzlich auch die Kapazitäten der nationalen Grenzschutzeinheiten evaluieren.

Damit wird Frontex – also die EU-Agentur, die seit ihrer Schaffung 2004 beharrlich in der Kritik von NGOs und migrationspolitischen AktivistInnen steht – konsequent ausgebaut. Nur wenige Änderungen des Mandats gehen auf die Kritiken ein. So soll es nun erstmals explizite Datenschutzregeln geben, die auch die Weitergabe von Personendaten regeln. Im Gegenzug wird jedoch erstmals die Möglichkeit eines Datenaustausches mit Europol und weiteren Polizeiorganen möglich. Zudem soll Frontex den Posten eines Menschenrechtsbeauftragten schaffen und ein Beratungsgremium zu Menschenrechtsfragen erhalten. Damit reagiert die EU auf die häufig geäußerte Kritik, Frontex verletze bei Einsätzen an den Grenzen immer wieder Menschenrechte.

Die Problematik dieser Kritik, die sich an der Charta für Menschenrechte und im Besonderen an der Genfer Flüchtlingskonvention orientiert, ist, dass der Agentur bisher keine konkreten Verletzungen nachgewiesen werden konnten. Das liegt auch daran, dass Frontex-Operationen oftmals nachts und auf hoher See stattfinden. Eine unabhängige und systematische Beobachtung der Praktiken gibt es nicht. Die wenigen Berichte über fragwürdiges Gebaren von Frontex-Mitarbeitern oder von Frontex eingesetzten Grenzschützern basieren im Wesentlichen auf Indizien – die Agentur ist eine Black Box.

Dies beflügelt die Phantasie. Einer Organisation mit einem solch martialischen Namen wird gerne unterstellt, dass sie nicht das Wohl der MigrantInnen verfolge und auch schon mal etwas gröber zupacke, wenn Sicherheitsbelange Europas auf dem Spiel stehen. Ein gutes Beispiel dafür ist der schon erwähnte Tatort »Der illegale Tod«, in dessen fiktiver Handlung ein Flüchtlingsboot im Rahmen eines Frontex-Einsatzes zum Sinken gebracht wird und die Agentur vehement die Vertuschung dieses Vorfalls betreibt. Und obwohl den meisten ZuschauerInnen Frontex kein Begriff war, hielten sie die Handlung für durchaus plausibel. Aber wie kommt es, dass einer europäischen Grenzschutzagentur beim Einsatz im Mittelmeer quasi natürlich kriminelles Handeln unterstellt wird?

Der Tod an der Grenze

Ganz Europa weiß, was an den Grenzen – vor allem an den Meeresgrenzen – vor sich geht. Der Tod und das Leiden der Menschen, die sich auf den Weg nach Europa machen, um

Schutz oder ein besseres Leben zu suchen, sind vielfach dokumentiert. Mit dem überfüllten Boot, meist von oben herab fotografiert, mit Menschen, die um Rettung bitten, gibt es eine weit verbreitete Bildersprache, die vom Sterben und Leiden auf den an Europa angrenzenden Meeren erzählt. Sie geht oftmals einher mit Berichten von unterlassener Rettung, aggressivem Abdrängen von Flüchtlingsbooten oder unverzüglicher Abschiebung.

Dabei ist der Tod nur der extremste Fall. Die Grenzen Europas sind militarisiert, technologisiert und oftmals in Kollaboration mit Diktaturen errichtet worden. Ihre Überwindung fordert einen immer höheren Einsatz, sowohl was die Gefährdung des eigenen Lebens als auch den Einsatz von Geld angeht. Die Politik der europäischen Grenze hat in und um Europa eine neue gesellschaftliche Klasse geschaffen: Menschen, die im Transit gleichsam eingefroren wurden, in Internierungslagern dahinsiechen, oder als ausbeutbare Arbeitskraft ihr Dasein fristen müssen.

Doch wie so oft: Alle wissen es, wenige reden darüber, niemand will verantwortlich sein. Und tatsächlich ist die europäische Grenzpolitik so konstruiert, dass die Verschleierung der Verantwortung systemimmanent ist. Im Durcheinander der Ebenen, legislativen Kompetenzen und exekutiven Mandate ist am Ende niemand für das begangene Unrecht zu belangen. Frontex ist die Fortführung dieser Politik der Verantwortungslosigkeit. Das offizielle Motto der Agentur lautet zwar »Freiheit, Sicherheit, Gerechtigkeit«, wird jedoch durch das immer wieder beschworene Mantra »Wir koordinieren nur« ersetzt. Die Agentur inszeniert sich als neutraler, technologie-orientierter Dienstleister des Grenzschutzes, der nichts mit Migrationspolitik zu tun hat. MigrantInnen sind für die Agentur nur ein Ereignis, welches sich in ihrem Tätigkeitsfeld, der Grenze, ereignet und welches zu managen ist. Was auch immer bei Frontex-Einsätzen geschieht, die Agentur verweist mit Bedauern auf nationale Praktiken und Zuständigkeiten, argumentiert, dass die eigentliche Umsetzung ihrer Aktivitäten durch nationale Grenzschützer vollzogen wird, und verschanzt sich hinter der Nebelwand ihres Mandats. So wird die Verantwortung ewig verschoben und die einzigen Schuldigen sind die sogenannten »Menschenschmuggler«, die klandestinen Dienstleister der Mobilität. Dass deren – oftmals fragwürdigen – Dienste jedoch nur aufgrund der fortschreitenden Aufrüstung der Grenze notwendig sind, wird nicht hinterfragt.

Der Einsatz der Frontex-Schnelleingreiftruppen in Griechenland im Winter 2010/2011 ist ein illustrierendes Beispiel, wie die zynische Argumentation, eine Grenzschutzagentur sei mit Migration höchstens peripher befasst, zu einer Praxis führt, in der die Rechte der MigrantInnen konsequent missachtet werden. Der Einsatz der Grenzschützer fand in einem heraufbeschworenen migrationspolitischen Ausnahmezustand statt, der als Kollaps der europäischen Schengengrenze inszeniert wurde.

Die Aktivitäten von Frontex fügten sich nahtlos in eine Infrastruktur des Grauens ein. Gemeinsam mit dem griechischen Grenzschutz wurden die irregulären MigrantInnen interniert. Doch die Internierungsbedingungen im Norden Griechenlands sind in jeder Hinsicht eine Verletzung grundlegendster Menschenrechte (siehe Kapitel 7). Doch Frontex weiß nicht nur um diese Bedingungen, sondern führt vielmehr Befragungen genau dort durch. Dabei geht es aber keineswegs um Asyl oder humanitären Schutz, sondern um Migrationsrouten und Herkunftslandanalysen. Frontex argumentiert, dass damit der Rahmen des Mandats ausgeschöpft sei. Für Internierungsbedingungen und Asylsystem sei der griechische Staat zuständig. Die griechische Regierung wiederum verweist auf die Ungleichgewichtung der europäischen Migrations- und Asylpolitik. Europa verweist auf die Unterstützung, die Griechenland in verschiedener Hinsicht erhalte. Jeder zeigt auf den nächsten, doch niemand achtet die Rechte der MigrantInnen.

Der Nutzen der Migration

Reformen, die auf eine größere Transparenz, Rechenschaftspflicht und Menschenrechtsorientierung von Frontex abzielen, werden daher das strukturelle Unrecht der europäischen Migrationspolitik und der Grenzen Europas nicht beheben können. Es bedarf vielmehr eines grundlegenden Neuaufbruchs, der eine Politik, die nicht nur von außerhalb der EU als rassistisch angesehen wird, beendet.

Doch ein Appell an die europäische Politik wird diesen Aufbruch nicht bewirken können, denn es geht um handfeste Interessen. Auf der Ebene der EU-Kommission, aber auch vermehrt in den nationalen Innenministerien hat sich die Einsicht durchgesetzt, dass Migration – irregulär oder nicht – stattfindet, dass die Grenze also per se durchlässig ist. Auf der Grundlage dieser Einsicht geht es nun weniger darum, Migration zu verhindern, sondern sie produktiv zu wenden. Beispielsweise plant die EU unter dem Stichwort »zirkuläre Migration« eine Wiederauflage des westdeutschen Modells der »Gastarbeiter«, also eine zeitlich begrenzte Aufenthalts- und Arbeitserlaubnis ohne Möglichkeit der Verfestigung des Aufenthalts. In diesem Paradigmenwechsel spielt die Grenze weiterhin eine zentrale Rolle. Sie definiert die zentralen Ausschluss- und Ausbeutungsbedingungen, unter denen Migration nach Europa möglich sein soll. Frontex steht nicht nur symbolisch für diese Grenze, sondern ist auch aktiv an ihrer Konzeption und Ausgestaltung beteiligt.

Eine Bewegung der Rechte

Doch wir leben in aufregenden Zeiten. Die Revolutionen in Nordafrika haben gezeigt, wie eng die Forderung nach sozialen und politischen Rechten mit dem Streben nach Bewegungsfreiheit verbunden ist. Kurz nach dem Sturz des tunesischen Diktators Ben Ali, verlässlicher Kooperationspartner der EU bei der Verhinderung von Migration, stellten 25 000 Tunesier die Grenze in Frage, nahmen sich das Recht, sie zu überschreiten und ein besseres Leben für sich zu reklamieren. Es ist gleichsam, als hätte sich der demokratische Aufbruch nicht nur gegen das Regime Ben Ali gerichtet, sondern auch gegen das europäische Grenzregime. Denn dies verschloss eine der letzten Möglichkeiten, der Diktatur zu entkommen: das Exil, die Auswanderung.

Nun geht es darum, sich von dieser unerwarteten Dynamik anstecken zu lassen, sie aufzugreifen. Der Aufbruch zu neuen Ufern der sozialen und politischen Partizipation hat schon längst die Metropolen Südeuropas erfasst. Einer Bewegung für die Rechte der gegenwärtigen und kommenden BürgerInnen Europas bietet sich nun die Möglichkeit, gleichzeitig auch die Grenzen Europas zu demokratisieren.[1] Dies bedeutet zuallererst eine Entmilitarisierung und gleichzeitige Durchsetzung geltenden Rechts und verweist langfristig auf eine neue, offene »Staatsbürgerschaft in Europa«, die eine allgemeine Teilhabe ermöglicht und den exklusiven Charakter der Grenze obsolet macht.[2] Der erste Akt auf diesem Weg wäre die Abschaffung der europäischen Grenzschutzagentur Frontex.

13 Deutschland macht dicht

Wie Deutschland zu einem Flüchtlingsabschreckungsland wurde.

Von Sabine am Orde, Berlin

Mitte Januar 2011 lief eine Agenturmeldung in der Redaktion ein. »Asylbewerberzahlen 2010 auf Rekordniveau«, hieß es da in der Überschrift. Und weiter: »Im vergangenen Jahr ist die Anzahl der Asylbewerber auf ein neues Rekordniveau geklettert. Beim Bundesamt für Migration und Flüchtlinge wurden 41 332 Asylanträge gestellt. Das waren 13 683 mehr als im Jahr 2009, teilte das Bundesinnenministerium am Montag in Berlin mit.«[1] Meldungen anderer Nachrichtenagenturen sprachen in ihren Überschriften von einem Anstieg um 50 Prozent im Vergleich zum Vorjahr. Die Zahlen sind korrekt – doch der Subtext vom anschwellenden Flüchtlingsstrom, der mitgeliefert und vom Bundesinnenministerium und dem nachgeordneten Bundesamt genährt wird, ist es nicht. Die Anzahl der Menschen, die in Deutschland einen Asylantrag stellen, ist alles andere als auf Rekordniveau. Sie ist, trotz Anstiege in den vergangenen Jahren, weiter niedrig. Denn die Abschottungspolitik, die Deutschland seit den achtziger Jahren zunächst auf nationaler Ebene betrieb und heute im europäischen Verbund forciert, war und ist erfolgreich.

Anfang der neunziger Jahre sah das noch ganz anders aus. 1992 stellten 438 191 Menschen in Deutschland einen Antrag auf Asyl, viele von ihnen waren aus dem zerfallenden und vom Krieg zerrütteten Jugoslawien geflohen. Das war die höchste Anzahl von Asylanträgen, die es bislang in Deutschland gab. Das war Rekordniveau.

Das Ende des Asylrechts

Grundlage dafür war das Grundrecht auf Asyl, das die AutorInnen des Grundgesetzes in Artikel 16 festgeschrieben hatten. Historisch betrachtet war es eine Reaktion auf die Gräuel des Nationalsozialismus. Menschen, die vor der Verfolgung durch die Nazis Zuflucht in anderen Ländern suchten, standen mitunter vor unüberwindbaren Einreisehindernissen. Das sollte es in Deutschland nicht mehr geben. Deshalb hieß es damals in Artikel 16 kurz und klar: »Politisch Verfolgte genießen Asyl.« Damit gab es in der Bundesrepublik ein individuell einklagbares Grundrecht auf Asyl.

Ab Mitte der achtziger Jahre stieg die Anzahl der Flüchtlinge, die in der Bundesrepublik nach Asyl ersuchten, deutlich an. Gleichzeitig sank die Anerkennungsquote. Doch viele der Flüchtlinge, deren Asylanträge abgelehnt wurden, konnten nicht abgeschoben werden, denn im Heimatland waren ihr Leben oder ihre Freiheit bedroht. In solchen Fällen untersagt die Genfer Flüchtlingskonvention, die Deutschland unterzeichnet hat, die Abschiebung. Die Politik reagierte auf die steigenden Asylbewerberzahlen in den achtziger Jahren verstärkt mit Abschreckung. Wenn das Leben in Deutschland für Flüchtlinge möglichst unattraktiv sei, so das Kalkül, dann würde die Anzahl der Einreisen schon abnehmen. Flüchtlinge wurden in Sammellagern untergebracht, die oft an abgelegenen Orten weit ab von der Bevölkerung entstanden. Die Freizügigkeit der Flüchtlinge wurde mit Hilfe der sogenannten Residenzpflicht eingeschränkt: Ohne schriftliche Erlaubnis durften die Flüchtlinge den Wirkungskreis der zuständigen Ausländerbehörde nicht verlassen. Auch die Arbeitsaufnahme wurde ihnen verboten. Im Juni 1980 zunächst für ein Jahr, bereits im September 1981 wurde die Frist auf zwei Jahre verlängert, 1987 auf fünf Jahre.

Die Konsequenz: Die Asylsuchenden wurden von der deutschen Bevölkerung separiert, sie wurden am eigenen Broterwerb und an der Integration gehindert. Gleichzeitig musste der Staat, mussten insbesondere die Länder und Kommunen Sammelunterkünfte errichten und die Sozialhilfe der Flüchtlinge bezahlen. Hinzu kamen die niedrigen Anerkennungsquoten, die das Bild von den »Wirtschaftsasylanten« nährten, die nicht politisch verfolgt seien und es sich auf Kosten der Deutschen bequem machten. Der Flüchtling, der faktisch vom Staat zum Nichtstun verpflichtet wurde, wurde in der öffentlichen Wahrnehmung immer mehr zum Schmarotzer abgestempelt. Aus dieser Gemengelage entwickelte sich in der zweiten Hälfte der Achtziger und insbesondere in den frühen Neunzigern eine scharfe innenpolitische Auseinandersetzung über das Grundrecht auf Asyl.[2]

Mit Schlagworten wie »Scheinasylant« und »Asylmissbrauch« machten konservative bis rechtsextreme Kreise mit Unterstützung der *Bild*-Zeitung, aber auch zahlreicher anderer Medien Stimmung gegen Flüchtlinge und schürten den Unmut der Bevölkerung gegen das Grundrecht auf Asyl. Zeitschriften schrieben »Das Boot ist voll« und illustrierten ihre Titelbilder mit finster und bedrohlich wirkenden Menschenmengen. Die Union, deren Ziel die Grundgesetzänderung war, feuerte diese Debatte mit markigen Wortbeiträgen und gezielten Kampagnen an. Im Oktober 1992 sprach Bundeskanzler Helmut Kohl auf einem CDU-Sonderparteitag in Düsseldorf mit Blick auf die Asylsuchenden dann gar vom »Staatsnotstand«.

Gleichzeitig nahm die Zahl der gewalttätigen Übergriffe auf MigrantInnen zu. Flüchtlingsheime und Häuser, in denen Einwanderer lebten, wurden in Brand gesetzt. Nach tagelangen rassistischen Krawallen zündeten rechte Schläger – angefeuert von der »normalen« Bevölkerung – im August 1992 das Sonnenblumenhaus in Rostock-Lichtenhagen an, in dem sich 115 VietnamesInnen aufhielten. Im November kamen im schleswig-holsteinischen Mölln bei von Neonazis verübten Brandanschlägen zwei Mädchen und ihre 51-jährige Großmutter ums Leben.

Dann knickten die Sozialdemokraten ein. Sie beschlossen am 6. Dezember 1992 mit der schwarz-gelben Bundesregierung unter Bundeskanzler Kohl den sogenannten Asylkompromiss, der am 1. Juli 1993 in Kraft trat. Der Artikel 16a wurde ins Grundgesetz eingefügt und mit ihm die »sicheren Drittstaaten«. Wer über diese Länder nach Deutschland kam, verlor hierzulande faktisch das Grundrecht auf Asyl. Schließlich, so die Logik des schwarz-rot-gelben Kompromisses, hätte der Flüchtling schon in diesen Ländern einen Asylantrag stellen können. Als sichere Drittstaaten galten alle EU-Staaten und zudem gesetzlich festgeschriebene Länder wie Norwegen und die Schweiz. Deutschland war plötzlich also lückenlos von sicheren Drittstaaten umgeben. Wer von dort aus als Flüchtling einreisen wollte, wurde umgehend in das sichere Drittland abgeschoben.

Die Abschottung wird perfektioniert

Zudem führte der schwarz-rot-gelbe Kompromiss das »Flughafenverfahren« ein, das heißt ein stark beschleunigtes Verfahren für Flüchtlinge, die aus einem als sicher definierten Herkunftsland wie Ghana oder Senegal stammen oder ohne Papiere auf Flughäfen stranden, was bei Flüchtlingen häufig der Fall ist. Den Betroffenen wird die Einreise nach Deutschland verwehrt, sie müssen noch im Transitbereich der Flughäfen ihren Asylantrag stellen. Lehnt das Bundesamt den Asylantrag innerhalb von zwei Tagen als offensichtlich unbegründet ab, was bei Flüchtlingen aus sicheren Herkunftsländern die Regel ist, wird dem Antragsteller die Einreise verweigert. Geht der Flüchtling umgehend juristisch dagegen vor, hat das Gericht zwei Wochen Zeit, um zu entscheiden. Fällt das Gericht in dieser Frist keine Entscheidung oder urteilt zu Gunsten des Flüchtlings, darf er einreisen. Sonst wird er abgeschoben, ohne Deutschland überhaupt betreten zu haben. Insgesamt knapp drei Wochen kann der Flüchtling dafür im Transitbereich des Flughafens festgehalten werden. Voraussetzung ist, dass die Unterbringung auf dem Flughafengelände möglich ist. Das Flughafenverfahren wird an den Flughäfen Berlin-Schönefeld, Düsseldorf, Frankfurt/Main, Hamburg und München durchgeführt.

Als »hastig, unfair, mangelhaft« kritisiert die Flüchtlingsorganisation Pro Asyl in einer Studie zum Flughafenverfahren am Frankfurter Flughafen das Verfahren im Mai 2009. Krankheit, Folter und Traumatisierung von Flüchtlingen würden bei den Schnellverfahren nicht ausreichend berücksichtigt, sagte Ines Welge, die für Pro Asyl 32 Asyl-Entscheidungen am Flughafen aus den Jahren 2006 bis 2008 untersucht hatte. Zudem gehe das Bundesamt für Migration oft von einer falschen politischen Situation im Herkunftsland aus. Zwei eritreische Deserteure zum Beispiel, die 2007 im Flughafenverfahren abgeschoben wurden und in ihrem Heimatland in Foltergefängnissen landeten, leben inzwischen als anerkannte Flüchtlinge in Deutschland.[3] Doch trotz massiver Kritik will die Bundesregierung auch heute weiter am Flughafenverfahren festhalten. Sie wehrt sich derzeit mit allen Kräften gegen eine EU-Reform, die unter anderem das Ende des Flughafenverfahrens bedeuten könnte.

Die Auswirkungen des neuen Asylrechts waren drastisch und im Sinne der Gesetzgeber äußerst effizient: Die Anzahl der Asylbewerber sank massiv, im Jahr 1994 ging die Anzahl der Asylanträge im Vergleich zum Vorjahr um fast 200 000 auf 127 000 zurück. Deutschland, das lange im Vergleich zu anderen europäischen Ländern ein weniger restriktives Asylrecht hatte, reihte sich nun in die große Anzahl der EU-Staaten ein, die sich gegen Flüchtlinge abschotteten. Und machte damit eine gemeinsame europäische Regelung möglich, die aus deutscher Sicht die sichere Drittstaatenregelung quasi auf die europäische Ebene verlagerte und diese schließlich ablöste: die Dublin-II-Verordnung (siehe Kapitel 14). Diese Verordnung schreibt fest, dass grundsätzlich der EU-Staat einen Asylantrag prüfen muss, in dem der Asylsuchende erstmals den Boden der EU betreten hat.

Für Deutschland und die anderen Zentralstaaten ist das sehr praktisch, denn so sind sie für ausgesprochen wenige Asylanträge zuständig, Griechenland, Malta, Spanien und Italien hingegen für umso mehr. Schlägt sich ein Flüchtling von dort weiter nach Deutschland durch, wird er in das Land seiner Ersteinreise abgeschoben. Das kann zu absurden Rechtslagen führen. So beschloss die Bundesregierung im November 2008 auf Drängen des damaligen CDU-Innenministers Wolfgang Schäuble als einmalige humanitäre Aktion, 2500 irakische Flüchtlinge, die meisten von ihnen Christen, dauerhaft aufzunehmen. Sie mussten das Asylverfahren nicht durchlaufen, bekamen sofort eine dreijährige Aufenthaltserlaubnis und durften arbeiten. Zur gleichen Zeit aber wurden Iraker, die über Griechenland in die EU eingereist waren, aus Deutschland abgeschoben.

Grundsätzlich ist für die deutschen Behörden die Situation in dem EU-Land, in das der Flüchtling abgeschoben werden soll, unerheblich. So hat sich die Bundesregierung lange geweigert, sich mit dem desolaten Asylsystem Griechenlands auseinanderzusetzen. Dabei warnten Flüchtlingsorganisationen wie Pro Asyl schon seit langem, dass das griechische Asylsystem der großen Anzahl Flüchtlinge nicht gewachsen und längst kollabiert sei. In Griechenland gebe es kein faires Asylverfahren, die Anerkennungsquote in der ersten Instanz liege bei wenig über Null, die zweite Instanz sei im Sommer 2009 abgeschafft worden. Den Menschen drohten deshalb »Rechtlosigkeit, die Gefahr der willkürlichen Inhaftierung, Obdachlosigkeit und Hunger«.[4]

Wegen der desolaten Lage in Griechenland verhinderten bundesdeutsche Verwaltungsgerichte in den vergangenen Jahren Hunderte von Abschiebungen. Seit Herbst 2009 stoppte das Bundesverfassungsgericht 13 Abschiebungen in Eilverfahren, weil für die Asylbewerber in Griechenland womöglich »bedrohliche rechtliche Defizite« herrschten. Der Nachfolger Schäubles im Innenministerium, Thomas de Maizière, betonte dennoch weiterhin unermüdlich: »Griechenland ist ein sicherer Drittstaat.« Auch als die Niederlande, Belgien, Norwegen und England im Herbst 2010 Abschiebungen nach Griechenland aussetzten, blieb der CDU-Politiker weiter bei seinem Kurs. Der Grund: Die Bundesregierung wollte Dublin II auf keinen Fall weiter schwächen. Erst als das Bundesverfassungsgericht ein Verfahren zum Anlass nahm, die Dublin-II-Verordnung grundsätzlich auf den Prüfstand zu stellen und der Innenminister eine gerichtliche Niederlage auf sich zukommen sah, ließ er sich auf einen Deal mit dem Bundesverfassungsgericht ein. De Maizière stoppte im Januar 2011 die Abschiebungen nach Griechenland für ein Jahr und versprach den betroffenen Flüchtlingen Asylverfahren in Deutschland. »Seitdem besteht faktisch ein europaweiter Abschiebestopp nach Griechenland«, sagt Karl Kopp, Europareferent bei Pro Asyl.

Das ist gut. Doch die Kehrseite des Deals: Mit de Maizières Entscheidung war für den irakischen Flüchtling, der Verfassungsbeschwerde eingelegt hatte, die Gefahr gebannt. Das Karlsruher Urteil, das die europäische Asylpolitik hätte kritisch prüfen können, fiel aus. Die Richter scheinen das so gewollt zu haben – immerhin haben sie dem Bundesinnenministerium zum Abschiebestopp geraten.

Die Richter des Europäischen Gerichtshofs für Menschenrechte waren weniger zögerlich. Sie kamen am 21. Januar 2011 zu dem Urteil, dass die Behandlung von Asylbewerbern in Griechenland menschenrechtswidrig ist. Deswegen verstoße auch die Abschiebung von Flüchtlingen aus anderen EU-Staaten nach Griechenland gegen die Menschenrechtskonvention, urteilte der Gerichtshof. In Griechenland würden das Verbot unmenschlicher und erniedrigender Behandlung (Artikel 3) und das Recht auf wirksame Rechtsbeschwerde (Artikel 13) in der Menschenrechtskonvention verletzt. Mit der Entscheidung hatte die Beschwerde eines afghanischen Asylbewerbers Erfolg, der 2009 über Griechenland nach Belgien eingereist war und wenig später von Belgien nach Griechenland abgeschoben wurde. Das Gericht verurteilte Belgien zu 24 999 Euro Schmerzensgeld, außerdem muss der EU-Staat dem Asylbewerber 7300 Euro für seine entstandenen Kosten erstatten. Dieses Urteil zeigt ganz deutlich: Das Dublin-System ist in der Krise.

Abschreckung als Mittel der Flüchtlingspolitik

Neben der Abschottungspolitik an der Grenze hat auch die Schaffung vermeintlich abschreckender Lebensbedingungen für Flüchtlinge in Deutschland die Asylpolitik der vergangenen Jahrzehnte geprägt. Nach der Einführung von Sammellagern, Residenzpflicht und Arbeitsverbot in den achtziger Jahren war in den Neunzigern das Asylbewerberleistungsgesetz der wichtigste Einschnitt. Das Gesetz, das Teil des Asylkompromisses war, trat im November 1993 in Kraft. Durch die darin enthaltenen Neuregelungen verschlechterten sich die materiellen Lebensbedingungen für Asylsuchende stark: Asylbewerber bekommen seitdem nur einen deutlich abgesenkten Sozialhilfesatz, die Leistungen werden – so heißt es im Gesetz – vorrangig in Form von Sachleistungen gewährt. Bar ausgezahlt werden soll nur ein Taschengeld von monatlich 40,90 Euro, das bedeutet 1,36 Euro pro Tag. Auch die medizinische Versorgung der Betroffenen ist im Vergleich zum Leistungskatalog der gesetzlichen Krankenkasse deutlich eingeschränkt. Bezahlt werden Behandlungen akuter und schmerzhafter Erkrankungen sowie Behandlungen, die zur Sicherung der Gesundheit unerlässlich sind.

Erwachsene erhalten heute nach dem Asylbewerberleistungsgesetz monatlich 225 Euro und damit ein Drittel weniger als die Bezieher von Hartz IV. Kinder und Jugendliche bekommen zwischen 133 und 215 Euro im Monat. »Bei ihnen ist der

Unterschied zu Hartz IV noch größer als bei den Erwachsenen«, sagt Georg Classen vom Berliner Flüchtlingsrat, ein guter Kenner des Gesetzes. »Für einen Sechsjährigen beträgt der Unterschied 47 Prozent, also fast die Hälfte.« Dies führe dazu, dass Kinder »in Badelatschen und ohne Hefte in die Schule gehen«.

Bei der Einführung des Asylbewerberleistungsgesetzes 1993 wurde dieser abgesenkte Satz ein Jahr lang gezahlt, 1997 wurde die Regelung auf drei, 2007 auf vier Jahre verlängert. Schon bei der Einführung machte die schwarz-gelbe Koalition klar, der Gesetzentwurf verfolge das Ziel, »keinen Anreiz zu schaffen, aus wirtschaftlichen Gründen nach Deutschland zu kommen«[5]. Zur Begründung der verringerten Leistungen hieß es, diese könnten gegenüber der Sozialhilfe »auf die eines in aller Regel nur kurzen, vorübergehenden Aufenthalts abgestellt werden«. Schließlich würden »in etwa 95 Prozent aller Asylanträge keine Asylberechtigung anerkannt«. Integrationsbedarf gebe es daher nicht. Später sei dieses Argument in den Hintergrund getreten, hieß es Ende 2010 in einer Antwort der schwarz-gelben Bundesregierung auf eine parlamentarische Anfrage der Linkspartei.[6] Und: »In den Vordergrund trat die Kosteneinsparung.« Im Klartext heißt das: Um die Sozialkassen zu schonen, müssen sich Flüchtlinge mit einem Existenzminimum zweiter Klasse begnügen. Da wundert es auch nicht, dass die Leistungen seit Einführung des Gesetzes 1993 nicht erhöht worden sind, auch wenn die Preise kräftig stiegen.

Niemand hat bislang den Beweis erbracht, dass Einschränkungen – wie jene durch das Asylbewerberleistungsgesetz – Migrationsbewegungen wirklich beeinflussen. Im Gegenteil: Auf einer Anhörung im Bundestag im Jahr 2009 vertrat die große Mehrheit der geladenen Experten die Ansicht, die Restriktionen seien nicht geeignet, um die Anzahl der Einreisen nach Deutschland zu reduzieren. Ulrich Becker, geschäftsführender Direktor des Max-Planck-Instituts für ausländisches und internationales Strafrecht, sagte, es gebe keine empirischen Befunde für die Anreiz-These. Dennoch gelten viele der Beschränkungen heute weiter.

Gemeinschaftsunterkünfte: So werden Flüchtlinge in vielen Bundesländern noch immer in Sammellagern untergebracht. Besonders restriktiv ist Bayern, wo die Übernahme für die Mietkosten für eine Wohnung grundsätzlich abgelehnt wird; positive Ausnahme ist Berlin, wo die Kosten in der Regel übernommen werden. In vielen anderen Bundesländern ist die Regelung regional unterschiedlich. Bayern aber weicht nicht von seiner harten Linie ab, obwohl jüngst der Bayerische Flüchtlingsrat noch einmal vorgerechnet hat, dass die Unterbringung in Wohnungen nicht nur besser für die Flüchtlinge, sondern auch deutlich billiger ist. Nach Angaben des Sozialministeriums gibt Bayern jeden Monat 676 Euro für jeden Asylsuchenden aus, 238 Euro davon für die Unterbringung in den umstrittenen Gemeinschaftsunterkünften. Der Flüchtlingsrat geht in seinem Gutachten von weit höheren Zahlen aus: Er hat Kosten von 400 bis 500 Euro für die Unterbringung in einer Gemeinschaftsunterkunft ermittelt. Würde Bayern seine Asylsuchenden in Privatwohnungen leben lassen, könne man jährlich 2,83 Millionen Euro sparen, so das Fazit des Flüchtlingsrats.[7] Dass es anders geht, zeigen die Beispiele Berlin, Köln oder Cottbus. Die brandenburgische Stadt, die seit einigen Jahren Flüchtlinge dezentral in Wohnungen unterbringt, spricht zwar nicht von einem Spareffekt: »Im Wesentlichen war das neutral«, sagte der Sprecher der Stadt. Doch es gebe nichts, was gegen die Unterbringung in Wohnungen spreche. Durch die Wohnungsvergabe habe man »die Herabsetzung von Flüchtlingen« beenden wollen.[8]

Anderswo aber verdienen die Betreiber von Sammelunterkünften weiter am Geschäft mit den Flüchtlingen – während die Unterkünfte, in denen jedem Bewohner je nach Bundesland 4,5 bis sechs Quadratmeter zur Verfügung stehen müssen, mitunter in miserablem Zustand sind. Immer wieder werden entsprechende Fälle bekannt. Vor einigen Jahren schaffte es die Gemeinschaftsunterkunft im thüringischen Katzhütte in die überregionale Presse. Dort wehrten sich die BewohnerInnen monatelang gegen ihre Unterbringung in Baracken, die vom giftigen Schwarzschimmel befallen waren, und die Betreuung durch schikanöses Personal. Die Betreiberfirma K&S aus Niedersachsen, die Asylbewerberheime mit insgesamt einigen tausend Plätzen in mehreren Bundesländern betreibt, fühlte sich für die Beschwerden der BewohnerInnen nicht zuständig und verwies auf den Kreis. Dem gehöre schließlich die Immobilie.

Essenspakete: Laut Asylbewerberleistungsgesetz soll die Unterstützung in Sachleistungen gewährt werden, sie kann aber – nach der bis zu drei Monate dauernden Unterbringung in einer Erstaufnahmeeinrichtung – auch in Form von Wertgutscheinen oder Geld ausgezahlt werden. Wegen des hohen Verwaltungsaufwands bei Sachleistungen bekommt die Mehrzahl der Flüchtlinge inzwischen Geld. So werden nach Angaben des Berliner Flüchtlingsrats in Hamburg, Berlin, Bremen, Hessen, Sachsen-Anhalt und Mecklenburg-Vorpommern flächendeckend Geldleistungen erbracht. Ganz ähnlich ist die Situation in Schleswig-Holstein, Nordrhein-Westfalen und Rheinland-Pfalz. Niedersachsen gibt Gutscheine aus, in Baden-Württemberg, Saarland, Sachsen, Brandenburg und Thüringen ist die Leistungsform regional unterschiedlich. Nur Bayern hält hartnäckig an Sachleistungen fest. Doch dagegen wehren sich immer mehr Flüchtlinge. Im vergangenen Jahr verweigerten sie in mehreren bayerischen Flüchtlingslagern die Annahme der Pakete. Manche von ihnen – etwa im niederbayerischen Hauzenberg und Breitenberg sowie im oberbayerischen Denkendorf – traten gar in Hungerstreik.

Residenzpflicht: Auch das Grundrecht auf Freizügigkeit gilt für viele Flüchtlinge weiterhin nicht. Immerhin hat – nach jahrelangen Protesten von Betroffenen, Flüchtlings- und Menschenrechtsgruppen – 2011 eine Gesetzesreform Bundestag und Bundesrat passiert, die den Bundesländern erlaubt, die

Residenzpflicht zu lockern. Damit wurden Änderungen in Berlin, Brandenburg und einigen anderen Bundesländern rechtlich abgesichert. Berlin und Brandenburg hatten im Sommer 2010 den Startschuss für Reformen bei der Residenzpflicht gegeben. Seitdem können Asylsuchende und geduldete Flüchtlinge dort eine Dauererlaubnis beantragen, mit der sie sich in beiden Bundesländern frei bewegen können. Auch einige andere Bundesländer wie Schleswig-Holstein und Bremen haben die Residenzpflicht gelockert. Für viele Flüchtlinge aber gilt weiterhin: Wer ohne schriftliche Erlaubnis den Wirkungskreis der zuständigen Ausländerbehörden verlässt, macht sich strafbar. Wie weit das führen kann, zeigt der Fall des Kameruners Felix Otto, der in einem abgelegenen Asylbewerberheim im thüringischen Saale-Orla-Kreis untergebracht war. Er wurde vom Amtsgericht zu acht Monaten Haft verurteilt, weil er wiederholt gegen die Residenzpflicht verstoßen hatte. »Er hat sich nur die Bewegungsfreiheit genommen, die außer Asylbewerbern jedem Menschen in Deutschland zusteht«, sagt Osaren Igbinoba, Sprecher der Flüchtlingsorganisation The Voice aus Jena, bei der Otto Mitglied ist.⁹ Dieser sei wie alle Asylbewerber »ohne irgendein Verbrechen für Jahre zur sozialen Isolation in seinem Landkreis verurteilt gewesen«. Weil er dies nicht akzeptiert habe, werde er nun mit Gefängnis bestraft. Für The Voice und viele andere Flüchtlingsorganisationen ist klar: Die Residenzpflicht, die es europaweit nur in Deutschland gibt, gehört abgeschafft.

Arbeitsverbot: Auch das Arbeitsverbot ist inzwischen gelockert, aber immer noch in Kraft. Neben Arbeitsverboten, die als individuelle ausländerrechtliche Sanktionen eingesetzt werden, gilt ein grundsätzliches Arbeitsverbot für Asylsuchende und geduldete Flüchtlinge für die ersten zwölf Monate nach der Einreise. Danach kommt die sogenannte Vorrangprüfung: Eine Arbeitserlaubnis gibt es nur für den Job, für den die Bundesagentur für Arbeit keinen Deutschen oder EU-Ausländer gefunden hat. »Dieses extrem bürokratische Verfahren schreckt viele Arbeitgeber davon ab, einen Flüchtling einzustellen«, heißt es dazu beim Münchener Flüchtlingsrat, der eine Übersicht zum Arbeitsverbot erstellt hat. Für Geduldete entfällt die Vorrangprüfung nach vier Jahren.

Asylbewerberleistungsgesetz: Derzeit überprüft das Bundessozialministerium das Asylbewerberleistungsgesetz, das Ergebnis lag bei Redaktionsschluss dieses Buches im Sommer 2011 noch nicht vor. Der Hintergrund: Das Bundesverfassungsgericht hatte im Februar 2010 geurteilt, die Ermittlung der Hartz-IV-Sätze sei verfassungswidrig, weil sie nicht transparent und nachvollziehbar berechnet würden. Das nordrhein-westfälische Landessozialgericht bezeichnete daraufhin auch die Leistungen für Asylsuchende als »evident unzureichend« und legte das Asylbewerberleistungsgesetz dem Bundesverfassungsgericht zur Prüfung vor. Das Urteil soll frühestens im Herbst 2011 fallen. Die schwarz-gelbe Bundesregierung will nach eigenen Angaben so lange nicht warten. Sie hatte im November 2010 erstmals eingeräumt, dass die Höhe der Leistungen »auf Grundlagen von Kostenschätzungen« erfolge und damit »den Anforderungen des Urteils des Bundesverfassungsgerichts nicht entspreche«. Ob am Ende aber ein angehobener Satz kommt, ist derzeit völlig offen. Das Sozialministerium will sich dazu nicht äußern.

Die Bevölkerung ist weiter als die Politik

Seit vielen Jahren nun steuert die EU ein gemeinsames europäisches Asylrecht an, offiziell soll es bis 2012 realisiert werden. Von diesem Ziel aber ist sie weit entfernt, auch wegen des massiven Widerstands von Deutschland und anderen Ländern. Doch Urteile wie das des Europäischen Gerichtshofs für Menschenrechte setzen die EU-Länder unter Druck. Die EU-Kommission hat längst Vorschläge gemacht, wie der Schutz und die Behandlung von Asylbewerbern verbessert und vereinheitlicht werden kann. Und sie will eine Reform von Dublin II: In Ausnahmesituationen wie derzeit in Griechenland soll ein Flüchtling, der in ein zweites EU-Land weitergereist ist, auch dort seinen Asylantrag stellen können (siehe Kapitel 14).

Doch Deutschland stemmt sich vehement gegen solche Veränderungen. »Dublin hat sich bewährt«, sagte der neue Bundesinnenminister Hans-Peter Friedrich (CSU) noch Mitte Juni 2011 auf einem Symposium des UN-Flüchtlingshilfswerks UNHCR. »Anfang der neunziger Jahre war Deutschland übermäßig belastet, jetzt ist die Verteilung gerechter.«[10] Statt neue Anforderungen zu stellen, solle die Kommission lieber dafür sorgen, »dass alle Mitgliedsstaaten den Standard von Deutschland erreichen«.

Wie heftig sich die Union an Dublin II klammert, zeigte zuletzt die Debatte um Flüchtlinge, die derzeit aus nordafrikanischen Ländern wie Libyen und Tunesien nach Europa kommen. Zwar lobte die Bundesregierung die Demokratisierungsprozesse in der arabischen Welt und kündigte Unterstützung an – Flüchtlinge aufnehmen will sie aber auf keinen Fall. Das UN-Flüchtlingshilfswerk UNHCR hatte im Frühjahr unter anderem Deutschland um die Aufnahme einiger der 8000 somalischen und eritreischen Flüchtlinge gebeten, die in Libyen festsaßen. Die Bitte wurde abgelehnt. »Es besteht derzeit kein großer Spielraum für weitere Aufnahmen«, teilte das Bundesinnenministerium auf Anfrage mit. »Im Gegensatz zu anderen EU-Mitgliedsstaaten sind in Deutschland im Jahr 2010 die Asylbewerberzahlen stark angestiegen.« Lediglich zur Aufnahme von insgesamt 150 Flüchtlingen, die auf Malta gestrandet sind, hat sich Deutschland inzwischen bereit erklärt.

Die deutsche Bevölkerung scheint inzwischen weniger engstirnig zu sein. Bei einer repräsentativen Untersuchung des Sachverständigenrats deutscher Stiftungen für Integration und Migration sprach sich im April 2011 fast die Hälfte der Befragten für eine großzügigere Aufnahme von Flüchtlingen aus.[11] Von den in die Irre führenden Meldungen der Medien und der Abschreckungspolitik des Bundesinnenministers scheint sich die Bevölkerung immer weniger beeinflussen zu lassen. Sie ist weiter als die Politik. Es ist Zeit, dass diese aufholt.

14 Dublin II oder wie Europa zur Festung wurde

Vor zwölf Jahren beschloss die EU, sich eine gemeinsame Asylpolitik zu geben. Doch vereinheitlicht wurde lediglich die Abschottung.

Von Christian Jakob

Es war die Zeit, in der immer offenbarer wurde, dass in Griechenland eine Katastrophe im Gang war. Schon seit Jahren konnte das Land an Europas Südostflanke, chronisch pleite, aber mit einer riesigen Seegrenze, die humanitären Mindeststandards für Flüchtlinge nicht mehr wahren. Die *Zeit* schickte den Reporter Roland Kirbach nach Lesbos. Er war erschüttert angesichts der Umstände, unter denen minderjährige Flüchtlinge dort leben mussten. Auch Kirbach war klar, wer maßgeblich mitverantwortlich dafür war, dass dieses Land, in dem nur gut zwei Prozent aller EU-Bürger leben, sich mit dem Löwenanteil aller Flüchtlinge plagen muss: Der deutsche Ex-Innenminister Otto Schily, einer der treibenden Köpfe hinter der Dublin-II-Verordnung.

Kirbach rekonstruierte die damals acht Jahre zurückliegende Sitzung, bei der die Verordnung beschlossen wurde, so: »Es war ein kalter Tag im Dezember 2002, als Europas Innenminister an einem ovalen Tisch im Brüsseler Ministerrat die Verordnung 343/2003 verabschiedeten, kurz ›Dublin II‹ genannt. Unter ihnen Otto Schily (SPD). In 29 Kapiteln ist geregelt, dass jeder Flüchtling in der Europäischen Union nur einen Asylantrag stellen darf – in dem Land, in dem er erstmals seinen Fuß auf europäischen Boden setzte. Dublin II heißt die Verordnung, weil sie Dublin I aus dem Jahr 1997 noch verschärfte. Es gab Gezerre und Taktiererei damals, denn das Gesetz, um das gestritten wurde, war vor allem für Länder wie Deutschland gut, für Staaten, die umgeben sind von anderen EU-Mitgliedern. Deutschland wurde damit quasi unerreichbar. Fragt man Otto Schily heute, was er von dem Tag noch in Erinnerung hat, an dem sich Deutschland das Elend der Welt vom Halse hielt, sagt er nur: Herrgott, das weiß ich doch jetzt nicht mehr. Ich sitze ja nicht hinterm Ofen.«[1]

Tatsächlich ist Kirbach an diesem Punkt nicht ganz präzise. Denn die Dublin II ist lediglich die Neuauflage des Dubliner Abkommens von 1990 – und im Kern mit diesem identisch. Die beiden Regelwerke sind Fragmente der mittlerweile Jahrzehnte alten, aber erfolglosen Bemühungen der EU, ihre Politik auch beim Umgang mit Flüchtlingen zu vereinheitlichen. Allerdings auch kein leichtes Unterfangen, denn das, was da zusammenkommen soll, könnte kaum unterschiedlicher sein. Im Prinzip gilt zwar überall in der EU die Genfer Flüchtlingskonvention: Jeder Staat ist verpflichtet, Asylanträge zu prüfen und Schutzbedürftigen Zuflucht zu gewähren. Doch Faktoren wie Sprache, Exilcommunities, Jobchancen, kulturelle Aspekte oder die krassen Differenzen bei Gesetzgebung, Rechtssicherheit und sozialer Absicherung machen aus Europa für Flüchtlinge einen heterogenen Raum. Diese Heterogenität setzt sich auf der politischen Ebene fort. Die Macht ist in der EU höchst ungleich verteilt. Für die Asylpolitik bedeutete dies vor allem eins: Den Ländern, die sich am besten durchsetzen können, gelingt es am besten, sich »das Elend der Welt vom Hals« zu halten. Ein Rückblick.

Keine »Refugees im Orbit«

Nachdem in den achtziger Jahren das Schengener Abkommen in Kraft trat und die innereuropäischen Grenzen fielen, wurde klar, dass nationale Regelungen in der Asylpolitik künftig nicht mehr greifen würden. Der Ruf nach einer »One-State-Only«-Regelung kam auf. Man wollte so verhindern, dass Flüchtlinge mehrere Asylanträge in verschiedenen Ländern stellen. Viele fürchteten, dass sich sonst die Länder die Flüchtlinge wie heiße Kartoffeln hin- und herschieben würden, ohne dass irgendeines letztlich die Verantwortung übernehmen würde. Diesen »refugees in orbit« genannten Zustand sollte die Garantie auf ein ordentliches Asylverfahren verhindern. In dem offiziellen EU-Dokument klingt das so: Man wolle »vermeiden, dass der Asylbewerber zu lange im Ungewissen über den Ausgang seines Asylverfahrens gelassen wird«, und sei »bestrebt, jedem Asylbewerber die Gewähr dafür zu bieten, dass sein Antrag von einem der Mitgliedsstaaten geprüft wird, um ferner zu vermeiden, dass die Asylbewerber von einem Mitgliedsstaat zum anderen abgeschoben werden, ohne dass einer dieser Staaten sich für die Prüfung des Asylantrags für zuständig erklärt«[2]. So wurde 1990 das Dubliner Übereinkommen unterzeichnet, 1997 trat es in Kraft.

1992 erklärten die EU-Staaten im Maastrichter Vertrag die Asylpolitik und die Kontrolle der Außengrenzen verbindlich zu »Angelegenheiten von gemeinsamem Interesse«. Doch nur die Grenzsicherung wurde tatsächlich vergemeinschaftet, wie es im Eurokraten-Slang heißt, der Flüchtlingsschutz blieb im Bereich »zwischenstaatlicher Kooperation« – also Ländersache. Fünf Jahre später ging man weiter: Der Amsterdamer Vertrag von 1997 überführte offiziell auch die Asyl- und Einwanderungspolitik in eine supranationale Zuständigkeit. Doch Folgen hatte diese Entscheidung kaum. Bis heute ist es den EU-Staaten nicht gelungen, sich auf eine gemeinsame Asylpolitik zu einigen.

Dabei hatte schon der Gipfel von Tampere, im Oktober 1999, diesem Vorhaben einen Schub geben sollen. Dort sollte festgeschrieben werden, dass die EU ein »einheitliches Asylsystem« bekommen solle. In jenem Jahr wurden in der gesamten EU nur 30 000 Asylanträge anerkannt, das entsprach jedem achten Antrag.

Am ersten Tag des Gipfels wurde in Oslo der Friedensnobelpreis an die Organisation Ärzte ohne Grenzen verliehen. Die nutzten die Aufmerksamkeit zu einer Mahnung an die in Finnland tagenden Staatschefs: Es bestehe »die Gefahr, dass die europäischen Regierungen Europa zu einer Festung ausbauen«, sagte der belgische Chef der Organisation, Alex Parisel. Es dürfe nicht sein, dass Flüchtlinge aus der restlichen Welt künftig keinen Schutz mehr in der EU finden könnten.

In gewisser Hinsicht scheiterte der Gipfel. Vor allem Frankreich, Großbritannien und Deutschland konnten sich nicht auf Modalitäten für ein Asylsystem einigen. Immerhin gab es am Ende des Gipfels ein Memorandum. Darin stand unter anderem Folgendes: »Die europäische Integration war von Anfang an auf ein gemeinsames Bekenntnis zur Freiheit gegründet, das sich auf die Menschenrechte, demokratische Institutionen und Rechtsstaatlichkeit stützt. (…) Diese Freiheit sollte jedoch nicht als ausschließliches Vorrecht für die Bürger der Union betrachtet werden. Die Tatsache, dass sie existiert, hat Sogwirkung auf viele andere Menschen in der Welt (…). Es stünde im Widerspruch zu den Traditionen Europas, wenn diese Freiheit den Menschen verweigert würde, die wegen ihrer Lebensumstände aus berechtigten Gründen in unser Gebiet einreisen wollen. Dies erfordert wiederum, dass die Union gemeinsame Asyl- und Einwanderungspolitiken entwickelt und dabei der Notwendigkeit einer konsequenten Kontrolle der Außengrenzen zur Bekämpfung der illegalen Einwanderung und der damit zusammenhängenden internationalen Kriminalität Rechnung trägt.«[3]

Ein Protokoll konkretisierte, was dies unter anderem heißen sollte: »eine klare und praktikable Formel für die Bestimmung des für die Prüfung eines Asylantrags zuständigen Staates«. Man wollte also genau das, was es mit dem Dubliner Übereinkommen schon gab, noch einmal festlegen. Weshalb? Zum einen machten die neuen Bestimmungen des Amsterdamer Vertrags erforderlich, dass das Übereinkommen durch eine EU-Richtlinie ersetzt wurde. Zum anderen wuchsen die Zweifel und die Kritik an dem Regelwerk.

Blockieren und bremsen

Drei Jahre nach dessen Inkrafttreten, Anfang 2000, legte die EU-Kommission ein Arbeitsdokument mit dem Titel »Überprüfung des Dubliner Übereinkommens« vor – und stellte das Abkommen darin grundsätzlich in Frage. Es gebe »weitgehende Übereinstimmung, dass es nicht so gut funktioniert, wie erhofft«, schrieb die Kommission.[4] Asylverfahren würden verzögert und behindert, Familien getrennt, die Asylsysteme seien zu heterogen. Vor allem aber sei das Abkommen »ungeeignet, Asylbewerber so unter den EU-Staaten aufzuteilen, dass es der objektiven Kapazität zur Aufnahme entspricht«. Es sei »inkompatibel mit dem Versuch, einen festen Verteilungsschlüssel für die Flüchtlingsaufnahme festzulegen«. Die Länder an den Südgrenzen würden überproportional, wenn auch »nicht exzessiv«, belastet.

Doch wie könnte ein Ausweg aussehen? Die Kommission erörterte verschiedene Ansätze: einen EU-weiten, proportionalen Verteilungsschlüssel, der sich etwa an der Bevölkerungsgröße, der Besiedlungsdichte oder dem Bruttosozialprodukt der Mitgliedsstaaten orientierte. Oder die Zuordnung gemäß bestimmten Herkunftsländern – beispielsweise alle Kurden nach Frankreich, alle Westafrikaner nach Deutschland, Iraner nach Skandinavien. Nichts von alledem hatte realistische Chancen auf Zustimmung. Die Kommission selbst schrieb, dass solche Versuche wohl »ohne Ergebnis bleiben« würden. Sie kam deshalb zu dem Schluss, dass es der »pragmatischste Ausweg wäre, die Zuständigkeit dem Ort der ersten Asylantragstellung zuzuweisen«. Faktisch hätten sich Flüchtlinge also aussuchen können, wo sie Asyl beantragen wollen.

Doch bei den großen Staaten Zentraleuropas stieß die Kommission damit auf taube Ohren. Deutschland, Frankreich und England wollten davon nichts wissen, auch Skandinavien und die Benelux-Länder dürften nicht angetan gewesen sein. Das Dubliner Abkommen hatte für sie faktisch die Drittstaatenregelung auf europäischer Ebene installiert – und sie waren damit gut gefahren. Über Land konnte man nicht mehr in diese Staaten fliehen. Für das, was bei einer Aufhebung des Abkommens drohte, hatten deutsche Innenpolitiker einen populistischen Kampfbegriff erfunden: Asylshopping.

Tatsächlich sind die einstigen Kolonialmächte Frankreich und England wegen ihrer großen Exilantencommunities und der jeweiligen Sprache für viele Migranten attraktiv. Deutschland, Skandinavien und Benelux-Staaten boten immerhin den Vorteil, dass es im Gegensatz zu den Staaten Südeuropas bessere Sozialleistungen gab. Gleichzeitig sind diese Regionen auch die wohlhabendsten Europas – eine Angleichung der Versorgung »to the bottom«, also auf das griechische oder italienische Niedrigst-Niveau, wäre rechtlich und politisch nicht durchsetzbar gewesen. Gemeinsam blockten sie den Versuch ab, das Abkommen aufzuweichen. Die alten Mitgliedsstaaten im Süden, Netto-Empfänger von Zuwendungen aus Brüssel, vermochten sich nicht zu wehren. Die neuen und künftigen Mitgliedsstaaten im Osten erst recht nicht. »Bei den Verhandlungen um die europäischen Asyl-Richtlinien tritt Deutschland als schärfster Bremser auf. Innenminister Otto Schily setzt ohne Rücksicht auf Verluste seine nationalstaatlich definierten Interessen durch«, sagte damals Pro Asyl.

Im Juli 2001 legte die Kommission einen Vorschlag für eine Dublin-II-Verordnung vor, die die Bestimmungen des Dubliner Übereinkommens weitgehend übernahm: Das Asylverfahren wird da abgewickelt, wo ein Flüchtling in die EU einreist. 21 Monate später trat Dublin II in Kraft.

Ein »Ort der Demütigung«

Die eingangs erwähnte Reportage Kirbachs hieß »Der Kinderknast von Lesbos«. Sie handelt vom Lager Pagani, das Kirbach so beschreibt: »In einem Lagerhaus, das einmal zum Stapeln von Waren erbaut wurde, nicht zur Unterbringung von Menschen. Wie in einem Schweinestall reiht sich Box an Box, Zelle an Zelle. Der Boden ist aus Beton, drei von vier Wänden der riesigen Halle sind fensterlos, nur die Frontseite ist offen, ein Gitter, durch das im Sommer die Sonne brennt und im Winter kalter Wind weht. Für höchstens 300 Menschen bietet die heruntergekommene Halle Platz, doch im vergangenen Sommer waren hier bis zu 1000 Menschen eingepfercht. Das Gelände ist mit Stacheldraht umzäunt. Es gibt keinen Hofgang und keinen Kontakt zur Außenwelt. Es stinkt beißend nach Exkrementen. Pagani ist der Kinderknast von Lesbos. Ein Ort des Verdrängens und Vergessens. Der Ort, an dem wortreiche europäische Asylpolitik, an dem Dublin II, diese zehn Seiten Papier, zu einer Wahrheit wird. Zu einer Demütigung.«[5]

Einer, der in diesem Knast gesessen hat, ist ein afghanischer Junge namens Milad, der 2008 16-jährig aus Afghanistan geflohen war. Als unbegleiteter minderjähriger Flüchtling hat er in Europa eigentlich einen Anspruch auf Schutz. Auch seine Geschichte ist die Geschichte der Folgen dieser zehn Seiten Papier, mit denen die EU »refugees in orbit« verhindern wollte. Seit Oktober 2010 lebt er in einer Frankfurter Jugendeinrichtung für minderjährige Flüchtlinge. Davor machte er eine fast zweijährige Odyssee durch Knäste in halb Europa durch. Milad war alleine über Pakistan, Iran und die Türkei nach Griechenland geflohen. Im Spätsommer 2009 erreichte der damals 17-jährige Lesbos und blieb dort zehn Wochen in Pagani. Erst als die 83 meist minderjährigen Flüchtlinge in ihren Zellen mehrmals hintereinander ihre Matratzen und Decken anzündeten, wurden sie freigelassen. »Etwa 60 Personen kamen gemeinsam frei. Sie versprachen uns Fährtickets nach Athen, aber die bekamen wir nicht. Wir mussten am Hafen bleiben, ohne einen Platz zum Schlafen und ohne einen Pfennig Geld, um etwas zu essen oder zu trinken zu besorgen. Die Polizei hatte uns Geld und Handys gestohlen. Wir beschwerten uns, aber das interessierte niemanden«, sagte Milad später. Er verbrachte mehrere Nächte auf der Straße, bevor er mit dem Schiff nach Athen fuhr. »Die ersten Nächte schliefen wir in einem Park, bis die Faschisten kamen und begannen, Leute zu verprügeln. Die Polizei kam erst eine Stunde später. Sie begannen ihrerseits, die Leute zu verprügeln.«

Milad hatte ein Ziel: Er wollte nach Norwegen, wo eine Tante von ihm lebte. Im Oktober schmuggelte er sich auf eine Fähre nach Italien, doch die Italiener schnappten ihn und schoben ihn direkt nach Griechenland zurück, wo er erneut acht Wochen lang inhaftiert wurde. Die Haftbedingungen beschreibt er auch hier als grauenhaft: zu wenig Essen, überfüllte Zellen mit zu wenigen Matratzen. Er verletzte sich, die Griechen ließen ihn laufen und wieder machte er sich auf den Weg Richtung Norwegen. Im Februar 2010 erreichte er mit einer Gruppe afghanischer Flüchtlinge, über Serbien kommend, Ungarn – und wurde erneut festgenommen. Per Telefon meldete er sich bei einer Unterstützerin aus Deutschland und klang »hoffnungslos und unglaublich müde«, wie sie sich erinnert.

In Ungarn treffen sich die Wege derer, die über die Ukraine nach Westeuropa einzureisen versuchen, mit denen, deren Weiterflucht aus Griechenland sie über den Balkan hierher führte. Das Land inhaftierte lange nahezu ausnahmslos alle Asylsuchenden. Und das trifft nicht zuletzt auch diejenigen, die als Asylbewerber aufgrund des Dublin-II-Abkommens aus Deutschland oder anderen europäischen Ländern dorthin zurückgeschoben werden. Auch wenn im Asylgesetzentwurf von Ende 2010 die reguläre Haft von unbegleiteten minderjährigen Flüchtlingen nach heftiger Kritik von Menschenrechtsorganisationen und UNHCR zurückgenommen wurde, werden dort immer wieder Minderjährige ins Gefängnis gesteckt. 2010 baute Ungarn neue Internierungslager und setzte die Haftdauer auf zwölf Monate herauf.

Milad stellte einen Asylantrag, sein Schlüsselbein wurde geröntgt um sein Alter festzustellen. Das Ergebnis: 16 Jahre. Man überstellte ihn in das Lager Bicske, wo er mehrere Tage isoliert wurde. Auch dort seien die Lebensbedingungen sehr schlecht gewesen, berichtet er später, es habe nicht ausreichend zu essen gegeben, die Polizei habe viele Flüchtlinge misshandelt. Er floh weiter und erreichte tatsächlich Norwegen. Die Behörden nahmen seine Fingerabdrücke – und wollten ihn nach Ungarn abschieben. Er versteckte sich unter der Matratze eines Freundes der Tante, als er abgeholt werden sollte. Und floh weiter. Diesmal nach Schweden, wo er erneut einen Asylantrag stellte. Er sagte, er könne unmöglich nach Ungarn zurückgehen, er habe Angst. Doch als die schwedische Polizei seine Fingerabdrücke abnahm und sich abzeichnete, dass er nach Ungarn zurückgeschickt werden würde, floh er erneut. Im Oktober 2010 erreichte er Frankfurt, dort hatte er Kontakt zu einer antirassistischen Initiative. Die traumatischen Erlebnisse auf der Flucht und in den vielen Gefängnissen lassen ihn noch immer nicht schlafen, sagt er. »In Ungarn komme ich wieder ins Gefängnis. Noch einmal halte ich das nicht aus«, sagt Milad. Dublin II sei »nicht dazu da, dass wir Ruhe finden. Sie schauen nur auf unsere Fingerabdrücke. Immer wieder im Knast landen und niemals ankommen – das macht auch die kaputt, die einmal stark waren.«

Nach Ansicht des Bundesfachverbands Unbegleitete Minderjährige Flüchtlinge (BUMF) ist die Geschichte von Milad kein Einzelfall. Immer mehr – auch minderjährige – Flüchtlinge würden nach ihrer vermeintlich sicheren Ankunft in einem europäischen Erstaufnahmestaat noch monate-, teils jahrelang durch Europa irren, auf der Suche nach einem Staat, in dem ein menschenwürdiges Leben möglich erscheint. »Die Erstregistrierung in den östlichen und südlichen EU-Ländern wird vielen Flüchtlingen zum Verhängnis«, sagt der BUMF-Referent Niels Espenhorst. »Kinderrechte werden dort mit Füßen getreten, Minderjährige müssen ihre Flucht innerhalb Europas fortsetzen. Doch niemand fühlt sich für diese Menschen zuständig, sie werden von Staat zu Staat hin- und hergeschoben.«[6]

Mit Fingerabdrücken gegen doppelte Asylanträge

Diese Praxis wäre nicht möglich, wenn die EU nicht im Januar 2003 in Luxemburg die Biometriedatenbank EURODAC in Betrieb genommen hätte. Seither erfassen alle EU-Länder sowie Norwegen und Island die Fingerabdrücke aller Asylbewerber über 14 Jahre sowie die von bestimmten Gruppen illegalisierter Einwanderer. Der Hersteller Steria verkündete zum Start stolz, dass das System »500 000 Vergleiche pro Sekunde« mit einer Treffergenauigkeit von 99,9 Prozent abzuleisten im Stande sei. Die Daten werden für zehn Jahre gespeichert, ein erneuter Asylantrag soll so aufgedeckt werden. »EURODAC erlaubt es, den Asylmissbrauch in der Europäischen Union wirksam zu bekämpfen«, sagte Bundesinnenminister Otto Schily damals. »Durch den Vergleich der nun in einer zentralen Datenbank gespeicherten Fingerabdrücke ist es künftig einfacher, parallele oder sukzessive Asylverfahren in den Mitgliedsstaaten aufzudecken und den Mitgliedsstaat zu bestimmen, der für die Prüfung des Asylantrags zuständig ist«, meinte Schily. Zudem müsse EURODAC auch »für polizeiliche Zwecke geöffnet« werden. Es dauerte zwar ein wenig, aber schließlich wurde im September 2009 – trotz Warnungen des EU-Datenschutzbeauftragten Peter Hustinx – den Polizei- und Justizbehörden der EU-Länder der Zugriff auf die zentrale Asylbewerberdatei der EU gestattet. Der Kampf gegen Terrorismus, Menschen- und Drogenhandel werde damit »deutlich erleichtert«, sagte EU-Innenkommissar Jacques Barrot.

Ob die Datenbank ihren eigentlichen Zweck erfüllt, ist indes zweifelhaft. Im März 2004, gut ein Jahr nach dem Start von EURODAC, veröffentlichte die EU-Kommission eine erste Bilanz. In jenem Jahr wurden in der EU knapp 290 000 Asylanträge gestellt – fast ein Viertel weniger als im Vorjahr. Durch EURODAC wurden darunter etwa 17 000 Doppelanträge entdeckt – rund sechs Prozent. Diese Rate werde bald fallen, erklärten Experten der Kommission: Mit zunehmendem Datenbestand würden in Zukunft immer weniger Doppelanträge gestellt. Das Gegenteil war der Fall. Fünf Jahre später war die Quote der Doppelanträge auf 25 Prozent gestiegen. 2009 beantragte jeder vierte der rund 230 000 Antragsteller in mindestens zwei Ländern Asyl – durch EURODAC natürlich erfolglos.

Immerhin erkannte die EU-Kommission, worauf dieser Anstieg zurückzuführen war: »Damit das System richtig arbeiten kann, brauchen wir eine gemeinsame Asylpolitik, in der Asylbewerber die gleichen Rechte und Chancen haben und die gleichen Verfahren antreffen – egal in welchem Land sie ankommen«, sagte ein Sprecher von EU-Innenkommissarin Cecilia Malmström damals.

Trippelschritte ohne Wirkung

Doch von einer gemeinsamen Asylpolitik kann weniger denn je die Rede sein. In den Jahren nach dem Tampere-Gipfel unternahm die EU einige Trippelschritte in diese Richtung und erließ neben Dublin-II noch drei weitere Richtlinien: die Aufnahmebedingungen-Richtlinie, die Mindeststandards für die Versorgung von Asylbewerbern vorgibt; die Qualifikationsrichtlinie, die Schutz für Flüchtlinge vorsieht, die nach der Genfer Flüchtlingskonvention kein Anrecht auf Asyl hätten, aber auf Basis der Europäischen Menschenrechtskonvention nicht in ihr Land zurückgeschickt werden können; und die Verfahrensrichtlinie, die Mindestnormen für Asylverfahren festlegt.

Dies klingt alles nicht schlecht, hatte in der Praxis aber keine Wirkung. »In welchem EU-Land man seinen Asylantrag einreicht, ist mittlerweile wichtiger als die Frage, warum man überhaupt Asyl beantragt«, sagte der schwedische Migrationsminister Tobias Billström während der schwedischen EU-Ratspräsidentschaft 2009. Es sei »wie eine Lotterie«, sagte auch Innenkommissarin Cecilia Malmström: »In einem Land werden 75 Prozent der Anträge anerkannt, in einem anderen nur ein

Prozent. In Schweden werden Iraker fast immer als Asylbewerber anerkannt, in Griechenland praktisch nie. Tschetschenen bekommen in Österreich häufig Asyl, in der Slowakei praktisch nie. »Aber in einem gemeinsamen Europa müssen alle dieselben Schutzmöglichkeiten haben, wenn sie vor Verfolgung oder Kriegen fliehen.«[7]

Die EU hat es geschafft, Frontex und EURODAC aufzubauen, sie hat es geschafft, quasi ganz Nordafrika als Hilfspolizisten für die Grenzsicherung einzuspannen. Doch bis heute gibt es noch nicht einmal im Ansatz so etwas wie ein gemeinsames europäisches Asylsystem. Es gibt keine einheitlichen Leistungen für Flüchtlinge, keine gemeinsamen Regelungen zur Arbeitsaufnahme, keine gemeinsame Asylbehörde, keine gemeinsame Bewertung der Lage in den Herkunftsländern, keine gemeinsamen Asylrechts- oder Rechtsschutzmechanismen. Es gibt keine Quoten zur Aufnahme und keine Ausgleichszahlungen für die Länder, die Flüchtlinge aufnehmen. Dabei war dies immer wieder gefordert worden.

2006 etwa trafen sich die EU-Staaten erneut in Tampere. In jener Zeit herrschte besonders bei Malta, Italien und Spanien großer Unmut – es war eine Hochphase der Ankunft von Flüchtlingen in diesen Ländern. Sie wollten Geld von der EU, doch ihre Bemühungen scheiterten. »Der Ruf nach dem Geld anderer ist immer der bequemste Weg«, sagte der damalige deutsche Bundesinnenminister Wolfgang Schäuble (CDU), der Schily im Vorjahr abgelöst hatte. »Wer ein Problem wirklich lösen will, soll nicht damit anfangen, das Geld anderer zu fordern.«[8] Allerdings würden die EU-Mittelmeerländer derzeit eine größere Last als andere Mitgliedsstaaten tragen. Deutschland sei zu »sehr viel mehr Solidarität« bereit, als es »in der Vergangenheit bei der Versorgung von Flüchtlingen von den EU-Partnern selbst erfahren« habe.

Die Bedingung war: Italien, Spanien und Malta sollten konsequenter abschieben. Flüchtlinge ohne Anspruch auf Asyl müssten nach Hause geschickt werden, »weil dann ihre

Freunde und Bekannten sehen, dass es keinen Erfolg und auch keinen Sinn hat«, die gefährliche Reise über das Meer anzutreten. Die Duldung illegaler Einwanderung führe dazu, »dass wenn 1000 erfolgreich sind, die nächsten 5000 schon vor der Tür stehen«, sagte Schäuble mit Blick auf Spanien. Madrid hatte im Vorjahr 700 000 illegal eingereisten Ausländern ein Bleiberecht erteilt, nachdem diese jahrelang in der Landwirtschaft und Bauindustrie gearbeitet hatten. Geld wollte Schäuble lieber anderen geben: »Wir müssen auf die Herkunftsstaaten und auch auf die Transitstaaten Druck ausüben, dass auch die diese illegale Migration bekämpfen.« 45 Millionen Euro sollten dafür – zunächst – für die Sicherung der Grenzen und die Eindämmung der Auswanderung nach Afrika fließen.

»Sklavenbefreiung durch Abschiebung«

Die um Ausgleich bemühte finnische Ratspräsidentschaft mochte die Süd-Staaten nicht so abgekanzelt sehen. Sie unternahm noch einen Versuch, eine alte Idee wieder zu beleben. Jeder Mitgliedsstaat könne doch, so schlug Matti Vanhanen vor, pro aufgenommenem Flüchtling einen Fixbetrag aus dem EU-Haushalt bekommen. Schäuble lehnte ab. Er sei nicht grundsätzlich dagegen, »Ausgleichssysteme zu schaffen«. Doch erst einmal sollten die Aufnahmeländer konsequenter abschieben. Gemeint war vor allem, dass Italien, Spanien und andere nicht länger systematisch massenhaft Papierlose dulden sollten, die sie dank ihres rechtlosen Status als überaus billige Arbeitskräfte ausbeuten können.

Zwei Jahre später verabschiedete die EU deshalb die Rückführungsrichtlinie zum Umgang mit papierlosen Einwandrern. Diese verpflichtete die Mitgliedsstaaten, gegenüber Illegalisierten eine Rückkehrentscheidung zu treffen: Legalisierung aus humanitären oder sonstigen Gründen – was die Ausbeutung erschwert – oder Abschiebung. Nichtstun ist seither ein Verstoß gegen EU-Recht. Dem CSU-Abgeordneten Manfred Weber gelang es, dies als Dienst im Interesse papierloser Beschäftigter zu interpretieren: »Illegale Arbeiter sind die Sklaven des 21. Jahrhunderts und den Arbeitgebern hilflos ausgeliefert. Dieses Sklaventum müssen wir beenden.«[9] Die Richtlinie befreie Menschen aus der Illegalität, weil die Staaten gezwungen seien, den Aufenthalt entweder zu legalisieren oder konsequent abzuschieben, sagte der Berichterstatter für das Vorhaben. Vor lauter Menschenfreundlichkeit setzte die EU die maximale Dauer einer Abschiebehaft auch gleich noch auf 18 Monate fest[10], dazu ein Wiedereinreiseverbot von fünf Jahren und erlaubte, in Ausnahmefällen auch Minderjährige in Abschiebehaft zu nehmen. Zu jener Zeit lebten nach Schätzungen der EU-Kommission zwischen acht und zehn Millionen Menschen illegal in Europa.

Für die EU-Kommission war die Abschieberichtlinie nur der Anfang. Sie hatte das Vorhaben eines einheitlichen Asylsystems nie aufgegeben. Die Frage war nur, wann sich unter welchen Bedingungen dafür eine Mehrheit organisieren ließ. Denn klar war auch: Dazu müssen Dublin II angetastet und die Peripheriestaaten entlastet werden.

Gemeinsame Asylstandards? Vielleicht ja 2012

Am 1. Juni 2011 unternahm EU-Innenkommissarin Cecilia Malmström einen neuen Vorstoß. Angesichts der wachsenden Flüchtlingszahlen aus Libyen forderte sie die Mitgliedsstaaten auf, ihre Regeln für Asylverfahren anzugleichen. Das betreffe nicht nur die Prüfung und Gewährung der Anträge, sondern auch die Unterbringung, die Bewegungsfreiheit, die medizinische Versorgung sowie den Zugang zu Bildung und Arbeitsmarkt für Asylsuchende. Es sei nicht hinzunehmen, dass innerhalb der EU die Regeln für die Gewährung von Asyl so unterschiedlich seien. Malmström schlug vor, Dublin II künftig »in Notsituationen« auszusetzen. Sie forderte eine Reform der Aufnahmerichtlinie. Sie solle Schutzsuchenden auch durch eine angemessene materielle Unterstützung »ein menschenwürdiges Leben ermöglichen«, so Malmström. Die Stellung von unbegleiteten Kindern und Jugendlichen solle gestärkt werden, erwachsene Asylbewerber einen einfacheren Zugang zum Arbeitsmarkt erhalten. Die Möglichkeit für die Mitgliedsstaaten, Antragsteller zu inhaftieren, sollten dagegen eingeschränkt werden. Endlich müsse es eine »solidarische Lastenverteilung« geben. Viele Länder müssten mehr tun, statt auf der Regelung von Dublin II zu beharren.

Noch am selben Tag hagelte es Kritik. Die Vorschläge seien »einfach der falsche Ansatz«, sagte die britische Innenministerin Theresa May. Deutschlands Innenminister Hans-Peter Friedrich (CSU), May sowie ihr französischer Kollege Claude Guéant warnten in einem gemeinsamen Brief vor höheren Kosten durch die neuen Asylregeln. Sie sprachen sich zudem dagegen aus, Asylbewerbern bereits nach einem halben Jahr Zugang zu den Arbeitsmärkten der Aufnahmeländer zu gewähren. Vor allem dürften die gewährten Sozialleistungen »nicht zu einem Anstieg des Asylmissbrauchs führen«[11].

Drei Wochen später, Ende Juni, berieten die Staatschefs auf dem EU-Gipfel in Brüssel Malmströms Vorschläge. Sie fällten dazu zwei Beschlüsse. Um die »Ursachen von Flucht in Richtung Europa zu beseitigen«, sollten »dringend ein Dialog und Partnerschaften mit den Herkunftsländern in Nordafrika« eingeleitet werden. Bekräftigt wurde abermals das nun mittlerweile zwölf Jahre alte Vorhaben, gemeinsame Asyl-Standards zu beschließen. Dafür wolle man sich aber Zeit lassen – bis 2012.

15 Manifest für ein Europa der Humanität und Solidarität

Sechs Einsprüche gegen das Grenzregime

I.

Das Mittelmeer wird zum Massengrab der namenlosen Flüchtlinge. Die Zahl der Ertrunkenen steigt. Die EU verschließt den Schutzsuchenden aus Nordafrika den Zugang, überlässt sie in unwirtlichen Wüstenlagern entlang der tunesisch-libyschen Grenze sich selbst. Allein in den ersten sieben Monaten dieses Jahres sind 1674 Flüchtlinge im Kanal von Sizilien ertrunken. Berichte über unterlassene Hilfeleistung durch Militärverbände oder kommerzielle Schiffe mehren sich. **Das Flüchtlingsdrama im Mittelmeer verschärft sich – und Europa schaut zu.**

Menschen, die ihnen in Seenot helfen, werden angeklagt. Selbst eine spanische NATO-Fregatte, die im Meer vor Libyen Bootsflüchtlinge vor dem Ertrinken rettete, durfte keinen europäischen Hafen anlaufen und wurde gezwungen, die unerwünschten Passagiere in Tunesien von Bord zu bringen.

Die europäische Grenzschutzagentur Frontex steht für den Ausbau eines tödlichen Grenzregimes, das unsere »Welt der Freiheit und Demokratie« vor dem Begehren der globalen Armen »schützen« will. Dieses Grenzregime ist eine der größten direkten Menschenrechtsverletzungen, die im Namen der EU begangen wird. Der tägliche Tod an den europäischen Außengrenzen ist eine Folge davon. Sechzig Jahre nach dem Ja zur Genfer Flüchtlingskonvention ist es höchste Zeit, die Solidarität mit den Schutzsuchenden zu erbringen, zu der sie uns verpflichtet. Das Sterben an den Außengrenzen muss aufhören.

Wir wollen ein anderes Europa. Ein Europa, das wirklich für die Ideen der Humanität und Freiheit aller Menschen steht.

II.

Staatschefs, die gestern noch Partner der EU waren, werden heute als Kriegsverbrecher und Folterer angeklagt. Als »Gendarmen Europas« und »Garanten der Stabilität« wurden sie hofiert, bezahlt und gestützt, ungeachtet ihrer längst offensichtlichen Verbrechen gegen die eigene Bevölkerung. Die neu entstehenden Strukturen sollen diese Komplizenschaft fortsetzen: Vor der diplomatischen Anerkennung des libyschen Übergangsrates in Bengasi durch die EU-Staaten stellten italienische Unterhändler sicher, dass die Rebellen das schon unter Gaddafi bewährte Abkommen zur Abwehr von Flüchtlingen erneuern.

Dieses Vorgehen hat Tradition. Schon 1999 beschloss die EU, sich eine gemeinsame Asyl- und Zuwanderungspolitik zu geben. Vereinheitlicht hat sie dabei vor allem ihre Bemühungen, sich abzuschotten. Länder weit jenseits ihrer Grenzen werden dabei zu Erfüllungsgehilfen gemacht; Entwicklungshilfe wird an die Bereitschaft gekoppelt, Flüchtlinge und (Transit-)MigrantInnen zu stoppen. **Die EU nimmt mit den sogenannten Drittstaatenabkommen zur gemeinsamen Flüchtlingsabwehr Einfluss auf die Ausgestaltung der dortigen Innenpolitik. Durch den Aufbau einer Überwachungslogistik und den Verkauf modernster Sicherheitstechnik werden die repressiven Systeme (Polizei, Armee, Geheimdienste) dieser Staaten und deren Vertreter gestärkt. In Libyen und Tunesien zeigt sich, wie diese Hochtechnologie zur Flüchtlingsabwehr in Krisen gegen demokratische Bewegungen eingesetzt wird.**

Aber auch Grundrechte wie die Ausreise- und Bewegungsfreiheit werden durch erzwungene neue gesetzliche Regelungen in den »Partnerländern« eingeschränkt und Verstöße hart bestraft.

Beharrlich hält die EU an solchen Komplizenschaften fest. Das muss aufhören.

III.

Nur ein Bruchteil der Flüchtlinge der Welt kommt nach Europa; die übergroße Mehrheit bleibt in den Ländern des Südens. Daher sind die Bilder aus Lampedusa, aus dem griechischen Grenzgebiet oder aus Malta ein künstlich geschaffener Notstand. Populistische Politiker und Teile der Medien überhöhen die zur »Bedrohung« von Sicherheit und Wohlstand dramatisierte »Massenflucht« von Flüchtlingen und MigrantInnen weiter und schüren vorhandene Rassismen. So werden Ausgrenzungen und Aufrüstung legitimiert. Doch Flucht und Migration lässt sich nicht stoppen. Nicht sie sind ein Verbrechen, sondern wirtschaftliche und politische Verhältnisse, die die Menschen zwingen, sich durch Flucht über das Meer vor Not und Gewalt zu retten, sowie das Fehlen von legalen Einreiseperspektiven.

Schutzsuchende dürfen nicht instrumentalisiert werden, um künstliche Bedrohungsszenarien zu schaffen. Die EU muss ihre Grenzen abrüsten und den legalen und gefahrenfreien Zugang für Flüchtlinge ermöglichen.

IV.

Die sogenannte Dublin-II-Verordnung regelt die Verantwortung für die Asylverfahren unter den Mitgliedsstaaten. Dieses europäische Gesetz hat die Verantwortung für die Aufnahme von Asylsuchenden extrem ungleich verteilt – zum Nutzen der Staaten ohne EU-Außengrenze, allen voran Deutschland. Diese Ungleichbehandlung trifft zuletzt die Flüchtlinge selbst, denen das Recht genommen wird, sich als Schutzsuchende ihren Aufenthaltsort selbst zu wählen. Die Dubliner Zuständigkeitsregelungen führen zu einer doppelten Verantwortungsverlagerung. Während sich die Kernländer der EU auf bequeme Art ihrer Verantwortung für eine humane Flüchtlingspolitik entziehen, wehren die EU-Mitglieder an den Außengrenzen vermehrt Flüchtlinge brutal ab.

Die unfaire und unsolidarische Dublin-Regelung muss aufgehoben werden. Alle EU-Staaten müssen ihren gerechten Beitrag zum Flüchtlingsschutz leisten.

V.

Flüchtlinge und MigrantInnen suchen nicht nur Schutz. Sie kämpfen um ein besseres Leben, für gleiche Rechte, für Autonomie und Teilhabe am gesellschaftlichen Reichtum. Die Bewegungen der Flucht und Migration innerhalb des afrikanischen Kontinents und entlang der südlichen Grenzregionen der Europäischen Union sind der Preis einer Globalisierung, die an den Ressourcen und Märkten des afrikanischen Kontinents, nicht an seinen Menschen interessiert ist. Dabei muss gerechte Entwicklung den Menschen des Südens auf der einen Seite das Recht auf Ausreise garantieren, gleichzeitig die sozialen, ökonomischen und politischen Bedingungen schaffen, dass diese Menschen in ihren Herkunftsländern bleiben können.

Entwicklungszusammenarbeit darf nicht zum Hilfsdienst für einen ausgelagerten Grenzschutz gemacht werden. Die Politik der EU und ihrer Mitgliedsländer muss kohärent auf eine global gerechte Entwicklung und die Schaffung menschenwürdiger Lebensbedingungen weltweit ausgerichtet werden.

VI.

Europa beansprucht, ein »Raum der Freiheit, der Sicherheit und des Rechts« zu sein und beruft sich dazu auf seine Geschichte, auf Humanismus, Aufklärung, auf seine Revolutionen. Europäische Regierungschefs aber schämen sich nicht, Flüchtlinge als »menschlichen Tsunami« zu diffamieren.

Mit Enthusiasmus verfolgen wir die zivilgesellschaftlichen Aufstände in Nordafrika und in den Ländern des Nahen Ostens, vor allem das Streben der Menschen nach Freiheit und Gerechtigkeit. Die EU aber weigert sich, mit den neu errungenen Freiheitsrechten auch die Freiheit der Mobilität anzuerkennen. Doch muss sich eine Welt, die sich der Demokratie verpflichtet, daran messen lassen, wie sie mit der Migration umgeht.

Die Aufhebung von restriktiven Visabestimmungen, die Unterstützung von Schutzsuchenden und eine reale Perspektive für sie, innerhalb der EU eine neue Heimat zu finden, wären Ausdruck der in der Charta der Grundrechte und in vielen Verfassungen der Mitgliedsländer übernommenen humanitären und demokratischen Verpflichtungen. **Statt diese Freiheiten bei Bedarf populistisch wieder in Frage zu stellen, ist es höchste Zeit, dass sie für die EU auch außerhalb ihrer Grenzen Gültigkeit haben.**

Erstunterzeichner:

medico international

Amnesty International

borderline-europe –
menschenrechte ohne grenzen

Karawane für die Rechte
der Flüchtlinge und Migranten

Afrique Europe Interact

Pro Asyl

Brot für die Welt

Komitee für
Grundrechte und Demokratie

BUKO – Bundeskoordination
Internationalismus

Netzwerk MiRA –
Migrationsforschung & Aktion

Informationen zu den UnterzeichnerInnen

medico international

Frankfurt am Main

Die Hilfsorganisation medico international arbeitet unter dem Motto »Gesundheit – Soziales – Menschenrechte«. Sie wurde 1968 in Frankfurt gegründet, um für das Menschenrecht auf den bestmöglichen Zugang zu Gesundheit zu kämpfen. Die Organisation setzt auf einen partnerorientierten Ansatz, auf kritische Öffentlichkeitsarbeit und auf den Kampf für Demokratie, Menschenrechte und soziale Gerechtigkeit. Es geht medico nicht um kurzfristige »interventionistische Hilfsmissionen«, sondern um eine solidarische und vertrauensvolle Zusammenarbeit mit Menschen, die für uns eigenständige Partner keinesfalls aber bloße Hilfsempfänger sind. Die Mitarbeiter unterstützen Projekte in Afrika, Asien und Lateinamerika.

www.medico.de

Pro Asyl

Frankfurt am Main

Pro Asyl wurde 1986 gegründet, um eine Stimme für die Rechte von Flüchtlingen in Deutschland zu etablieren. Das Motto der Organisation ist: »Der Einzelfall zählt.« Als unabhängige Stimme, die für schutzsuchende Menschen eintritt, will Pro Asyl dafür sorgen, dass Menschen, die unter Krieg, Verfolgung und Folter leiden, Schutz und eine humane Lebensperspektive finden. In der Arbeitsgemeinschaft Pro Asyl sind Mitarbeiter landesweiter Flüchtlingsräte, Kirchen, Gewerkschaften, Wohlfahrts- und Menschenrechtsorganisationen vertreten. Neben Öffentlichkeits- und Lobbyarbeit, Recherchen und der Unterstützung bundesweiter Initiativgruppen leistet der Verein Flüchtlingen in ihrem Asylverfahren konkrete Hilfe.

www.proasyl.de

Amnesty International

Berlin

Amnesty International ist eine der größten weltweit tätigen Menschenrechtsorganisationen. Grundlage ihrer Arbeit sind die Allgemeine Erklärung der Menschenrechte und andere Menschenrechtsdokumente. Die Organisation recherchiert Menschenrechtsverletzungen, betreibt Öffentlichkeits- und Lobbyarbeit und organisiert Aktionen in Fällen von Folter oder drohender Todesstrafe. Amnesty International recherchiert fortlaufend zur Menschenrechtssituation weltweit und führt Aktionen gegen spezifische Menschenrechtsverletzungen durch. Der Jahresbericht der Organisation (Amnesty International Report) enthält einen Überblick über die Lage der Menschenrechte in fast allen Ländern der Erde.

www.amnesty.de

Brot für die Welt

Stuttgart

Brot für die Welt wurde 1959 in Berlin gegründet und ist eine Hilfsaktion der evangelischen Landes- und Freikirchen in Deutschland. In einer globalisierten Welt macht Brot für die Welt sich stark für die Rechte der Armen, Benachteiligten und sozial Ausgegrenzten, um ihnen zu helfen, ihr Schicksal selbst in die Hand zu nehmen und so ein Leben in Würde zu ermöglichen. Ihr Motto lautet: »Es ist genug für alle da.« Mit Unterstützung von kirchlichen, kirchennahen und säkularen Partnerorganisationen in mehr als 1000 Projekten in Afrika, Asien, Lateinamerika und Osteuropa leistet Brot für die Welt Hilfe zur Selbsthilfe. Schwerpunkte der Arbeit sind Ernährungssicherung, Bildung und Gesundheit, Frieden und Menschenrechte sowie HIV/Aids.

www.brot-fuer-die-welt.de

borderline-europe – menschenrechte ohne grenzen e.v.

Potsdam

borderline-europe ist angetreten, um das Massensterben an den Außengrenzen der Europäischen Union bekannt zu machen. Die EU setzt ebenso wie die meisten nationalen Regierungen ungeachtet Tausender Opfer weiterhin vor allem auf die nach militärischen Prinzipien organisierte Abschottung. Das wahre Ausmaß der daraus folgenden Tragödie wird verschwiegen. Die BürgerInnen Europas sollen nicht erfahren, was sich an den Außengrenzen der EU tatsächlich abspielt. borderline-europe will die Vertuschungsversuche der Behörden mit präzisen Recherchen in den Grenzregionen durchkreuzen. Mit Öffentlichkeit und auf Basis zuverlässiger Informationen soll den tödlichen Konsequenzen der Abschottungspolitik entgegengewirkt werden.

www.borderline-europe.de

Komitee für Grundrechte und Demokratie

Köln

Das Komitee für Grundrechte und Demokratie ist eine unabhängige deutsche Bürgerrechtsorganisation, die sich seit 1980 für die Einhaltung der Grund- und Freiheitsrechte in Deutschland und weltweit einsetzt. Aktiv, streitbar, couragiert und – wenn menschenrechtlich geboten – zivil ungehorsam engagiert sich das Komitee für Grundrechte und Demokratie. Es versteht sich als Teil der außerparlamentarischen Opposition und Mitgestalter bürgerlichen Protestes. Mit Öffentlichkeitsarbeit, Demonstrationsbeobachtungen, aber auch konkreter Hilfe für Gefangene oder der »Aktion Ferien vom Krieg« interveniert das Komitee gegen die Erosion von Grund- und Freiheitsrechten.

www.grundrechtekomitee.de

Karawane für die Rechte der Flüchtlinge und MigrantInnen

Das in elf deutschen Städten und vielen Flüchtlingslagern vertretene Netzwerk versteht sich als Selbstorganisation von Flüchtlingen. Ihr Motto lautet: »Wir sind hier, weil ihr unsere Länder zerstört.« Für die Karawane sind Flüchtlinge die Stimmen und Repräsentanten der Opfer weltweiter, postkolonialer Ausbeutungsverhältnisse. Seit einer Tour vor der Bundestagswahl 1998 macht die Karawane auf die Lebensrealität der Flüchtlinge in Deutschland und die Beschneidung ihrer Rechte aufmerksam. Sie kämpft gegen Abschiebungen, die Residenzpflicht, die Lagerisolation, das Asylbewerberleistungsgesetz oder rassistische Polizeigewalt – mit Kampagnen, Demonstrationen oder Aktionen zivilen Ungehorsams.
www.thecaravan.org

Bundeskoordination Internationalismus (BUKO)
Hamburg
Die Bundeskoordination Internationalismus ist ein unabhängiger, entwicklungspolitischer Dachverband von über hundert aktiven Gruppen. Sie steht für emanzipatorische Politik, radikale Kritik der gesellschaftlichen Verhältnisse und für eine internationalistische Bewegung. Sie versteht sich als loses Netzwerk für Debatten und Aktionen, die sich aus der Kapitalismus- und Globalisierungskritik ergeben. 1977 gegründet ist die BUKO eines der ältesten Basisnetzwerke in Deutschland. Ihr Ursprung lag in den Solidaritätsbewegungen mit den Befreiungskämpfen im Süden, wobei sie den offenen Dialog mit anderen Bewegungen und NGOs sucht, um für eine Welt ohne entwürdigende Lebens- und Arbeitsbedingungen, Armut, Sexismus, Rassismus, Antisemitismus oder Zerstörung der Lebensgrundlagen zu kämpfen.
www.buko.info

Afrique Europe Interact

Afrique-Europe-Interact ist ein aktivistisches, transnational organisiertes Netzwerk, das im Oktober 2009 gegründet wurde. Beteiligt sind AktivistInnen aus Mali, Deutschland, Österreich und den Niederlanden. In Mali haben sich dem Netzwerk rund 40 Gruppen angeschlossen, die meisten sind in der praktischen Unterstützung von Abgeschobenen aktiv, mehrere der Gruppen wurden von Abgeschobenen selbst gegründet. Entwicklungspolitische Zielsetzungen spielen eine zentrale Rolle für AEI. Aus Deutschland sind in erster Linie antirassistische Basisinitiativen und selbstorganisierte Flüchtlingsgruppen beteiligt. Anfang 2011 organisierte AEI eine »Karawane für Bewegungsfreiheit und gerechte Entwicklung« von Bamako zum Weltsozialforum in Dakar.

www.afrique-europe-interact.net

Netzwerk MiRA – Kritische Migrationsforschung

Das Netzwerk MiRA versteht sich als Plattform für Migrationsforschung und politische Aktionen. Es soll ein Zusammentreffen und einen Austausch zwischen kritischer Wissenschaft und Praxis ermöglicht werden. Im Vorfeld der Wahlen zum Abgeordnetenhaus in Berlin etwa ist MiRA an der Organisation von symbolischen Wahlen für die 460 000 Berlinerinnen und Berliner ohne deutschen Pass beteiligt.

www.netzwerk-mira.de

Anmerkungen

Kapitel 1

1 »Mörderisch, aber legal«, Interview in *Publik-Forum* 11/2011, Dossier «Hunger im Überfluss« (siehe www.publik-forum.de)
2 Jean Ziegler in *Le Monde Diplomatique* Nr. 8530, 14.3.2008
3 ebenda
4 ebenda
5 »Let's Make Money«, Dokumentarfilm von Erwin Wagenhofer, Österreich 2008
6 Mare: »Europa kauft die Meere leer«, *Spiegel Online*, 28.8.2010
7 Jean Ziegler in *Le Monde Diplomatique* Nr. 8530, 14.3.2008

Kapitel 3

1 *Flüchtlinge an den EU-Außengrenzen – Eine Herausforderung für unser Handeln*, medico international, November 2010, http://www.medico.de/themen/menschenrechte/migration/dokumente/alte-und-neue-fluchtursachen/3025/
2 Amnesty International: »*Nobody wants to have anything to do with us*«: *Arrests and collective expulsions of migrants denied entry into Europe*«, Juli 2008, http://www.amnesty.org/en/library/asset/AFR38/001/2008/en/ad888d90-46c2-11dd-9dcb-1bbf1ead8744/afr380012008eng.html
3 ebenda
4 ebenda

Kapitel 5

1 Internationale Liga für Menschenrechte: «MenschenfischerBericht über den Prozess gegen die sieben tunesischen Fischer, die am 8.8.2007 vor der Küste Lampedusas 44 schiffbrüchige Migranten retteten«, Germana Graceffo, übersetzt und überarbeitet von Judith Gleitze, Agrigento/Palermo, Dezember 2009

Kapitel 6

1 EU-Parlament: »REPORT with a proposal for a European Parliament recommendation to the Council on the negotiations on the EU-Libya Framework Agreement« (2010/2268(INI))

2 http://www.faz.net/artikel/C30189/f-a-z-gastbeitrag-afrikas-probleme-in-afrika-loesen-30099154.html

3 http://www.sueddeutsche.de/politik/sz-interview-mit-otto-schily-ich-finde-nichts-anstoessiges-daran-1.305629-2

4 ebenda

5 dpa: »Schily will nach »Cap Anamur«-Affäre Asyllager in Nordafrika« (bdt0563 pl 3 dpa 0643 über dpa vom 19 07 04 18:48:11 EU/Justiz/Innenpolitik, Zusammenfassung 1845)

6 AFP: »Schily: Asylbewerberlager in Nordafrika ohne Rechtsschutz denkbar« (DEU084 pl 4 DEU afp /AFP-XX71 über afp vom 02 08 04 14:27:55 D/Afrika/Flüchtlinge/Asyl/ZF)

7 CSU Landesgruppe über OTS: »CSU-Landesgruppe / Zeitlmann: Hilfe vor Ort ist humaner als Seenot« (net0272 pl 4 ots 0275 über dpa vom 02 08 04 14:26:18 CSU/Politik/Innenpolitik/OTS)

8 AFP: »Schäuble: Schily hebelt die Flüchtlingskonvention aus« (DEU074 pl 4 DEU afp /AFP-FH77 über afp vom 04 08 04 11:23:07 D/Afrika/Flüchtlinge/Asyl/ZF)

9 *Volksstimme Magdeburg*, 11.08.2008

10 *New York Times*, 20.10.2004: «Hiding the Refugee Problem Offshore«, http://query.nytimes.com/gst/fullpage.html?res=9E0CE 7D6133AF933A15753C1A9629C8B63&scp=1&sq=persecut ion%20north%20africa%20libya%20eritrea%20sudan&st=cse

11 Klepp, Silja: *Europa zwischen Grenzkontrolle und Flüchtlingsschutz. Eine Ethnographie der Seegrenze auf dem Mittelmeer*, Bielefeld 2011

12 Noll, Gregor / Giuffré, Mariaguillia: «EU migration control: made by Gaddafi?«, Lund/Trento, Feb. 2011, http://www.opendemocracy.net/gregor-noll-mariagiulia-giuffr%C3%A9/eu-migration-control-made-by-gaddafi

13 EU-Parlament: VORSCHLAG FÜR EINE EMPFEHLUNG DES EUROPÄISCHEN PARLAMENTS AN DEN RAT zu den Verhandlungen über ein Rahmenabkommen zwischen der EU und Libyen, 13. Dezember 2010, http://www.europarl.europa.eu/sides/getDoc.do?type=REPORT&reference=A7-2010-0368&format=XML&language=DE

Kapitel 7

1 Pro Asyl: *The truth may be bitter, but it must be told*, Frankfurt 2010, www.proasyl.de/fileadmin/proasyl/fm.../GriechenlandDoku_ dt_klein.pdf

2 ebenda

3 Human Rights Watch: *Greece: End Inhumane Detention Conditions for Migrants Transfer Detainees; Protect and Properly Accommodate Unaccompanied Children*, 06.12.2010, http://www.hrw.org/ news/2010/12/06/greece-end-inhumane-detention-conditions-migrants

4 ebenda

Kapitel 8

1 Frontex: *Annual Risk Analysis 2011*, www.frontex.europa.eu

2 noborder network, www.noborder.org

3 Frontex: *Annual Risk Analysis 2011*, www.frontex.europa.eu

4 Bordermonitoring: *Access to Protection Denied: Refoulment of Refugees and Minors on the Eastern Borders of the EU*, www.bordermonitoring-ukraine.eu

5 Human Rights Watch: *Buffeted in the Borderland. The Treatment of Asylum Seekers and Migrants in Ukraine 2010*, www.hrw.org

6 ebenda

7 ebenda

8 Amnesty International: *Annual Report 2011 Ukraine*, www.amnesty.org

9 Human Rights Watch: *Buffeted in the Borderland. The Treatment of Asylum Seekers and Migrants in Ukraine 2010*, www.hrw.org

10 Medecins sans frontiers: *Ukraine*, www.msf-me.org

11 Friedrich-Ebert-Stiftung: *Diversity and Tolerance in Ukraine in the Context of Euro 2012 von Mridula Ghosh*, http//library.fes.de

Kapitel 10

1 Klaus Rösler in einem Vortrag auf dem Tag des Europäischen Grenzschützers in Warschau, 26.05.2011

2 Klaus Rösler im Gespräch mit dem Autor

3 HRW-Bericht 2009: «Pushed Back, Puhsed around Italy's forced Return of Boat Migrants and Asylum Seekers«

4   Interview mit der *Malta Today,* 21.06.2009

5   Pro Asyl: *The truth may be bitter, but it must be told*, Frankfurt 2010,
    www.proasyl.de/fileadmin/proasyl/fm.../GriechenlandDoku_
    dt_klein.pdf

6   Tom Koenigs, Vorsitzender des Menschenrechtsausschusses des
    Deutschen Bundestages, im Gespräch mit dem Autor; siehe dazu
    auch den Bericht von Tom Koenigs über seine Reise an die grie-
    chisch-türkische Grenze im November 2010 (www.tomkoenigs.de)

7   Barbara Lochbihler, Ska Keller, Ulrike Lunacek (Hg.): *Ist die Agen-
    tur Frontex vereinbar mit den Menschenrechten?* Eine Studie von
    Migreurop (*www.migreurop.org*) über die europäische Agentur an
    den Außengrenzen im Hinblick auf die Neufassung des Mandats,
    März 2011

8   *Widersprüche im erweiterten Grenzraum* herausgegeben von der
    Informationsstelle Militarisierung e.V. Tübingen im August 2009;
    darin der Beitrag: «Jenseits von Staat und Nation»

Kapitel 11

1   *taz Nord*: «Die Technologie im All ist kein Zerstörungsmittel»,
    7.6.2009 http://www.taz.de/!35737/

2   EUSC: *Annual Report* of the *European Union Satellite Centre.*
    (*EUSC*) for the *year 2006*, Juli 2007, http://www.europarl.europa.
    eu/meetdocs/2004_2009/documents/dv/st08435_/st08435_
    en.pdf

3   http://www.gmes.info/pages-principales/services/security/

4   Informationsstelle Militarisierung: *Deutsche Satelliten für die mili-
    tarisierte Weltraumnutzung*, Februar 2010, imi-online.de/down-
    load/Februar2011_Sat.pdf

5   www.statewatch.org/.../eu-com-eurosur-staff-working-paper-
    sec-145-11.pdf und http://www.unibw.de/inf4/professuren/geo
    informatik/geoinformatik-en/forschung/projekte/eurosur-en

Kapitel 12

1   Cuttitta et al.: »Die Grenze demokratisieren«, in: *Kritische Justiz*
    3/2011

2   Balibar, Étienne: *Sind wir Bürger Europas?*, Hamburg 2003

Kapitel 13

1   Evangelischer Pressedienst vom 17.01.11 (bep 541)

2   Vgl. Herbert, Ulrich: *Geschichte der Ausländerpolitik in Deutschland*, München 2001, S. 263 ff.

3   Die Geschichte von Yonas Haile Mehari und Petros Aforki Mulgeta hat Waltraud Schwab in der *taz* veröffentlicht: »Keine Angst haben vor«, 23.04.11

4   Siehe unter anderem die Presseerklärung von Pro Asyl vom 23.10.2010

5   Zitiert nach Classen, Georg: *Das Asylbewerberleistungsgesetz und das Grundrecht auf ein menschenwürdiges Existenzminimum*, Berlin 2011, S. 7

6   Antwort der Bundesregierung auf eine große Anfrage der Linkspartei, BT-Drucksache 17/2404

7   Siehe Presseerklärung des Bayerischen Flüchtlingsrats vom 24.11.2009

8   Vgl. Jakob, Christian: »Das Schimmelasyl«, *taz* vom 14.05.08

9   Vgl. Jakob, Christian: »Acht Monate für zuviel Bewegung«, *taz* vom 04.05.09

10 Vgl. Rath, Christian: »Kein besseres Leben mit Friedrich«, *taz* vom 21.06.11

11 Sachverständigenrat deutscher Stiftungen für Integration und Migration: Jahresgutachten 2011, Berlin 2011, S. 32

Kapitel 14

1   http://www.zeit.de/2010/06/DOS-Fluechtlinge

2   EU: «Übereinkommen über die Bestimmung des zuständigen Staates für die Prüfung eines in einem Mitgliedsstaat der Europäischen Gemeinschaften gestellten Asylantrags – Dubliner Übereinkommen«, Amtsblatt Nr. C 254 vom 19/08/1997 S. 0001-0012 http://eurlex.europa.eu/LexUriServ/LexUriServ.do?uri=CELEX: 41997A0819%2801%29:DE:HTML

3   Schlussfolgerungen des Vorsitzes Europäischer Rat, Tampere 15./16.10.1999, http://www.consilium.europa.eu/uedocs/cms_data/docs/pressdata/de/ec/00200-r1.d9.htm

4   Commission of the European Communities, SEC (2000) 522, Commission staff working paper, «Revisiting the Dublin Conven-

tion: developing Community legislation for determining which Member State is responsible for considering an application for asylum submitted in one of the Member States«, www.statewatch. org/semdoc/assets/files/commission/SEC-2000-522.pdf

5   www.zeit.de/2010/06/DOS-Fluechtlinge

6   Bundesfachverband Unbegleitete Minderjährige Flüchtlinge, April 2011, http://dublin2.info/2011/04/ungarn-inhaftiert-systematisch-asylsuchende-darunter-auch-minderjahrige/

7   AP: »Brüssel fordert mehr und gleiche Rechte für Asylbewerber in Europa«, 01.06.2011

8   *Wiener Nachrichten*: «Bei EU-Gipfel keine Einigung in der Asylpolitik«, 24.09.2006, http://www.wienernachrichten.com/newpages/pol16.html

9   *Die Welt*: «EU beschließt einheitliche Abschiebeverfahren«, 18.06.2008, http://www.welt.de/politik/article2118376/EU_be schliesst_einheitliche_Abschiebeverfahren.html

10 Richtlinie 2008/115/EG, http://www.aufenthaltstitel.de/rl_2008 _115_eg.html

11 *Frankfurter Neue Presse*: «Heftiger Widerstand gegen einheitliche EU-Asylregeln«, 10.06.2011« *http://www.fnp.de/fnp/nachrichten/ politik/heftiger-widerstcnd-gegen-einheitliche-euasylregeln_ rmn01.c.8976383.de.html*

Die Autoren

Sabine am Orde ist studierte Politikwissenschaftlerin und stellvertretende Chefredakteurin der *taz*. Seit vielen Jahren schreibt sie über die Themen Migration und Integration.

Michael Braun ist Politologe und hat über die italienische Gewerkschaftsbewegung promoviert. Seit 2000 ist er Italienkorrespondent der *taz* und lebt in Rom.

Jürgen Gottschlich war 1978 Mitbegründer der *taz*, ab 1979 Redakteur, 1991 bis 1993 schließlich Mitglied der Chefredaktion. Seit Ende 1998 Korrespondent für verschiedene deutsche und österreichische Tageszeitungen in Istanbul.

Christian Jakob hat Soziologe, Philosophie und Afrikanische Geschichte in Bremen und Mailand studiert. Seit 2006 arbeitet er bei der *taz Nord* in Bremen. Er beschäftigt sich seit Jahren mit den Themen Rassismus, Migration und Grenzregime und hat dabei vor allem die sozialen Bewegungen begleitet. Sein Buch *Soziale Säuberung* beschreibt die Vertreibung der afroamerikanischen Unterschicht von New Orleans nach dem Hurrikan Katrina.

Bernd Kasparek forscht zu den Transformationen des europäischen Grenzregimes. Er ist im Vorstand von bordermonitoring. eu und aktiv in den Netzwerken welcome to europe und Netzwerk kritische Migrations- und Grenzregimeforschung. Zusammen mit Sabine Hess hat er das Buch *Grenzregime. Diskurse, Praktiken, Institutionen in Europa* herausgegeben.

Barbara Oertel hat Politikwissenschaft und Russistik in Hamburg und Paris sowie Medien und Interkulturelle Kommunikation in Frankfurt/Oder und Sofia studiert. Seit 1995 ist sie Auslandsredakteurin der *taz* mit dem Schwerpunkt Osteuropa und Balkan. Seit dem 1. Januar 2011 ist sie eine der beiden Leiter des Auslandsressorts der *taz*.

Reiner Wandler hat Maschinenschlosser gelernt, Spanisch und Politikwissenschaften studiert und ist seit 1995 Spanien- und Nordafrikakorrespondent der *taz*. Er lebt in Madrid.

WESTEND

Armin Reller,
Heike Holdinghausen

Wir konsumieren uns zu Tode
Warum wir unseren Lebensstil ändern
müssen, wenn wir überleben wollen

190 Seiten. Gebunden

Metalle und Holz, Getreide und Fleisch, Gas und Öl
schippern über die Weltmeere, fließen durch Pipelines,
sausen über Autobahnen von West nach Ost, Süd nach
Nord. Und machen sich als Handy, Pullover oder
Tierfutter erneut auf den Weg, mit unbekanntem Ziel.
Der Menschheit stand noch nie so viel Energie zur
Verfügung, dass sie sich selbst und die Waren aller Art
pausenlos in Bewegung setzen konnte, zu Lande, zu
Wasser und in der Luft. Doch wer zahlt den Preis für diesen
Wohlstand? Armin Reller und Heike Holdinghausen zeigen
die fatalen ökologischen, politischen und sozialen Folgen
unseres Lebensstils. Und sie sagen: Wenn wir nicht
bald anfangen, verantwortungsvoll mit den Ressourcen
umzugehen, konsumieren wir unsere Welt zu Tode.